2020/6

江苏教育信息化研究

信息素养

JIANGSU EDUCATION INFORMATIZATION

江苏省电化教育馆　江苏省教育信息化中心　编著

东南大学出版社
SOUTHEAST UNIVERSITY PRESS
·南京·

目录 contents

理　论

实　践

目录 contents

案　例

优化教研模式，助推教师专业发展的进阶成长

——关于网络教研视野下教师专业成长的实践策略研究

南京市百家湖小学　王　军

摘　要：随着信息技术的不断发展，网络教研成为一种新颖的教研方式，对教师的专业发展具有极大的促进作用，但网络教研的效果并不理想。笔者从网络教研的现状入手，从网络教研的作用出发，对当下网络教研促进教师专业成长的指导策略和引导路径进行思考。

关键词：网络教研　教研平台　专业成长

现代教育技术的发展日益加快，教研活动的模式也发生了翻天覆地的变化，"网络"已然成为传统教研活动的一支强心剂，为教师们交流思想、切磋技艺、增进感情、提升专业素养搭建了一个更为有效的平台。如何在信息技术快速发展的时代背景下用好这个平台从而促进教师的专业成长，成为我们应该思考的问题。

一、现状扫描：当下网络教研的实情分析与调查

教研需要网络吗？在校园里，该进行怎样的网络教研？带着这些问题，笔者进行了调查。

现状一：网络教研——被遗忘的专业学习路径

在校园里我们经常看到这样的场景：学校开展教研活动，往往是大家听完了一节课，学科组内的教研组组长和年长教师发言后就草草收场，而年轻教师往往由于自身经验不足、内心紧张而不参与讨论，久而久之就成了教研场上的看客。而如果采用网络教学研讨的方式就可以避免这种不必要的紧张和怯场，因为屏幕上只显示虚拟的用户名，大家反而更能展开自由的教学讨论。

笔者对100位教师进行了调查访问，结果发现，仅有20%的教师会选择使用网络进行教研沟通，而只有10%的教师会经常性地在教研网站或者学习讨论组中发表教学意见。网络教研，成了被遗忘的专业学习路径

现状二：价值定位——遭遇如风过耳的冷落

教师的网络教研能力到底如何呢？教师是如何定位网络教研的？笔者对本校的教师进行了问卷调查和分析。在100位教师中，大约70%的教师认为网络教研对上课有帮助，这主要体现在他们可以便利地下载学科教学资源，但是往往由于不能理解设计者的意图，生搬硬套，课堂教学效果却不够理想。即使是网络研讨问题，教师由于自身繁忙的工作，也是草草应付了事，缺乏深入思考，对网络教研的定位比较狭隘。在调查中仅有少部分教师会积极参与到网络教研中来，将网络教研当作学科教研的重要发展平台。因此，教师对于网络教研的定位有待转变，网络教研能力有待提升。

现状三：教研指导——亟须正视的重要问题

网络教研是网络技术和学科教学研究的结合体。网络技术的复杂以及学科教学研究的特点了网络教研不同于实体教研，不能只看教研结果，而需要教师全身心投入，更需要专业的网络教导。原本可以实体教研解决的问题，如果教师也要拿到网络上来解决，就极大地浪费了时间和精因此，学校的网络教研培训前期应当集合优秀的信息技术教师和其他学科领军教师合作研究，共同指导教师如何开展有效的网络教研活动，促进教师的专业成长。

二、价值审视：借助网络教研实现专业发展的进阶成长

网络教研作为一种新颖的教研模式，具有跨越时空和资源共享等特点，对教师的专业成长起着重要作用。

（一）提供个性化的学习平台：变“消极无为”为“积极有为”

通过各种教育论坛、博客等网络教研平台，教师可随时进行教研活动，与全国乃至全世界的教育者们沟通交流，促进自身的专业化发展。例如，教师们熟知的“大家语文网”“me 博客”等网络教研平台，大家可以在这类平台上发表自己的想法、共享课件资源、共同探讨教学疑难问题，可极大地促进教师专业能力的提高。

（二）有效发挥专业引领作用：变“闭门造车”为“集思广益”

普通教师往往难有机会与教育专家、特级教师进行面对面的交流，但区域内通过网络平台，教师可以自主听专家的报告讲座、观看优秀的公开课视频，还能通过留言、评论等方式，与专家、学者沟通交流。例如，国家教育资源网推出的“一师一优课、一课一名师”活动以及教育部进行的远程教育网络培训等，就是发挥专家的引领作用，向一线教师传递先进的教学理念和方法，获得了极大的成功。

（三）培养积极的教学反思习惯：变“浅尝辄止”为“深思熟虑”

网络教研平台为教师教育教学反思提供了空间。在不断反思教学的实践过程中，教师可及时总结自己的教学经验，寻找其中的不足，更好地将教学理论与教学实践结合在一起，积极地改进自身的教学行为，升华教学经验，从而提高自身的专业能力，实现自我发展。

三、策略探寻：网络教研的实践策略解码分析

（一）“固本扶元”：积极落实网络教研的制度化

为更有效地利用网络开展教研活动，学校应建立相应的教研制度，培养教师网络教研的意识与能力。

(1) 要求教师每月在学科专题网站上传相关的教学课件、优秀教案和教学反思等，并在论坛上发表自己的真实观点，且积极跟帖，参与点评。每月评选先进网络教研个人。

(2) 在固定时间通过网络开展诸如“问题研究”“教育教学故事”等研究活动，并通过网络进行评课活动，推选优秀研究员。

(3) 每学期开展一次网络教研比赛，由各学科教研组的成员组成 3～4 人的团队小组，进行网络教研比赛，评选优胜小组。

(4) 定期开展网络教研学术沙龙，研究讨论网络教研中存在的不足，并改进优化。

（二）“虚实相生”：关注网络教研与实体教研的转化

网络教研是以效用为中心，通过网络教研切实转变教师的教育教学行为，利用网络教研的资源和效用来转化提升实体教研，并以此来促进教师的专业化成长。因此，在实际中应切实关注教师学习与工作的互动、研究与行动的合一、内容与方法的多元，对老师的意见和建议及时反馈，让每个老师都感

受到网络教研的迅捷和温情。

（三）“添减再造”：有效利用网络教研的多种形式

在开展网络教研时，学校应充分利用网络教研的优势，采取多样化的形式，合理取舍，为教师发展提供平台，以调动教师参与的积极性，保证网络教研的可持续发展。例如，设置“教师成长博客群”，开设教学随笔、典型教学案例、教学经验、班主任心得体会等栏目，为教师间的交流、反思、借鉴、点评提供平台；依托教育网，进行网上集体备课，开展网上专题讨论、网上评课、课例研究、课堂评价等活动，集思广益，实现教学资源的共享，从而提高教学效率和质量；开展“在线”教研活动，定期组织教师进行观摩、点评，加强小学教师间的互动；利用在线论坛，就某一主题展开讨论，促使全员参与到教研活动中，畅所欲言，使教师在观摩、学习、交流、思考和讨论的过程中不断取长补短，丰富自身的教育教学经验。

四、实践突破：构建网络教研发展的引导路径

（一）创设教研平台，培养网络教研的意识

信息技术是开展网络教研的基础，学校应积极加强自身的硬件建设，构建信息化平台，更新网络设备，为网络教研活动的开展奠定基础。学校应成立电子备课室，每个办公室都配备电脑，并由信息教师给予技术指导，使学校的各科室主任、教研组组长掌握校园网的运用、后台管理和资源建设等技术，以保证网络教研活动的顺利开展。同时还应建立教学资源库，根据教师专业发展的实际需求，通过购买、利用网络资源等途径，在专题栏目中收录优秀课、名校名师教案、教研论文等教学资源，不断丰富教学资源库，为教师提供更鲜活、更实用的教学资源。学校还可立足于本校优秀教学资源的整合，组织教师团队利用网络平台自主开发课程资源、制作教学设计、开展教学问题研讨反思、学习网络课程等，逐步形成具有本校特色的网络教研平台，从而更加有效地培养教师网络教研能力，为教师的专业发展提供良好的平台。

（二）构建指导提纲，提升网络教研的能力

网络教研给教师提供了极大的便利，充分保证了教研的时间自由度和研讨自由度，让教师在宽松的环境下进行个性化的教研，对教师教研能力的发展起到极大的促进作用。

当然，教师各自自身的网络教研能力是有差异的。学校应重视网络教研的方法指导，构建教研指导提纲，指导教师有效地利用网络进行教研：(1) 利用网络教研平台阅读教育教学理论，获取教育教学信息，提升专业素养。(2) 利用网络教研平台观看名师授课，聆听专家讲座，更新教育理念，反思自我的教学行为。(3) 利用网络教研平台关注当下教育教学的热点问题，撰写博文心得，积淀教育经验。(4) 利用网络教研平台开展互动交流，积极与教育专家和教育同行开展教学研究讨论。(5) 利用网络平台，收集教学资源，并根据自身教学实际，开展二次加工，同时开展自主研究和课程资源设计，分享教研成果。

（三）反思教研行为，促进网络教研的发展

尽管网络教研能给教师的教学和研究带来便利，但因其尚处于发展研究阶段，因此，学校应积极采取一定措施，引导教师用动态、发展的眼光看待网络教研阶段，努力指导广大教师认识网络教研的优点及其对教师专业化发展的影响；同时，有计划地组织教师进行网络教研的研究反思，如利用网络收集信息、建立网络教研使用反馈单等，使教师主动、有效地参与到网络教研活动中，促进学校网络教研的进一步发展。

网络教研为教师提供了资源共享、互相交流的有效平台，有利于促进教师的专业化发展。在此背景下，学校应积极加强网络建设，拓展教研平台，充分发挥网络教研的优势，促进教师的专业化发展。

参考文献：

[1] 杜玉霞.促进教师专业发展的网络主题研修模式[J].软件导刊(教育技术)，2010(8)：37－39.

基于“学科大概念”理念的高中信息技术PBL实践研究

江苏省江阴高级中学 秦红兵

摘　要：项目式学习是一种倡导知行合一、学以致用的教学方法，先通过将特定知识模块整合、转化成“问题项目”，再由教师引导学生展开探索实践、解决问题。相对于传统的“传授法”而言，项目式学习不仅收获了课程知识与操作技能，且有助于学生强化思维训练、团队合作意识。本文基于高中信息技术“学科大概念”理念，探究项目式学习的实践策略，并通过具体信息技术教学项目案例予以验证，以供广大师生借鉴参考。

关键词：高中信息技术　学科大概念　项目式学习　实践策略

《普通高中信息技术课程标准》(下文简称《标准》)指出：“重视以学科大概念为核心，使课程内容结构化，以主题为引领，使课程内容情境化，促进学科核心素养的落实。”根据这一描述，“学科大概念”下的课程内容结构化与“主题引领”下的课程内容情境化，都是为信息技术课程核心素养培养服务的，但两者在功能上存在显著差异。其中，学科大概念可视为核心素养的“解构—结构”机制，《标准》中提出了“信息意识”“计算思维”“数字化学习与创新”及“信息社会责任”四种核心素养，每个核心素养下包括的概念亦有主次之分(包含—被包含关系)。例如“计算思维”核心素养下的“思想方法”是一个主要概念，那么抽象思维、建模思维、数据思维等皆可视为“次要概念”。从这一角度说，学科大概念的内涵是动态的、可组织的，它是通往核心素养的“阶梯”。相对应的，主题引领受到高中信息技术教材内容编写体系的影响，册、章、单元、小节等都有独立的教学主题，从信息技术知识维度看，“主题引领”的功能主要是将碎片化的知识进行聚合，这是设计一个具体“问题项目”的必要条件，其间，不同的主题为核心素养嵌入信息技术知识提供了固定锚点，从这一角度说，项目式学习为践行学科核心素养提供了执行手段。

一、“学科大概念”与项目式：内涵、架构、关联

(一) 内涵解读

关于“学科大概念”的内涵，其界定方式、方法较多，此处为了便于说明，我们采用类比形式——将高中信息技术学科视为一辆马车，基于学科大概念是为核心素养培养服务这一前提，学科大概念可类比为“车辖”，核心素养可看作是“车轴”，信息技术理论知识与实践技能可视为两个“车轮”。要维持整架“学科马车”的平稳前进，必须保证两个车轮(知识、技能)协调同步，避免车轴(核心素养)偏离中心，而“车辖”是稳定车轮、车轴的外部装置，可根据“道路”(教学任务、教学目标、教学方式等)的不同，对其适当地更换——因此，“学科大概念”是指向高中信息技术核心教学任务、坚持学科核心素养、反应课程内容价值本质的一系列概念“集合体”，它能够将高中信息技术核心素养与对应教学内容串联起来，打造成一个稳定的“理论＋实践”价值载体；同理，项目式学习也可以通过类比的形式阐明内涵，它将指挥马车的权力交给学生，而教师则扮演着“乘车人”的角色，仅说明路该怎样走，具体操作则全部由学生自

主展开，这样一来就颠覆了传统“传授法”情境下教师为“赶车人”、学生为“坐车人”的现象，突出了学生的主体地位，鼓励学生动手实践、解决问题。

（二）架构分析

结合前文论述，学科大概念内部具有“包含—被包含”的关系，对外整体呈现为“概念集合体”形态，由此它的架构就不难推测——以高中信息技术核心素养为背景，每个核心素养可按照概念的“中心—边缘”层次，划分为核心概念、主要概念和边缘概念。其中，核心概念用来统领核心素养下的全部知识要素，主要概念用来表示核心素养下的知识模块，边缘概念用来表示每个模块下的具体知识、技能，如图 1 所示。

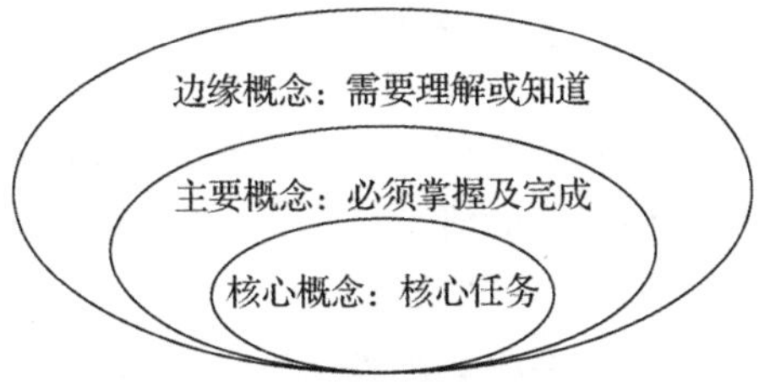

图 1 “学科大概念”架构

以“信息意识”核心素养为例，根据《标准》给出的定义：“信息意识是指个体对信息的敏感度和对信息价值的判断力。”如果将“信息意识”作为一个学科大概念，则主要概念可分解为“信息敏感度”与“信息价值判断力”。进一步对信息敏感度进行概念解构，则包含信息自觉获取、主动处理、信息变化感知力、数据分析能力、数据处理能力、数据分享能力等。具体架构如图 2 所示。

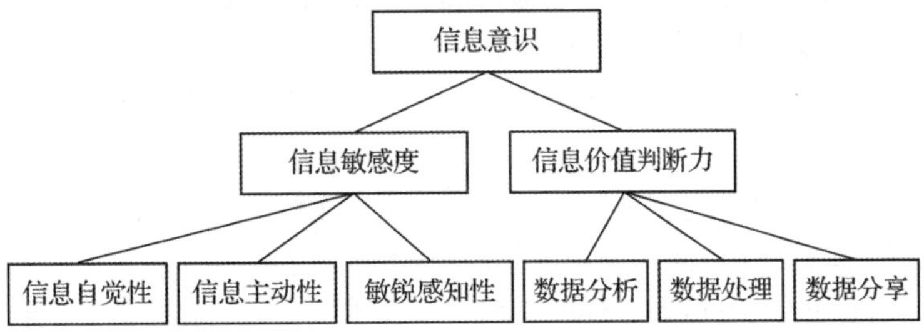

图 2 学科大概念下“信息意识”架构

项目式学习的架构与学科大概念截然不同，直观上看，学科大概念的架构是嵌套型的，“概念环”之间有着清晰的“包含—被包含”关系。而项目式学习的基础载体是“项目”，它面向教学及学习行为时，都以一个整体形态出现，各环节之间保持着递进关系，因此整体上是一个线性架构，如图 3 所示。

图 3 项目式学习架构

（三）关联契合

学科大概念为高中信息技术教学提供了内容结构化依据，一方面有助于教师将颗粒化的知识点集中起来，避免学生在学习中出现遗漏，另一方面，也有利于将不同教学主体、目的、任务下的知识条理化，突出重点难点疑点、理清逻辑次序、确保主次分明，这样一来核心素养嵌入信息技术知识、技能的过程更加容易。而项目式学习实现了“理论→实践”与“实践→理论”的互逆性机制，一个用于教学/学习的问题项目，事先要整合现有理论，融入具体的问题案例当中，这是“正转化”的过程，而学生基于项目展开探索、合作、探讨的过程，则是将所学理论内容付诸实践，直到项目得以完成、问题得以解决，这是“逆转化”的过程。两者的共同点在于：都是将碎片化、颗粒化、分散化的信息技术内容转化成一个整体，差异点在于理论、实践的侧重上，故两者之间相互促进、相互依存，具有很高的契合度。

二、基于“学科大概念”理念的高中信息技术项目界定

《标准》指出：“课程内容要紧扣数据、算法、信息系统和信息社会等学科大概念。”本文以此为依据，展开基于“学科大概念”理念的高中信息技术项目界定。

（一）数据项目

所谓“数据”，广义上指一切描述客观事物、现象、规律等的符号记录，它既是信息的载体、也是信息的要素组织形式。狭义上的数据，可将认知视域收缩到“计算机设备”层面，包括计算机可以识别、加工、存储、传输的各种元素，由此衍生出的数据项目包含字符、数字、音频、视频、图片等。需要明确的一点是：高中信息技术课程内的“数据”，应与人文社会、自然环境、组织个人等“客观信息”区分开来，例如“2020 年疫情造成的经济损失、经济下滑比例”等相关描述，此类数据是对具体内容的说明，并不能作为数据项目的研究对象，一个数据项目意味着一个数据集合形态。

（二）算法项目

算法是数据处理的范式，随着大数据时代的来临，社会生产生活中可接触的数据类型、数量、格式等日益多元化，高中信息技术教学中强调算法项目，旨在提高学生的分析、归纳能力，确保利用信息技术在解决问题方面的有效性。当然，在具体的算法项目中，算法需要与问题相结合，提出解决问题的步骤、流程，其表现是一系列清晰有序的指令。此外，算法项目的达成离不开必要的计算工具、软件系统等。

（三）信息系统项目

信息系统包括硬件、软件两种类型，如计算机安装调试、操作系统使用、应用软件操作等都属于信息系统项目范畴。当然，高中信息技术课程范围内，信息系统更多地被作为工具运用，以它作为媒介，有助于学生了解信息技术、人、社会之间的互动关系，在具体的项目式学习行为中，信息系统是解决实际问题的直观机制，如利用 PS 设计海报、office 办公系列软件处理文档、Python 开发功能模块等。

（四）信息社会项目

基于学科大概念分析，“信息社会”是一个核心概念，内涵主要包括文化修养，道德规范、行为自律等，边缘概念更加宽泛，如在虚拟空间中遵守法律规定、尊重他人隐私、维护他人合法权益等。因此，高中信息技术课程中的信息社会项目，一定程度上超越了技术价值，具有立德树人育人价值特点。

三、基于“学科大概念”理念的高中信息技术 PBL 实践策略

（一）项目式学习的教学分析

项目式学习包含三个基本要素，分别是“项目”“问题”“学习”，其中，项目是对一系列问题的抽象与集合，问题是学习的任务与方向，学习依赖于项目问题的解决过程，三者之间相互影响、相互促进。结合图 3“项目式学习架构”设计，一个完整的项目式学习流程如下：

第一，项目选定。选择何种项目，取决于高中信息技术教学实施内容，如《标准》提出的高中信息技术必修中“数据处理与应用”模块，项目中的关键知识、技能就需要围绕着“数据”展开，并根据具体的信息系统设计教学目标，如 Excel 输入、统计数据，生成表格、图像等表达形式。

第二，项目设计。项目选定之后，意味着“学科大概念”的范围得到确定，下一步要围绕着核心概念、主要概念、边缘概念等展开项目设计。由于项目式学习是基于“整体项目问题”展开的，因此赋予学生真实感较强的问题情境就非常重要，一方面要尽可能贴近现实生活场景，另一方面要具备较好的数据获取机制，这样才能激活学生的自主能动性，切实投入项目解决过程中来。

第三，活动探究。采用分组形式，小组内部做好成员分工，定期展开交流探讨、头脑风暴，加强对项目问题解决方式方法的改进、反思。例如“疫情期间蔬菜价格变化数据”项目中，学生需要走进超市、菜市场等环境，或者通过其他渠道获取相关信息，这一过程中赋予学生一定的自由度。

第四，成果验收。以项目小组为主体，提交项目问题解决报告，成果方面要突出信息技术核心素养嵌入要求，除了知识、技能的体现外，还要兼顾德育教育实践效果。

第五，综合评价。师生共同参与，对所提交的成果展开批判、修正，提出进一步的完善措施。

（二）项目式学习的目标分析

按照由低到高的难度次序，高中信息技术项目式学习目标可划分为三级：第一级，以高中信息技术教

材为基础，梳理各单元、章节、模块的知识内容，达到“双基目标”(基础知识、基础技能)；第二级，围绕着高中信息技术四种核心素养的设计，将相关要求渗透于知识点中，达到“理论目标”；第三级，以项目问题为核心，立足项目所创设的真实情景，将信息技术知识、技能投入问题解决层面，达到“实践目标”。其中，最高级的“实践目标”是一个发现问题、分析问题、解决问题的系统过程，教师的引导作用与学生的自主探索要密切衔接——教师的主要职责是帮助学生厘清问题，找准项目问题化解的关键节点；学生的主要任务是寻找问题解决方案，这需要将课堂上所学的知识、技能活学活用。此外，项目式学习的组织方式并不唯一，如“信息模式”“结构模式”等，信息模式下强调知识积累、存储，项目问题的探究过程就是一个量变到质变的过程。结构模式则强调知识迁移，倡导学生利用固有的信息技术经验来化解问题。

（三）项目式学习的情境创设

项目式学习的情境主要包括三个领域，即“社会情境”“问题情境”和“学科情境”。社会情境主要用来演绎项目问题表象，如“疫情期间蔬菜价格变化数据”项目，教室在创设情境过程中，需要将“疫情”的相关要素及影响释放到社会层面，学生作为疫情的亲身经历者，能够产生强烈的代入感。问题情境是社会情境的分支，即将社会情境的宏观表现浓缩到一个具体问题上，如社会情境下“疫情给人民群众的生活带来负面影响”，那么问题情境可描述为“尤其在蔬菜价格方面，引起了不正常的波动”，在此基础上衔接学科情境。解决问题的方式是多元化的，语文知识、数学知识都可以作为主导，但在学科情境下，则要强调信息技术的运用价值，如“利用 Excel 工具来分析蔬菜价格波动，为类似问题提供参考依据”。

（四）项目式学习的活动设计

以下结合“疫情期间蔬菜价格变化数据”展开教学活动设计：

第一，创设问题项目情境。本课题选定的项目已经明确，即以 Excel 工具研究疫情期间本地蔬菜价格的波动问题，其本身就具有强调信息技术价值、关注社会热点等特征，符合高中信息技术“信息意识”“社会责任”等要求。情境创设方法较多，如多媒体演示、语言描述、师生交流疫情期间生活等，在此基础上导出问题主题——“居民收入减少的情况下，蔬菜价格波动存在哪些负面影响?”进一步阐明项目要求(仅限于 Excel 软件)、划分项目小组，要求学生制订前期计划。

第二，项目活动实施方案优化。如前文所述，教室需要帮助学生明确项目问题的关键节点，据此可将该项目划分成三种活动，分别是“数据采集”“数据处理”“数据转化”。其中，数据采集需要学生确定蔬菜品种、单价，按照每天固定时刻前往固定场所调查价格，数据处理包括蔬菜品类、是否缺货、单价等内容的输入编辑，数据转化即将“字符型”转化为“可视化”(图表形式)。

第三，项目学习成果验收。要求学生提交《疫情期间蔬菜价格变化数据调查报告》，除数据、可视化元素外，还要阐明项目式学习的过程、方法，其间的情感、态度变化，以及在思想道德方面的体会。

第四，项目学习成果评价。评价主体尽可能多元化，除了师生之外，可将家长、商户等纳入评价者范围，在评价标准上进行丰富，包括数据的准确性、问题分析的合理性、策略提出的可行性等。

综上所述，项目式学习有利于高中信息技术“知行合一”教学成果的实现，基于“学科大概念”理念下，问题项目的设计要兼顾教材内容、核心素养的渗透要求。项目式学习突出了学生的主体地位，保障了理论与实践的统一性，是一种事半功倍的教学模式。

参考文献：

[1] 卢小花. 项目式学习的特征与实施路径[J]. 教育理论与实践，2020，40(08)：59－61.

[2] 余燕芳，李艺. 基于计算思维的项目式教学课程构建与应用研究——以高中信息技术课程《人工智能初步》为例[J]. 远程教育杂志，2020，38(01)：95－103.

[3] 阎元红，郭文华. 科学教育中的大概念：内涵、价值及实现[J]. 教育理论与实践，2019，39(29)：22－25.

[4] 顿继安，何彩霞. 大概念统摄下的单元教学设计[J]. 基础教育课程，2019(18)：6－11.

教育信息化提升师生信息素养的研究

江苏省海门中等专业学校　高　敏

摘　要：教师作为重要的人力资源，担任着各种角色，提高教师的信息素养是教育信息化发展的关键环节之一，而学生作为教育的主体，其信息素养水平更直接影响教育的效果，因此全面提升师生的信息素养成为教育信息化面临的紧迫课题。我们应该采取有效措施提升师生信息素养，加强他们在信息化环境中的作用，为加快教育信息化步伐、推进教育现代化进程而努力。

关键词：教育信息化　信息素养　网络

随着现代信息技术的迅猛发展，教育领域的信息化大潮全面展开。教育信息化改变了传统的教育理论、教育方式，其发展水平不断提升，师生的信息素养面临新的挑战。

一、教育信息化对教育的影响

教育信息化是在教育活动中以现代教育理论为指导，全面深入地运用以多媒体计算机和网络通信技术为基础的现代化信息技术，促进教育改革和教育现代化，使之适应信息化社会对教育发展新要求的过程。信息化引领中小学和大学的教育思想、观念、内容和方法等方面的深刻变革。

教育信息化不仅仅是教育手段和工具的改进，更是教育思想、教育观念、教学结构、教学模式的转变，是以系统论、信息论、控制论的观点对教育系统进行重新分析，有效地利用信息技术，推动教育现代化的进程。教育信息化也不仅仅是将信息技术引入教育的过程，还是应用现代教育系统进行全方位改造的过程。教育信息化的落脚点是课堂教学信息化。课堂教学信息化的初级形式是内容展示信息化，如利用多媒体展示设备辅助教师教学；课堂教学信息化的高级阶段是通过信息技术手段来改善和提高课堂教学的交互和互动，包括师生互动和生生互动。无论是何种互动过程，教师必须通过自身的思考和加工，使互动过程达成统一，以有利于教学更好地进行。

二、信息素养的内涵

信息素养这一概念最早是由美国信息产业协会主席保罗·车可斯基于 1974 年提出来的，他把信息素养定义为：人们在解决问题时利用信息的技术和技能。随着对信息、信息技术、信息素养研究的深入，人们对信息素养的内涵有了更加明确的认识。1992 年，美国图书馆协会将信息素养定义为：人能够判断确定何时需要信息，并且能够对信息进行检索、评价和有效利用的能力。同年，美国的克里斯汀娜·杜尔将信息素养进一步定义为：有能力通过各种不同的信息来源，获取、评估及使用信息。

三、师生信息素养

（一）教师信息素养

教师的信息素养是指教师在信息化的教学实践基础上，根据社会信息环境的发展要求，对信息进行检索、获取、分析、处理、呈现以及利用信息技术解决教育教学实际问题的能力。概括来说，其包含认知、技能和理念三方面，构成要素包括信息意识、信息知识、信息能力、信息伦理、信息教育、信息传递等方面。

(1) 信息意识：信息意识指教师对信息的敏感度，特别是对有关教育教学信息的敏感度。要求教师知道什么样的信息能促进学习与教学，具备把有效信息融合到教学中的意识。

(2) 信息知识：教师掌握必要的信息知识是形成良好信息素养的前提。教师应掌握基本的信息科学知识，包括计算机和网络通信技术的组成原理、发展运用等；基本的信息工具知识，包括运用基本办公软件、搜索工具、电子邮件等。

(3) 信息能力：教师应具有的信息能力主要包括信息获取能力、信息加工整合和运用的能力、信息传递能力等等。

(4) 信息伦理：教师的信息伦理素养，要求教师不只有较强的信息安全意识，更要承担相应的社会责任和义务，遵守信息法律法规，并言传身教、以身作则。

(5) 信息教育：是指教师在教育教学中应用信息技术及信息资源提高教育教学质量，通过信息工具进行终身学习和发展的能力，尤其是信息化教学设计的能力。

(6) 信息传递：获取信息是手段，而不是目的。教师应对所掌握的信息从新角度、深层次进行加工处理，对信息再创造。同时，有了新创造的信息，还应通过各种渠道将其传递给他人，与他人交流、共享，促进更多新知识、新思想的产生。

目前教师在信息化方面存在的主要问题有：(1) 只知埋头教书，对新的教育理念、新的教育方法、新的教育主体变化等不在意或者压根不了解、不研究；(2) 绝大多数中青年教师能够熟练应用各种信息技术软件，但仍有一些年长的教师有畏难情绪，故步自封，不愿意学习，上课仅仅靠一支粉笔、一张嘴；(3) 对于一些追求升学率的学校，传统应试教育观念仍根深蒂固，教师负担过重，导致对信息素养的重视程度不够，主动性不足；(4) 学校的信息化硬件设施和配套的软件缺乏；(5) 信息化培训偏向专家理论而缺乏教育实践；(6)教师的信息化考核没有明确可行的标准。

(二) 学生信息素养

学生的信息素养要求是能使用一些常用的信息工具及网络交流工具，如 QQ、邮箱、微博、微信、抖音等，提高自己的沟通协作能力；能根据自己的学习需要和教师布置的作业任务收集各种资料，如搜索引擎应用、多媒体资料下载；能对收集的信息进行分类、归纳、整理、应用和保存等操作，如 Office 办公软件的应用；能远离网络上的有害资源，远离网吧，不沉迷网络游戏，不造谣不传谣，能自觉抵御和消除垃圾信息，自觉遵守法律法规和网络道德。当学生具有以上信息素养时，他们就可以在信息时代下“互联网＋教育”的环境里游刃有余地学习。

目前学生存在的主要问题首先是不明确碰到问题时需要什么样的信息，不能高效地获取所需信息；其次，在信息加工方面，学生的弱势表现在查找到的资料不知道用什么方法下载和保存；再次，在信息使用和传递方面，学生没有足够的信息分辨能力，容易出现被网络诈骗、骗入传销组织、卷入套路贷、轻易见网友被害等社会事件；最后，学生还容易沉迷网络游戏中不可自拔，甚至无视网络法规上不良网站、侵犯他人隐私、信谣传谣等，害人害己。

综上，全面共同提升师生信息素养成为信息化教育面临的紧迫课题。

四、提高师生信息素养的策略

(一) 提升教师信息素养的策略

提高教师的信息素养是一个系统工程，需要社会、教育主管部门、学校、教师本人等各方面的共同努力才能完成。首先，教育部门和学校应建立和完善教师的培训和进修制度，要设置专门的培训机构，分期分批地组织在岗教师进行教育技术培训；培训机构要配备专门的培训人员，如教育信息技术人员、计算机技术人员及网络技术人员等。其次，要确定培养的层次和内容，在对教师进行教育技术培训时，应分层次进行。对信息技术基础好的中青年教师应从严，培训内容主要是网络使用、网页制作、多媒体课件制作、软件开发设计等，以点带面，带动本学科教师大胆尝试；对计算机基础差的年长教师要求可从宽，培训内容主要是计算机应用能力，使他们掌握计算机应用的一般操作，让计算机真正成为教师教学工作的工具之一。最后，制定科学可行的考核标准和激励政策，将多媒体技术的操作及计算机软件的使用与教师的业务素质考核结合起来。学校要激发教师运用信息技术的积极性，组织多媒体信息技术与学科教学整合方面的公开课、展示课和科研课，并与学期评估、考核聘用、评优晋升、职称评定等挂钩。

1. 加强理论学习和方法培训

激发教师自主搜集信息的兴趣，拓宽搜集信息的渠道，指导教师对信息进行加工处理，最终在教育教学活动中有效应用。在实践中，主要抓住“理论培训→方法指导→搜集处理信息→实际运用信息→教学反思→研讨交流”这些主要环节。

新课标要求培养学生搜集和处理信息、获取新知识的能力，教师自身应首先具备这种能力。教师专业化发展理论要求教师具备科学和人文两方面的基本知识，以及工具性学科的扎实基础和熟练运用的技能、技巧，这些知识和技能需要不断进行更新。我们要求教师掌握搜集信息的方法及途径，包括文献研究法、报刊摘录法、广播收听法、电视收看法、电信接收法、电脑网络法、面对面交谈法等。教师搜集的原始信息存在着繁杂、无序、分类不清等问题，因此必须教会教师加工信息的方法。信息的加工要尽可能按照一定的标准进行，要有一定的系统性、准确性、时效性。我们正在做的就是让教师按照信息表现的形式，如图片、文字、录音、录像等，对已收集的信息进行整理，学校按照学科、册数、课题等项目内容进行分类整理，便于以后的工作。搜集是为了运用，这是搜集信息和处理信息的落脚点。在教育教学中，教师遇到距离生活实际比较远或蕴含道理比较深奥的教学内容时，就可以将相关信息作为铺垫，运用多种方式帮助学生理解，从而取得较好的教学效果。

2. 提高信息技术应用能力

信息素养的最高层是信息应用，就是应用信息去解决学习、工作、生活中的问题，从而培养教师的问题解决能力；应用信息手段提高教育质量，培养学生的信息素养，训练学生的信息技能，从而达到预期的实验目标。我们要求教师每学期必须上电教展示课，根据各学科的特点，在学科教学中开展研究性的学习。信息技术应用在教学管理中表现为教学信息的数字化、系统化、规范化，如学籍管理、成绩分析等等；应用到教学中，则表现为计算机辅助教学。目前，课堂教学仍然是学校教育的主要方式，学校教育的信息化很大一部分表现在课堂教学的现代化上。信息技术应用到课堂上的教学成效，落到实处是提高教学课件的制作水平与应用效率，因此，让第一线的教师成为课件制作的专家、课件应用的能手，是提高教师信息素养的目标。

3. 发挥图书馆和阅览室的作用

图书馆里有丰富的信息资讯和专业知识，因而在教师信息素养的培养和提高过程中有不可替代的作用。学校应以图书馆为主阵地，在此开展与教育信息化相关的讲座和培训，使广大教师在充分利用信息资像的过程中有意识、有目的地提高自己的信息素养。阅览室汇集了各方面的专业知识，教师应充分利用阅览室获得所需要的信息并为未来的教学奠定良好的基础，这既是教师提升自我的途径，也是他们进行科研的主要途径。

4. 发挥教学比赛的作用

以信息化教学设计、技能、课堂教学大赛为抓手，在赛中学，以赛促教。通过信息化比赛，教师可以及时了解最先进的教育教学理念、最先进的教育技术手段，如翻转课堂、情景化教学、游戏法教学、任务单式样、虚拟教室、AR/VR 技术、人工智能等，并将其应用到自己的教育教学管理中，从而提升自己的信息素养。

5. 自我信息素养提升

(1) 多用网络阅读。在不远的将来，网络阅读将成为教师获取知识、进行教学和科研的重要手段，重视并坚持网络阅读是提升自身信息素养的重要途径。

(2) 多用电脑写作。在电脑上写作，除了便于编辑、修改和保存外，很重要的一点是可以实现网络阅读与写作的一体化，即利用网上丰富的多媒体资源来帮助写作。教师经常在电脑上写作，如写教案、出试卷、进行教学总结反思、制作幻灯片、写论文等，有利于提高自身信息技术的应用能力。

(3) 多用智慧平台。教师要充分创造条件，利用智慧平台，如学习平台、多媒体教室、智慧校园、网络学习空间等，实现师生的有效互动和评价，将信息技术精准地应用于教学中。

(4) 多用电脑办公。只要能用电脑处理的事情，就要尽可能通过电脑来做，如统计学生成绩、撰写科研论文和著作、备课、网上交流、发邮件等。

总之，教师要充分利用外界提供的有利条件，刻苦钻研，在教育科研和实践中提升自身的信息素养。

(二) 提升学生信息素养的策略

1. 三位一体培养方法

(1) 以学校为中心，上好信息技术课。首先，学校在学生信息素养培养过程中应以课堂教学为主渠道，加强信息技术学科教学，严格按照课程标准和课程教育大纲上好信息技术课，把教材的每一个知识点传授给学生，并让学生多操作练习，这样就为培养学生的信息素养提供了有力保障。其次，还要注重各学科的相互渗透，培养学生收集和处理信息的能力。

(2) 以家庭为基点，加强家庭教育。家庭是社会的重要组成部分，也是学生教育的第一课堂。学校可以通过家长会，教育家长注重学生的信息素养培养，建议家长在经济条件允许的情况下，在家中配置计算机，方便学生查找资料，有信息技术能力的家长可以指导自己的孩子学习计算机知识等。同时还要提醒家长要做好计算机管理工作，要在不影响学生课业的前提下培养他们的信息素养。

(3) 以社会为依托，合理利用社会资源。教育学生可以充分利用社会资源来提高自己的信息素养，如去学校附近的图书馆借阅资料或通过学校的数字图书馆查找自己所需的知识等。学校要调研走访学校周边社会网吧，特别是隐藏在城乡接合部的黑网吧，配合上级有关部门做好学校周边环境整治工作，让学生在一个健康快乐有序的社会大环境中学习信息技术知识。

2. 实践操作练习法

在上信息技术课时，力求学生能够掌握知识点，并将其应用到自我信息素养提升中去。如在讲解指法和练习打字时，教师可以结合教材通过“金山打字”软件进行人机互动及打字游戏互动，多给学生上机操作练习的时间，学生在轻松愉快的氛围中就能掌握打字要领；在教授上网搜索、下载资料时，教师要把搜索和下载的方法讲实讲精，并布置相关的作业任务，让学生在完成任务的过程中掌握搜索、下载资料的方法。下载完成后，教师要教会学生做好资料的分类、整理、归纳、编辑等工作，通过任务驱动，使学生会用 Word 来写作文、制作贺卡、制作电子板报等，会用 Excel 进行简单的数据计算、分类汇总、排序、筛选、制作统计图等，会用 PPT 制作简单的演示文稿等，会用 Flash 软件、动画大师等制作和处理动画，会用图片处理软件和视频编辑器等，会熟练使用一些热门的 App、智能手机、网络学习平台等。通过实践操作练习，不仅可以很快地让学生掌握信息技术知识，还可以进一步提升学生的信息素养。

3. 竞赛评比活动方法

在学习信息技术的过程中加入竞赛评比活动，学生学习信息技术的兴趣会更浓。教师可以在每节信息技术课设置一个小评比，这样的激励机制可以很好地提高学生的学习积极性，进一步提升学生的信息素养。学校还可以组织创客、机器人制作、3D打印、文明风采大赛等社团活动和比赛，教师对参赛学生进行相应的创作辅导。经过比赛，参赛学生的信息技术水平会得到不同程度的提高，还可以带动周围的学生一起参与信息技术的学习。

4. 加强网络道德教育

教师在培养学生的信息素养时，还要重点加强他们的网络道德教育，告诉学生现阶段要以学习科学文化知识为主，长时间上网不仅会荒废学业还会影响身心健康发展，不要长时间上网，更不能沉迷于网络游戏；告知学生要正确利用网络资源，不传谣不信谣，学会保护自己，不要把自己及家人的信息告诉别人，不去会见网友，在上网交流过程中要文明用语，不沉迷网络及游戏，不删除别人的文件、不传播和制造计算机病毒等；告诫学生不到营业性网吧上网，要有计划地在家里或学校健康上网，要在健康有序的环境里学习网络知识，提高自己的信息操作技能，提升自己的信息素养。

我国著名教育家陶行知先生曾就师范教育的宗旨提出：人师之责，不在教学生，而在教学生学。教育应为学生的终身发展提供必备的基础知识、基本技能和良好的情感态度与价值观，以创新精神和实践能力为核心，重视发展学生搜集处理信息的能力、自主获取新知识的能力、分析解决问题的能力、交流与合作的能力。提升师生信息素养是加快教育改革的核心，是实现教育信息化的关键。政府、社会、学校、教师、学生应相互协调、共同努力，政府加大投入，通过政策引导，学校重视运用，教师转变观念，学生乐于学习，为加快教育信息化步伐、推进教育现代化进程而努力。

参考文献：

[1] 茹宏丽. 论教育信息化与教师教育技术素养[J]. 电化教育研究，2007(3)：44－46.

[2] 杨丽君，王兴柱. 教育信息化进程中教师信息素养的提升[J]. 中国教育技术装备，2009(12)：63－64.

[3] 徐祇坤，张玉红，田励平. 教师适应教育信息化的对策分析[J]. 教育与职业，2009(23)：50－51.

教育信息化2.0时代教师信息素养提升研究

盐城市大丰区三龙初级中学　张小勇

摘　要：教育领域已经进入了信息化2.0时代，这对教育工作者提出了更高的标准与要求。在信息化2.0时代中，教育工作者应该摒弃传统的教学模式，利用信息技术丰富教学手段，创新教育模式，形成具有特色的教学风格，进而提升教学质量，教师信息素养已经成为教师必须具有的职业要素之一。本文主要对教师信息素养的现状、问题展开研究，提出提高教师信息素养的策略。

关键词：教育信息化　教师信息素养　提升策略

教育信息化展示了未来教育行业的美好前景，教育信息技术的飞快发展与广泛应用使得教师必须具备较强的信息获取、储存、整理、分析、利用能力，这些能力的提升能够让课堂更加精彩、内容更加丰富，能够帮助学生开阔眼界、锻炼思维。教师只有具有较高的信息素养，才能正确地引领学生进入信息高速公路，解决实际问题。

一、教师信息素养内涵

新时代的到来使得知识信息成为社会中的基本资源，如今知识信息渗透到了生活、工作的各个方面。信息素养已经成为每一个公民的基本素质，信息数据的获取、分析、加工与传统方式的“读、算、写”等方面的能力一样重要，这是新时代人才培育的基本要求。教师的信息素养就是指教师能够在信息化教学的基础之上，对获取的教学信息进行分析、处理、利用，以解决教育、工作、生活等多方面实际问题的能力。在如今的教育改革中，其主要是指各学科教师能够熟练将现代多媒体技术与学科内容相结合，进而提高教学质量与教学效果。

二、教师信息素养发展现状

信息素质关系到一个国家、一个民族在信息时代中的竞争力的高低。目前，在我国，信息素质教育仍没有得到很好的宣传，教师信息能力水平有待提高。

首先，信息素养培养缺少一个完整的体系。目前，相关部门在开展教师信息素养培养工作调研时能够明显发现一些学校存在基础条件不达标的情况，如缺少培训体系、课程设置不合理、培训内容不全面等，种种因素都影响了教师信息素养培训工作开展的进程，导致培训效果不高。许多学校中还没有形成一系列的培养计划，培训经费的投入也不到位，培训人员不能充分认识到信息道德、信息技术及其发展趋势带来的重要影响，信息意识的缺失让培训工作看不到效果。这种情况造成了传统的教育观念很难被打破，阻碍了信息素养的提升，制约了学校的发展。

其次，缺少信息素养的培养条件。很多学校缺少信息素养培养的环境，领导及教师自身对于提升信息素养的认识程度不够，意愿也不强烈。有很多教师固守传统的教学模式，已经失去了创新的想法，不敢去尝试新的教学模式及方式，对网络的应用也只是停留在建立班级交流群，不会应用互联网去丰富自己的教学内容。还有一部分教师则是因为自身的工作繁忙、压力大而没有多余的精力去学习计算机技术，只具备计算机最基本的操作能力，对大数据分析、云计算的能力知识停留在空白阶段。所以，开展教师的信息素养能力培养，要改变教师的传统理念，加紧营造一个更好的信息素养学习环境，以提升教师的信息素养。

再次，是传统师生关系的约束。在过去的传统教育模式影响下，教师与学生的地位一直处于不平等的状态，这种关系很难转变，因此也就影响了教师与学生之间的沟通。教师与学生之间缺乏沟通，就很难让教师认识到信息技术的重要性，不能自觉提高信息素养。同时教师与学生的沟通不好也导致教师无法及时掌握学生的学习情况，影响教学方案的制定，也影响了互联网技术在教学中的有效应用。

最后就是教师信息技术及信息意识的薄弱。多媒体的利用往往能够有效地提升教学质量，但在实际的教学活动中，对于现阶段的教师来说，他们在文字处理与课件制作等方面的能力还比较缺失。然后是信息意识薄弱，信息意识在提高教师信息素养时主要指的是面对信息时的捕捉与分析能力，通常来说，这种能力与教师的年龄、性别、学科性质以及对待信息技术的态度有很大关系。在实际的教学活动中，应用多媒体能力的高低还会受到软、硬件设施的影响。

三、教育信息化程度与教师信息素养的关系

实现了教育信息化就等于实现了我国的教育现代化，教育信息化已经成为未来发展的主要趋势。首先，想要实现教育信息化，其中最为关键的就是教师的信息素养，因为教师是向学生传播知识的第一人，在学校建设教学环境、教学平台、人才管理时都离不开教师的参与，教师的信息素养的高低直接关系到我国教育信息化程度的高低。

其次，教师的信息素养是教育发展的必然条件。随着现代教育的不断进步与发展，信息的搜索、捕捉、收集、汇总、分析、处理、利用已经越来越重要，这种发展也意味着教师要做出很多改变，他们不仅要获取本学科的专业知识、人文社科知识，还要做好教育工作的扩展与延伸，各学科知识进行相互渗透、日益加强，从个体到团队不断地提高，充分灵活地利用有关学科知识对学生进行教育。

最后，教育信息程度影响着教师信息素养的高低。教育实现信息化不仅仅是单纯地引入信息技术，教育观念更要随着社会发展而变化。教育信息化程度高则表示教师信息素养在提高。每个时代都有每个时代的教育观念，传统的教育观念可能在过去的年代合适，但是在信息飞速发展的今天不一定合适，相反它还极有可能会成为现代教育的阻碍。因此，教师必须提高自身的信息意识，不能够被时代淘汰，要充分借助现代信息技术进行教学，通过多种多样的教学模式带动学生进行多元化发展，为国家培养出更多的人才。

四、教师信息素养提升策略

（一）转变思想，与时俱进

“以教育信息化带动教育现代化”是教育部提出的明确要求。在全面实施新课程标准的大背景下，教师若想要做好现代教育工作，就要转变思想，做到与时俱进。要想改变教师的传统观念，首先就要从教师的信息意识培养开始，培养教师对于信息的敏感度，这是提高教师信息素养的前提条件。教师固守传统观念主要是教育各级行政部门及教育工作者对于教师信息素养这一素质的忽视，但是随着社会的发展、教学观念的转变，教师的角色也发生了相应的改变，教师作为培养祖国接班人的园丁，应该具备现代化的教育观念、教育方法、教育手段及教育思想，要熟练运用现代化的教学手段，能够对收集到的信息进行有效的组织、管理、利用，通过此种方式来实现最优化的教育。

（二）利用信息化工具，提升教师信息素养

要提高教师的信息素养，首先要构建一个良好的信息基础环境。在构建良好信息环境时，学校不仅要加大基础设施的投入，还应该寻求政府的帮忙，同时集中社会上的各种力量进行投资。学校应该根据自身的实力来构建现代化教学设施，建设校园网、电子教室、多媒体教室、电子阅览室，必要时还可以购进软件与教学资料，建立自己的资源库，为教师提高信息素养打好坚实的基础，构建良好的学习环境。

其次，让教师利用信息化工具提升信息素养。学校可以建立多层次的培训机制，一方面可以聘请专家、学者开展讲座、会谈等，在现有的资源基础上对教师进行培训，有效提高教师的信息能力与知识水平；另一方面，学校可以举办各种有益的培训班，培训讲课的老师可以是本校的信息技术教师，也可以是图书馆资源利用的教师，培训内容根据教学中发生的实际问题而决定，依据教师的时间定期地开展相关课程的培训。在培训过程中一定要保证课程有重点、有层次、有计划、有步骤地进行，教师也可以根据自己的实际需要来选择学校开展的课程。

教师信息素养的提高有利于建设现代化教育体系，能够实现教学活动的高效化、科学化，所以教师要对信息素养有正确的认识，要多采用信息技术教育模式对学生展开教育。需要明确的是，信息技能的提升并不是一蹴而就的，它需要长时间的努力、坚持，还需要学校、学生的积极配合。教师要时刻加强信息意识，将信息素养运用到实践中，为学生的成长贡献出最大的力量。

参考文献：

[1] 王春雨，湛郘. 教育信息化 2.0 时代教师信息素养提升研究[J]. 中国成人教育，2019(12)：84－86.
[2] 冯潇，张欣. 教育信息化背景下提升高校教师信息素养的策略探析[J]. 高教论坛，2018(10)：56－59.
[3] 刘冬梅. 浅谈教师教育信息化与教师信息素养提升[J]. 电子测试，2013(20)：206－207.

翻转式研修：学校校本研修的建构与生长

镇江句容市华阳实验小学　周华红

摘　要：校本研修是针对一线教师教育、教学的研修，是为解决教育、教学中实际问题的研修，研修的最终目的是帮助教师自我成长，但传统的校本研修大多采取一种“自上而下”式的流程，是一种“被研修”，不少教师的积极性不高，研修效率低下。为解决这一问题，我们对研修流程进行了重新建构，采取了“自下而上”式的流程。我校借鉴“翻转课堂”的理念，提出“翻转式”校本研修的思路，并对“翻转式”校本研修的可行性进行分析，就如何建构“翻转式”校本研修方式进行尝试。

关键词：翻转式　校本研修　建构　生长

一、翻转式校本研修的缘起

“校本”就是以学校为基本，“在学校里，基于学校，为了学校”，“研修”则是在教学过程中进行探索、研究和反思，通过这样的方式来促进教师的专业成长。从广义上说，“校本研修”包括校本的教研、校本的培训、校本的科研以及校本的资源开发与利用。

如何让校本研修活动不再是预设的过程，而是生成的过程，能促进方法、技能的内化和应用。《教育部关于深化中小学教师培训模式改革，全面提升培训质量的指导意见（教师〔2013〕6 号）》中提出：“各地要积极推进教师网络研修社区建设，推动教师网上和网下研修结合、虚拟学习和教学实践结合的混合学习。要推动网络研修与校本研修整合，建立校本研修良性运行机制。”

根据文件精神，句容市华阳实验小学也积极建设教师网络研修社区，为拓展研修领域、深化新课程实施、促进教师专业发展搭建广阔的舞台，更为基于网络的学习共同体的形成提供技术的基础。

我校教师队伍总体呈年轻化趋势，其中 35 周岁以下的占 59.7%左右，这些年轻教师总体知识结构比较新，接受新事物快，工作热情，思想活跃，渴望开展教育方式的革新等工作。

2017 年，我校入选首批市智慧教育试点学校，学校在智慧管理、智慧服务和智慧教学等方面进行了基于移动互联网的智慧教育生态圈的探索与构建。其间，我校打通了学生、家长、学校的信息场，清晰地看到信息技术正以惊人的速度改变着我们学生的学习方式，推动着学习理念向个性化学习、持续性学习转变；而智慧教学的探索，也对教师的教育信息化能力提出了新的要求。

基于以上分析，我校尝试、推行、应用“翻转课堂教学法”，借助镇江市智慧教育平台应用、探索和构建新的教学模式——“导助拓教学模式”。教师在实践研究的过程中需要立足于真实的教学环境，把教育信息化和课堂教学深度融合。教师原有的信息化能力已经远远不能满足课堂教学改革的需求，需要更快速地掌握相关的信息技术能力，如文本解读、思维导图运用、网络摄像、录屏、微课通录制、教学助手应用、视频编辑器软件等应用能力。同时，随着教学中互动软件不断地被开发，教师们也急需随时更新和掌握相关的信息化知识。这些信息技术能力的培训以及教学研究所需支撑的理论研修都必须结合时代特征，借助校本研修的平台，个性化、多层次的自我研修与交流协作相结合，更好地满足每位教师的发展需求。为此，我校以"翻转"为突破口，进行了翻转式校本研修的实践探索。

二、翻转式校本研修的模型构建

翻转式校本研修是基于校本的研修主题，运用信息技术和网络资源让教师进行个性化、碎片化的前置学习，并结合现场研修进行问题解决和拓展提升的一种"先学后研""线上、线下互融互通"的研修方式。它和传统式研修的区别见表1。

表1　传统研修与翻转研修中各要素对比

项目	传统研修	翻转研修
组织者	传授、管理	指导、促进
教师	被动接受	主动研究
研修方式	讲解+研讨(简单、形式化)	问题、思考+探究、反思
研修内容	讲解、传授	问题、探究
技术应用	纸媒、板书、PPT(简单)	微课、MOOC、白板
评价方式	学时证明	多角度、多方式

我们从主题确定、课程设计、前置学习和现场解决方面设计翻转课堂校本研修的模型(见图1)。

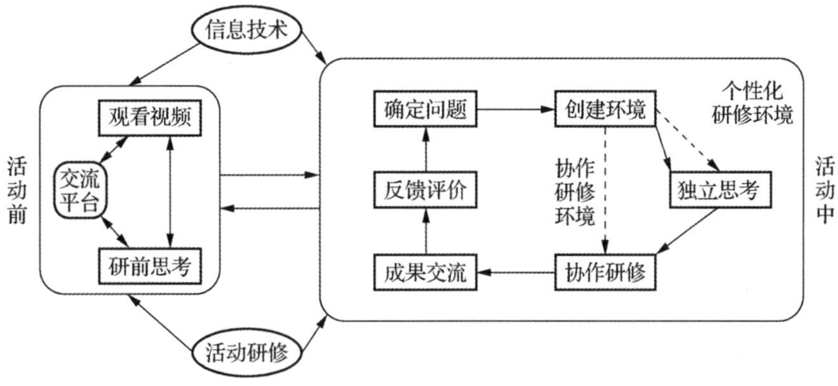

图1

三、翻转式校本研修模型下的实践探索

"翻转课堂"的核心是"先学习后教学"，其特征是：①学生通过网络学习，自主获得即将学习的资源，教师从原来的知识传授者逐渐变成学生学习的指导者、促进者；②学生在课堂上成为主角，但并非完全单打独斗地进行学习，而是需要积极参与，在彼此交互中完成课堂的学习任务。"翻转"课堂呈现的这两个特征，也可以应用在"校本研修"中。

(一) 集体备课

基于"翻转"理念下的集体备课，是指主备的教师将自己初步的教学设计和意图发布到网络研修平台上，同学科的其他教师围绕这初步的思路进行思考，并在网上展开讨论，然后再进行面对面集体备课。其优势在于：一、备课教师先从网络上吸纳和整合老师的意见，对初稿进行调整，能完善教学方案；二、教师经过周密思考后，再面对面交流时，更加有针对性和准备性，提高工作效率。备课组按照"协同邀请—现场研讨—课堂试教—整理分享"的流程开展协同备课，主备教师独立研究，形成教学设计，上传网络研修平台，组员下载，围绕教学目标、教学构想斟酌思量；然后主备教师发起协同邀请，备课组成员围绕教学设计现场进行探讨修正，形成备课组共同设计，课堂试教后再次研讨修改并整理分享到网络研修平台。这样的研修方式使教师在小组协作、同伴互助的过程中逐步提升学科信息化教学应用能力和课堂教学实践能力。学校的组内公开课、校级示范课、校外观摩课等都以这种团队协作的形式促进教师的专业发展。

（二）听课评课

把教师的授课过程录制成微课传到网络研修平台有四个优点：一是能较好地解决部分教师教学时间与听课时间相冲突的问题，参与教师能不受时间的限制，随机听课并评价；二是参与教师可以反复听课，更有利于对课堂教学中教师和学生的行为进行观察记录，提高听课效率；三是评课教师有充足的时间思考，评价更加准确、针对性强；四是利用信息技术，对课堂视频灵活地进行组织与处理，对需要解决的教学问题，利用视频进行切片分析，同时把几段类似研究主题的课堂视频放在一起，进行对比分析，把预设文本与视频片段有机地结合起来，达到视频课例交互式效果。

课前导学：老师们充分利用在线教学平台，借助教学资源，尤其是海量微课，通过微课筛选、优秀资源搜集编辑、自主创作等方式制作自己需要的微课，然后有效地借助课前学习单，推送微课资源，让学生通过"家校帮"平台进行微课学习、前置学习，学生发现问题、提出问题，再通过"家校帮"反馈给老师，为翻转课堂教学奠定基础。

课中助学：教师根据学生前置学习的问题反馈，借助白板交互、小组合作，直击重点，化解难点，辅助完成教学任务，并通过移动讲台的应用功能实时进行师生、生生的互动，实现课堂教学的全面翻转。

课后拓学：教师凭借家校帮 App 进行在线检测和拓展训练，利用家校帮的平台开发有创意性的多元作业，对于课堂教学中产生的新问题进行进一步的探究和讨论，进行必要的完善。

（三）教学反思

校本研修平台还可以为教师开展教学反思提供新的载体，上课和听课的教师把自己经过深思熟虑的反思上传到研修平台，其他教师再对这些反思进行评价，达到求同存异、取长补短的效果。网络研修平台因具有公开性，能增加教师的责任感和成就感，由于跨越了时空的限制，也为教师的反思创设了宽松、民主、自由的环境。同时，这样的反思也可走到线下，进行面对面的交流。因为有了之前网上的阅读比较，提出的想法更具有深刻性和可借鉴性。另外，信息技术手段也能协助教师开展教学反思，如利用概念图、几何画板、思维导图等工具，更加直观地帮助教师反思教学。

（四）同伴支持

以学校为基础的培训平台有助于更有效地实施同伴支持和专业领导。教师可以先在培训平台上提出日常工作的问题，其他教师自由发表意见，评估其他人的观点。作为学科专家的学科主任或教学研究组组长，根据不同教师的需求，找到信息，进行解释和分析，同时准备面对面的讨论，并进行集中交流。运用特殊论坛、特别报道、头脑风暴等形式，更有利于就问题达成共识，有效解决问题。

此外，建立学校网络培训平台还可以记录教师培训过程的参与行为，及时反馈培训情况，提供培训进度，分析培训数据，实现多功能培训监控。

利用网络平台促进教师专业发展是校本培训的长期目标。翻转式的研修更需要教师个体的内驱力和自主性，如何始终让教师自觉自愿参与研修，突出教师主体地位，促进教师的专业发展，如何重组研修主体，打通学科、学段界限，让教师在合作探究中拓宽视野、启迪智慧，我们还需要进一步的探索和研究。

参考文献：

[1] 中华人民共和国教育部. 教育部关于深化中小学教师培训模式改革 全面提升培训质量的指导意见[A]. 北京：中华人民共和国教育部，2013.

[2] 刘伟菁，张晓明. "翻转课堂"理念下的校本研修新思路[J]. 中国信息教育技术，2014(18)：55-56.

[3] 汪文华. 基于"翻转课堂"理念的教师培训[J]. 中小学信息技术教育，2013(7)：39-42.

慕课＋翻转课堂

——农村小学科学教育的新模式

连云港市赣马中心小学　董淑玲

摘　要：“慕课”（MOOC）的英文直译是“大规模开放的在线课程（Massive Open Online Course）”，其主要特征之一就是所有的课程进程均可在线完成；“翻转课堂”也叫“颠倒课堂”，译自“Flipped Classroom”或者“Inverted Classroom”，是指让学生课前通过自主观看视频和线上交流学习新知识，再通过课堂互动完成知识的建构。把“慕课＋翻转课堂”模式应用于农村小学科学教学，可以有效缓解农村小学师资力量不足、教学资源匮乏的现状，更加有利于培养学生的科学观念和自主学习能力，使学生的科学知识与技能得到同步提升。

关键词：慕课　翻转课堂　农村教育

1988 年 9 月，邓小平同志提出了“科学技术是第一生产力”的论断，提倡大力培育科技创新型人才、鼓励广大青少年投身于科学技术发明与创造。青少年的科学素养要从小培养，而小学科学教师是引导学生进入科学殿堂的启蒙者。可是，目前我国小学阶段科学教师的专业化程度普遍不高，师资配置严重不足，有些农村小学的科学课都是由主科教师兼任，很多教师没有接受过任何关于科学课程的专业培训，甚至有些学校的科学课被挪作他用。这样一来，学生的科学知识需求得不到满足，科学兴趣与科学素养的培养就无从谈起。如何解决农村小学的科学教育问题？如何培养学生的科学探究精神？笔者一直在努力寻找、探索问题的答案。随着第三次信息技术浪潮的到来，“慕课”“翻转课堂”这两种基于信息技术的新型在线教学模式应运而生，为教学资源匮乏的农村小学科学教育带来了“春天”。

一、关于核心概念的解读与阐释

（一）什么是“慕课”

“慕课”（MOOC）的英文直译是“大规模开放的在线课程（Massive Open Online Course）”，是“互联网＋教育”的产物，它具有系统完整的课程结构，包括课程视频、作业、交流讨论、考核等，其主要特征之一就在于所有的课程进程均可以在线完成。我国的“慕课”教学模式于 2011 年首先应用于高等教育领域；2013 年，C20“慕课”联盟，特别是初中和小学“慕课”联盟的成立，标志着“慕课”正式进入基础教育领域。目前，我国上线“慕课”数量已达 5 000 门，学习人次突破 7 000 万（学习者以大学生、中学生、小学生为主），主要分布在一线城市和教育发达城市。无论是“慕课”课程的总量、开设“慕课”的学校数量，还是学习“慕课”的人数，中国均处于世界领先地位，已经成为世界“慕课”大国。但是在农村小学的教育教学中，“慕课”教学模式尚处于初始阶段，关于“慕课”课程的开发与实施措施，尚有很多问题有待广大致力于农村教育教学研究的专家与教师研究与探索。

（二）什么是“翻转课堂”

翻转课堂主要是指重新调整课堂内外的时间，将学习的决定权从教师转交给学生。教师不再占用课堂时间来讲授知识，这些信息需要学生在课前完成自主学习，他们可以看视频讲座、听播客、阅读电子书，还能在网络上与别的同学讨论，能在任何时候去查阅需要的材料。在课后，学生自主规划学习内容、学习节奏、风格和呈现知识的方式，教师则采用"讲授法"和"协作法"来满足学生的需要，促进他们的个性化学习。"翻转课堂"的实质就是让学生课前通过自主观看视频和线上交流学习新知识，再通过课堂互动完成知识的建构。

（三）关于"慕课＋翻转课堂"模式的解读

基于"慕课""翻转课堂"的教学模式包括课外、课内两个阶段。在课外，学生可以根据老师布置的学习任务有选择、有重点地观看"慕课"视频，教师可以通过"慕课"平台了解学生的学习情况，师生之间可以进行在线交流探讨；在课内，师生之间可以就有关"慕课"学习的重点和难点问题进行课堂有效互动，具体表现为教师就某些知识点为学生释疑解惑以及"生生之间"的交流互动、合作探究。

由于"慕课"是系列性的大型在线开放课程，每种"慕课"动辄几集、十几集，课堂上不可能有那么多时间让学生学完所有课程，并且每个学生的已有知识经验和学习能力不同，同一节"慕课"播放完了，有的学生对"慕课"教授的专业知识已经了然于心，有的学生却如雾里看花。因此，在实际教学中，很多中小学教师往往要把"慕课"与"翻转课堂"结合起来运用，也就是教师针对将要学习的新知识布置相关的"慕课"课程，让学生课前自主观看学习，与老师、同学进行广泛的在线交流探讨，对于不懂的知识可以进行重点多次学习，并通过做测试题检验自己的学习情况；在课堂互动环节，教师就学生反馈回来的重点问题和知识点进行点拨与辅导，从而帮助学生完成整个知识系统的建构。这样做，就可以让"慕课"与"翻转课堂"这两种现代化教学模式强强联手、优势互补，实现小学科学教学效果最大化、教学方式最优化。

二、"慕课＋翻转课堂"模式应用于农村小学科学教学的积极意义

有不少人一直在质疑："慕课"是否适合于小学科学教育？事实上，"慕课＋翻转课堂"这种新型的教学模式与小学科学课程设置的初衷不谋而合：既有利于激发学生的科学兴趣，培养学生的科学探究意识及合作能力；又有利于改革学生的学习方式，将科学教育纳入家庭教育，把培养学生的科学素养由学校向家庭延伸，从而普及全民科学意识。

（一）改善教育资源分配不均的现状，促进实现教育均衡与公平

学生通过观看"慕课"视频，可以突破纸质教材的限制，学习各个领域的科学专业知识，了解科学技术发展的最新动态，使农村小学生都能接受高质量的科学教育，有效改善了那些教师专业化程度不高的农村小学的科学教育现状，缩小了城乡之间、地区之间、学校之间的教学差距；此外，农村小学的科学教师通过观摩、学习优秀"慕课"教学视频，可以学习先进的教学方法和专业化知识，有助于他们提高专业素质，改进教学方法，从而推动农村小学科学教育教学水平的全面提升。"慕课＋翻转课堂"模式的实施，促进了共享教育资源机制的形成，改善了我国教育资源分配不均的现状，将有助于促进全面实现教育均衡与公平。

（二）有利于激发学生的科学兴趣，让学生的学习更加灵活自主

"慕课"视频讲解清楚、有条理，呈现科学知识的形式生动活泼，非常符合小学生的心理特点。通过观看"慕课"视频，学生可以看到浩瀚无际的宇宙空间、暗流涌动的地壳运动、动植物生长的动态过程以及平时只能用显微镜看到的微生物世界。"慕课"能把这些奇妙的景象一一展现在小学生面前。因此，实施视频学习和翻转课堂的教学模式，可以极大地提高学生对科学课程的学习兴趣，激发学生的科学探究欲望，为全面提升学生的科学素养打下良好的基础。此外，学生可以在家自主观看视频，与家人分享交流学到的科学知识；也可以把观看视频和自学教材相结合，自主解决不懂的问题；或者通过网上交流向老师和同学求助，解决学习过程中的困惑；对于视频中学会的知识可以快进，对于学不会的知识可

以反复观看视频直至学会。这样，学生可以自己管理学习进度、自主选择学习方式，学生学习科学知识的灵活性与自主性大大提高，从而充分激发每个学生的最大潜能。

（三）让科学教育从知识本位走向综合素质本位

"让科学教育从知识本位走向综合素质本位"是指：科学教育要从以往只注重小学生对科学知识的掌握，走向"既注重学生科学知识的掌握又注重学生科学观念（科学创新思维）的形成和科学能力（获取科学知识的能力和发明创造能力）的发展"。小学生科学综合素质的培养，尤其是科学价值观的养成，是基础教育阶段小学科学教育教学自始至终的重要任务，越来越受到世界各国的重视，谁走在前面谁就掌握了科技进步和经济腾飞的"秘钥"。因此，从娃娃抓起，从小学生抓起，利用"慕课＋翻转课堂"模式树立孩子的科学观念，全面普及科学发展观，是功在当代、利在千秋的教育大计。我们广大农村小学的科学教师有责任、有义务把这一教育大计全面实施、落实到位，推动我国的科学教育事业全面发展，实现青少年科学创新能力全面提升。

三、"慕课＋翻转课堂"模式应用于农村小学科学教学的途径与方法

在整个基于"慕课＋翻转课堂"模式的学习活动中，学生掌握了更多的学习主动权，主要学习活动在课后完成；学生能够自我管理学习进度，在学习时间和空间上更灵活、更自由，课前就可以解决绝大部分知识层面上的问题；教师在学生的学习活动中担任协作者的角色，在课堂上不再按照传统教学流程进行集中讲授，只是就某一知识点进行适当的精讲与点拨，把更多的时间用来进行师生之间、生生之间的有效互动。

（一）利用"慕课"翻转，探究"宏观性"与"微观性"科学知识

小学科学教材中很多超出学生视野和思维空间的知识，像"探索宇宙""火山与地震""各种各样的能量""遗传与变异"等科学知识，对学生来说既遥远又抽象，单纯利用教材无法让学生真正地对这些知识理解与吸收，即使利用多媒体课件辅助教学，也无法让学生全面感知这些宏观、抽象的科学知识，而"慕课"课程可以很好地解决这些问题。教师在教学之前，可以把观看相关"慕课"的学习任务布置下去，让学生在任务驱动下自主观看"慕课"视频，并在讨论区与老师、同学进行广泛的探讨和知识共享，完成"课前翻转"的学习活动。这样，就可以将学生的思维与视野引入目所不及的所有宏观与微观世界，像无限广阔的宇宙空间、星辰大海，物质的分子结构、细胞构成等等，"慕课"课程都能利用高端的信息处理手段一一展现在小学生面前，就像在学生面前打开了认识世界的"万花筒"，极大满足了学生的好奇心和求知欲，这对于激发学生学科学、用科学的兴趣和动力，培养学生的科学创新观念有着非常积极的推动作用。

（二）利用"慕课"翻转，开展科学综合实践活动

科学是一门实践性很强的课程，如果不去实践运用，就是懂得再多的科学知识也只是纸上谈兵。在"慕课＋翻转课堂"理念下的小学科学教育教学，教师要充分发挥这种教学模式的优势，鼓励学生在课外通过自主学习视频掌握知识要领，并通过交流区适时指导学生运用学到的知识要领开展科学实践活动，实现"知行合一"，让学生在实践活动中发现规律、增长知识、提升技能，充分体验科学探究的乐趣。

下面以四年级科学下册《养蚕》一课为例，阐述以"蚕的一生"为主题的科学综合实践活动的思路。

1. 布置活动任务：布置"慕课"学习任务和综合实践任务。

2. 领取实验材料：把学生分成几个实验小组，各组领取蚕种。

3. 自主学习并付诸实践：学生课后自主观看关于养蚕知识的"慕课"课程，掌握养蚕的基本流程和注意事项，然后各小组分头开始养蚕。在整个养蚕的过程中，小组成员之间、小组之间、师生之间可以展开广泛的交流与互动。教师通过交流互动及时了解各小组的活动进程，对学生反馈的问题给予指导

和帮助。

4. 写观察记录：每组在养蚕过程中，仔细观察蚕从卵→幼虫→蛹→蛾四种形态的变化过程，并做好观察记录，以培养学生认真、严谨的观察习惯和科学态度。

5. 数据整理与分析：记录蚕在各个时期的身长与体重，并以图表的形式呈现蚕在生长过程中身长与体重的变化，通过数据的整理与分析，探究蚕的生长规律，培养学生的数据分析能力。

6. 制作手抄报：要求每组设计一幅以“蚕的一生”为主题的手抄报，要求主题鲜明、图文并茂，让学生感受蚕的生命之美，以培养学生的人文情怀和设计能力。

7. 了解蚕丝的应用：让学生通过观察、触摸抽出的蚕丝，感受蚕丝的质地，并通过观看“慕课”了解蚕丝的应用与价值，以培养学生的审美体验与鉴赏能力。

8. 开展分享交流会：“养蚕”实践活动顺利完成后，利用课堂互动时间展示各小组的实验观察记录和同学们撰写的观察日记，交流养蚕的心得与发现，以培养学生的语言表达能力和沟通能力。

养蚕是一种周期比较长、专业性比较强的科学综合实践活动，如果教师利用课堂时间讲授关于养蚕的流程和技术要领，教学效果往往差强人意：一是因为小学生的思维以直观感受、无意识记忆为主，灌输过多的专业知识学生无法全面理解和吸收；二是因为养蚕周期过长，即使学生当时理解了这些知识也会很快遗忘；三是因为在养蚕过程中会出现很多突发事件和棘手问题，教师无法适时指导学生去解决这些问题。如果利用“慕课”进行“课外翻转”就可以很好地突破课堂授课的局限性：学生在“学中做”、在“做中学”，一边通过反复观看视频学习养蚕的专业知识，一边把所学的知识付诸实践，并随时调整活动方案；学生在养蚕过程中发现的问题可以通过交流区向老师求助，也可以通过观看视频自主解决；在养蚕过程中学生可以在线交流和分享各自的实践心得，实现知识与技能的最大化共享。

综上所述，由于小学科学教育肩负着培养学生科学意识和创新能力的特殊使命，具有先进性与共享性的“慕课＋翻转课堂”这种教学模式，不可否认地将成为未来小学科学教育的新模式。虽然现在农村基础教育条件有很多不足，网络教育与小学科学课堂教学相结合的普及面较窄，教师在“慕课＋翻转课堂”的实践过程中面临着很多主观或客观的限制及挑战，但只要我们能结合教学实际情况创造条件，并灵活运用“慕课＋翻转课堂”这种模式，必能走出一条独具特色的小学科学教育之路，为未来我国各个领域的科技创新与发展源源不断地输送科技后备人才。

参考文献：

[1] 成尚荣. 引领孩子们亲历科学：小学科学教学案例解读[M]. 南京：江苏教育出版社，2001.

[2] 宋汉阁. 小学科学课教学指要[M]. 长春：东北师范大学出版社，2002.

[3] 陈玉琨. 中小学慕课与翻转课堂教学模式研究[J]. 课程·教材·教法，2014(10)：10－17.

浅谈希沃白板在初中物理教学中的应用

昆山市城北中学　蒋越峰

摘　要：在教育信息化不断推进的大背景下，本文通过介绍希沃白板在初中物理互动教学中的促进作用，希望引起教师对课堂教学信息化的重视，推动教师信息素养、教育信息化应用研究水平的提高，促进信息技术与教育教学深度融合，使物理课堂的教学方法更加丰富、教学过程更加生动，提高学生课堂参与度和学习热情，打造以学生为主体的互动教学课堂。

关键词：教育信息化　希沃白板　初中物理教学

随着时代的不断进步，教师的教学模式和学生的学习方式可以说是日新月异，教师们需要时刻紧贴时代脉搏，不断学习新的知识和方法，提升自身综合能力，拓展研究型的、互动型的新教学模式，努力培养学生的创新能力，提高学生的核心素养。

希沃白板是在教学实际中能提供很多帮助的一个软件，它以多媒体交互白板工具为应用核心，提供云课件、素材加工、学科教学、思维导图、课堂活动等多种备课、授课的常用功能。手机和电脑连接同一个 Wi-Fi，登录相同账号即可实现双屏同步、实时互动，使用手机控制课件翻页、手机批注大屏同步显示，更多样的移动授课方式让老师自由掌控。用手机拍摄照片上传到大屏，在课堂中实时展示学生的学习成果，更可以调用手机摄像头实现直播，完整呈现行为细节。集备、授课一体的希沃白板在实际教学中可以有效提高教学效率，增加师生互动交流。

一、希沃白板在物理备课中的应用

现在昆山市城北中学每个班级已经使用触控一体机，并装有希沃白板软件，但是多数教师在使用时，依旧只是单纯地播放 PPT，然后按照自己备课的内容按部就班地讲授，在没有翻页笔等辅助工具的情况下，教师无法远离讲台，难以做到与学生进行深入互动；同时，在进行物理探究性实验教学时，学生做实验时的临场问题、不在备课计划内的实验猜想等都无法及时反馈到课件中，从而无法实现与班上其他学生共同探讨解决。利用 PPT 教学只是把原来课堂上的板书设计提前放入课件中，虽然提高了教学效率，可以留给学生更多思考的时间，但其本质仍是教师的“一言堂”，在培养学生创造性思维能力，提高核心素养方面存在较大欠缺。

希沃白板本身自带电子教学工具和资源库，例如简单的画笔工具、直尺工具、立体图形工具、复制粘贴功能、蒙版功能等等，可以有效减轻教师教学负担，提高教学效率。更重要的是，希沃白板既可以新建课件，也可以直接导入原先做好的 PPT。它的优势在于导入原先做好的 PPT 时，可以保留 PPT 中的动画效果，这是很多白板软件所不具备的。这里需要注意的是，导入 PPT 时需要先通过 WPS 将课件格式改为 pptx 格式，才能更好地保留 PPT 中的动画效果。网上的 PPT 资源十分丰富，优秀的课件更是不胜枚举，这些都会在教师备课时起到巨大的作用。如果使用其他白板交互软件时，需要重新制作课件，或者是导入 PPT 却不保留动画效果，需要重新在白板软件中添加，这些都会消耗教师大量的时间和精力，这也是很多教师采用互动性更强的白板软件的原因。另外，教师将自己的课件导入希沃账号的云课件后，去教室上课无需携带 U 盘，也无需担心教室电脑病毒的问题。更为重要的是，物理组内可以共用同一个希沃账号，将各自的优秀课件上传至云课件中，教师之间可实现随时随地的互相学习与交流，真正意义上实现集体备课。

二、希沃白板在物理授课中的应用

（一）摆脱站位限制，与学生深入互动

使用希沃白板授课时，教师需要先在教室的电脑上安装好希沃白板 PC 版，将上课需要使用的课件事先导入希沃云课件中，然后点击“开始授课”。同时，教师在自己手机上安装好希沃白板 Android 或者 iOS 版，通过扫描二维码与 PC 版链接，点击“移动授课”。这样，教师就可以在教室的任意位置通过手机控制白板上的 PPT 播放，上课时的站位就不再受限制，可以远离讲台，深入学生，与学生更近距离地交流与互动，及时了解学生的学习与笔记记录情况，及时对学生在实验过程中出现的问题进行指导与帮助。

（二）实时反馈，实现真正互动教学

在使用传统 PPT 课件授课时，学生如果在作业中或者物理实验时出现了典型的错误，教师希望将这些问题与大家分享、探讨和解决，通常有三种方法可以实现：①事先拍好照片，插入课件中，但这样缺乏时效性，学生参与度不高；②利用教室中的实物投影进行展示，但如果是物理实验器材之类，投影起来比较麻烦，耽误教学时间；③靠老师口述相关事件，但是这样不够直观，学生兴趣也无法被很好地调动。

希沃白板的手机端具有实时拍照功能，在学生进行物理分组实验时，教师可以将学生在实验过程中出现的易错、典型的问题拍摄下来，实时展示到大屏幕中。这样不仅能将实验中出现的问题、优秀的实验数据和成果更直观地展示在学生面前，还能很大程度上提高学生的参与度与学习热情。例如，在学生使用量筒进行液体体积测量时，将学生读数时的照片拍下来，可以发现多数学生其实并没有真正地做到“视线与液体凹面的底部相平”。在进行串并联电路连接时，可以将学生连接正确和连接错误的情况拍下来，会发现有学生在连接电路时没有将开关断开，或没有将滑动变阻器的划片移到阻值最大处。在进行开放性实验，学生自主设计实施方案时，这个功能的好处更为明显，可以将不同组学生设计的实验方案进行照片展示和对比。

另外，希沃白板在 PPT 课件处于放映状态时，依然可以直接对 PPT 课件中的项目进行复制、移动、删除等操作，这个功能是 PPT 课件本身所不具备的，但却是物理教学中非常需要的。这意味着教师的授课，不再拘泥于 PPT 课件本身，不需要退出放映状态修改 PPT，而是可以根据学生的实际情况进行现场实时调整。

例如，初二物理第一节新课引言中让学生第一次体验科学探究，“在探究装满水的杯子里还能装多少回形针？其与什么因素有关”这一实验时，学生的猜想五花八门，教师在备课时肯定无法把所有的猜想面面俱到想到，我们需要在学生第一次体验科学探究的时候，就努力培养学生的发散性思维和创新能力，而不是把猜想仅仅限制在 PPT 课件中教师事先预想的那几个，这一点在希沃白板上可以得到有效的解决，学生可以直接将自己的猜想板书在课件中，从而提高课堂的参与度。

例如，在测量液体密度时，按照常规方法先测液体质量，再测液体体积，然后计算密度。这一方法会出现将烧杯中液体全部导入量筒这一操作，而这一操作是无法将液体倒干净的，从而使实验结果有较大的误差。那么如何减小这一误差呢？此时，传统 PPT 课件上一般会配有常规方法中天平、量筒等图片，并且按照对应的顺序排列好。在教师让学生讨论如何减小误差时，已经定好的标准答案就在 PPT 课件的下一页。而运用希沃白板，学生可以直接在课件的放映状态下移动相应的图片，改变排列顺序，教师也可以针对不同的排列顺序引导学生分析孰优孰劣，加强师生互动，加强前后知识的衔接，提高学生发现问题、分析问题、解决问题的能力，让学生明白，物理课不是单纯地听教师讲授，记录课件中的知识点，而是可以参与互动，与老师共同讨论课件中的知识点，甚至可以修改或是完善课件中的内容。这样可以给予学生更大的思考和发挥的空间，使课堂充满了各种可能性，真正做到以学生为主体、以教师为主导的互动教学模式，培养学生的创新思维，提高学生的综合学习能力。

（三）现场直播，上好物理实验课

随着新课程改革的不断深化，考试内容方面要求加强与社会实际和学生生活体验的联系，重视考察分析、解决问题的能力，所以，学生依靠单纯的死记硬背已经很难应付考试，我们需要在实际教学中改变学生被动式学习、机械化训练的现状，倡导学生主动学习、主动探究，培养学生搜集和处理信息的能力、获取新知识的能力、分析和解决问题的能力，以及交流与合作的能力。

在初中物理的实际教学中去培养学生的上述能力，各类物理实验是最好的方式。在初中物理的各类考查中，也愈发重视学生对实验题分析和总结的能力，这意味着在物理的实际教学中，上好实验课至关重要。初中物理有 20 个学生必做实验，以及非常多的教师演示实验。在目前的教学实践中，进行教师演示实验面临非常大的问题。老师在讲台上进行演示实验时，往往只有前排少数同学能够观察清楚实验现象，后排的同学通常无法看清，他们就会暂时脱离课堂教学，学习热情也会大幅下降。教室中安装的实物投影也具有诸多不便，不能移动位置，展示平台相对狭小，摄像头相对固定无法全方位观察清楚。教学时还遇到过挂壁式的实物投影因为展台下有磁铁，导致“磁体与磁场”一节课的演示实验无法正常展示。希沃白板的传屏和摄像功能可以轻松地解决演示实验展示不清楚这一问题，通过将手机屏幕同步到大屏幕，把手机变成了更灵活、更清晰、全方位的投影设备。首先，教师可以在教室的任意位置摆放演示实验器材，不再拘束于小小的实物投影展示平台，这样我们的实验器材可以制作得更大型、更清晰，不用担心放不下。其次，教师和学生可以通过手持手机拍摄，多角度、多方位地展示演示实验，可以近距离放大实验的各种细节，以及操作的重点、难点，也可以远距离拍摄整个实验装置，全面了解实验或进行实验对比。

例如，在演示比热容或者热值实验时，需要观察温度计显示的数值，传统的实物投影由于角度和距离的问题，无法拍摄清楚，只能依靠前排同学进行读数，其他学生的课堂参与度不高。物理实验器材中有很多细小之处，物理实验的现象也有很多不明显之处需要向学生展示，这些都无法依靠实物投影。借助希沃白板，可以让学生更近距离地观察实验，提高课堂参与度，有效激发学生的学习热情，助力教师上好每一堂生动的物理实验课。

三、总结与展望

随着网络信息技术的不断发展、教育信息化不断推进，课堂教学也需要跟紧时代潮流，实现信息化，将课堂教学和信息技术不断结合、深化，使教学过程更生动、更科技、更现代。希沃白板等简单、便捷的教学互动软件不断出现，并且软件自带的工具和资源库也在不断丰富中，有效地“带活了”由电脑和投影设备组成的单一、枯燥的多媒体教学系统，实现了更好的可移动性、课堂信息捕捉的灵活性、实时的交互性等诸多便利。这样能留给学生更多发散思维的空间，也给教师更多课堂教学的可能性，教师和学生的实验操作、实验成果也都可以实时展示在大屏幕上。教学不再仅仅是教师的“一言堂”、PPT 的不断翻页，而是临场的互动，生生之间、师生之间思维的直接碰撞。希望未来会有更多新软件、新技术应用到教学实践中，教师们也能不断学习、不断创新，将信息技术与学科教学进一步整合，不断提升教学水平和信息素养。

参考文献：

[1] 王太全. 浅谈中学教育信息化[J]. 俪人：教师，2015(2)：73.

[2] 康明，李晓丹，周亚丽. 中学教育信息化的意义与思考[J]. 广东经济，2017(20)：237.

[3] 邱乙伟，宋怡. 希沃授课助手在初中生物学教学中的应用[J]. 中学生物教学，2019(1)：111－113.

在线项目式学习助力教育信息化的校本实践

——以“疫情下的新冠PBL”项目为例

昆山市培本实验小学　陈惠琴

摘　要:2020年新冠肺炎疫情带来灾难性的社会影响,学校被疫情倒逼进入全面信息化教学,面对扑面而来的线上教学刚需,我校迅速开启适应模式,以变应变。在线项目式学习,以其独特优势助力教育信息化,有效促进信息技术与教育教学融合创新发展。

关键词:在线　项目式学习　教育信息化

教育技术一直是教育发展改革的重要组成部分,《教育信息化2.0行动计划》提出“三全”(教学应用覆盖全体教师,学习运用覆盖全体学生,数字校园覆盖全体学校)、“两高”(信息化应用水平普遍提高,师生信息素养普遍提高)、“一大”(互联网+教育大平台);《中国教育现代化2035》要求树立八大基本理念,教育投入大于等于4%,建成现代教育体系;《中小学数字校园建设规范(试行)》强调在信息化条件下实现差异化教学,个性化学习,智能化服务,精细化管理……政策的到位为推动教育信息化的实践与创新提供了有力支撑。

看起来目标清晰,路径也就在脚下,但是如何去完成仍然是一个严峻的挑战。新冠肺炎疫情发生以来,学校被倒逼进入全面信息化教学,面对扑面而来的线上教学刚需,我们需要迅速开启适应模式,以变应变。基于此,我校开启在线项目式学习校本实践,让技术赋能教育,促进信息技术与教育教学融合创新发展。

一、全员在线,用文化重建教育信息化新生态

阿里巴巴的技术掌门人王坚博写了一本书叫《在线》,在线是一种连接属性,连接的是“在线结果”。只有在线之后,才能让各种连接渗透在社会生活的各个方面。而作为学校的“全员在线”,旨在重建学校教育生态。

提起“全员在线”,首先凸显的是“全员”。在目前学校层面的倡导中,“全员在线”连接的“全员”一般指向学校教育蕴含的四种核心力量——教师、学生、家长、社会,强调的是把这四种力量在线连接到一起,从而产生巨大的教育力量。但如果仅仅理解到这一层,恐怕还未能真正把握到“全”背后更深的内涵。“全员在线”是有文化、有灵魂的,只有基于学校文化灵魂的在线连接,才能够促进这四种力量自觉转化为学校教育的演绎者、生存者和创造者。对于我校在教育战线的教师而言,多年来,“大家培小”已成为我们的核心价值观,这里的“培小”既是学校的简称,又蕴含“培育幼小心灵”的意思。“大家培小”,不仅是大家共同关注校园,更是集聚全社会专家、学者、家长、社区力量一起来“培小”,让校园这个

大家庭与全校孩子背后的一个个家庭，以孩子为中心，形成一个教育的“同心圆”，共同创造更加美好的儿童生活世界，在“大家培小”的旗帜下，共育共赢。

随着办学品质不断提升，目前，“大家培小”已经演化为构建教育共同体、创造学校新生活的新目标，演化成了“循道管理”的行政目标，“务本”教师、“本真”儿童的培养目标，更是融通在了“五立式”的学校课程样态中、对话生成的课堂文化中、“五维联盟”的家校共育中、“项目驱动”的管理团队中。

新冠肺炎疫情发生以来，在线学习、在线教学变成国家决策，要求“停课不停教、停课不停学”。基于此，我们秉承“大家培小”理念，以“全员在线”的方式，致力于借助平台和技术，通过技术赋能，提升教育软实力。在和网络共处的时代，四种核心力量再次集结，主动建构，全员在线。社会和政府主动担责为宽带扩容，确保网络畅通。很多信息化资源与平台，在疫情期间的服务方式都是公益免费。由于在线教学的特殊性，教师居家教学受到极大挑战，但也因此实现了一次信息化教学大练兵。家长由于疫情，在家积极配合督促孩子学会自主管理，在“大家培小”旗帜引领下，全员在线，建构教育信息化新生态。

二、在线连接，让 PBL 携手教育信息化

2020 年新冠肺炎疫情带来了灾难性的社会影响，给全社会上了一堂“生命大课”，这次灾难暴露了我们在生命安全与身体健康方面知识的贫乏，暴露了生命教育的缺陷，让我们不得不为人类的命运担忧，重新审视教育的价值。如果我们仅仅战胜了病毒，而没有战胜自己，那么当同样的灾难再次降临时，历史可能还会重演！小学阶段是生命教育的重要阶段，疫情不仅是危机，更是改进教育的契机。

（一）抓住契机，技术领航，筹备新冠 PBL

1. PBL 的优势

在“停课不停学”的背景下，基于项目驱动的 PBL（Problem-Based Learning，问题式学习）本身，对疫情下生命教育的开展具有得天独厚的优势。一是开放的情境。PBL 以真实情境为背景，让学生直面问题，在解决问题的过程中学习知识，并通过应用知识解决问题。它是儿童学习的一种创新范式。二是激发内驱力。PBL 把学生作为生命教育的绝对主体，通过问题驱动，巧妙地在“时事”“学科”“活动”间搭建生命对话的平台，让学生大幅度提升学习兴趣，养成内在驱动的学习习惯。三是指向综合能力。PBL 评价清晰有效，无论是知识性评价、过程性评价、成果发布，还是最后的项目学习自我评价等，以注入生命活力、追求学生能力增长为明显标志，贴近生命的需要，引领成长方向，探寻生命意义，成全生命价值。

2. 技术领航，从辅助走向参与

一直以来，教师们在实际教学中只将线上教学作为辅助教学的手段与方法，而疫情把教师和学生分隔在不同的空间。从学习过程与方式来看，PBL 通过在线实现广泛联系，引领学生借助网络获取海量资源。教师则利用钉钉平台、微信群等工具，观察并分析学生的学习状态，给予他们及时的反馈互动，帮助学生明确任务目标，提醒他们掌控学习进程，促进学习行为的优化，激励他们克服困难。总而言之，经过此次疫情，新共识已经形成，线上教学和线下教学同样都是日常教学的重要组成部分。借助平台工具，线上项目式学习有其独特的适应性。

3. 系统搭建，有序推进

学校先后成立低、中、高学段的，由各学科老师组成的项目式学习指导小组，让老师们化身学习行为设计师，广泛收集、整理、筛选教育部、各级教育部门发布的各类在线学习资源，广泛听取老师、孩子们、家长们的想法，邀请 PBL 课程专家加盟助力，结合家庭生活、疫情防控，以核心问题为驱动，以项目主题单元为路径，分年段制定为期一周的主题单元，有序推进项目式学习。

（二）问题驱动，在线连接，实施PBL

1. 借助平台，打造开放互通的信息空间

学校课程研发团队以核心问题为驱动，开展疫情下的项目式学习课程建构。其中，低段：为什么要宅家隔离？中段：新型冠状病毒是什么？复学防控如何规划？高段：在遇到重大疫情时，作为小学生的我们可以怎么做？以钉钉、微信为技术平台，为项目式学习提供数据和信息的记录、存储、传输等虚拟环境，有效促进数据、信息和资源的共享，打造开放互通的信息空间。

2. 制定探究任务单，促进移动智能技术的创新应用

我们由主题学习单元再生发出更具体的问题群，形成探究任务单，依托互联网、大数据等技术，增强互动体验，为学生提供每天解决什么问题、如何解决，以及学习成果怎么呈现等具体建议，驱动学生在深度学习和实践创造的过程中，实现学用合一。以高年级一次探究任务为例(见图1、图2、表1)：

前置任务：

1. 查阅资料，试着去了解什么是“庚子年”；探究“庚子年”多久会出现一次。

2. 在了解以上的内容后，试着自己绘制一份“庚子年大事记”。(可用鱼骨图、时间线等方式)

探究任务：

1. 2020年的庚子年发生了什么？你是从什么渠道知道的？

2. 这次疫情对你造成了什么影响？你的感受是什么？用一幅画或表情包，云分享自己的情绪。

3. 请用好玩的方式记录和反思自己与家人的相处。大家被迫变宅之后，你和父母可能有了更多相处的时间，你和家人之间发生了哪些有趣的事情？你们之间的沟通跟以前相比有什么不同？你们的相处有了怎样的变化？你的心情和感受如何？再次云分享。

成果发布：

1. 庚子年大事记时间线、鱼骨图。

2. 疫情下的感受，漫画图。

评价量规(总分10分)：

1. 与老师要求相符，2分。

2. 语言表述清晰(音视频类——态度大方、流利、有感情)，2分。

3. 图文类版面结构合理、色彩搭配协调，2分。

4. 语言幽默、内容丰富、条例清晰，4分。

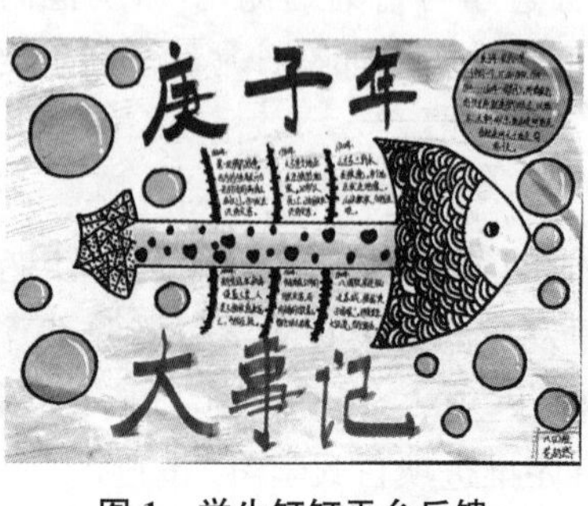

图1 学生钉钉平台反馈

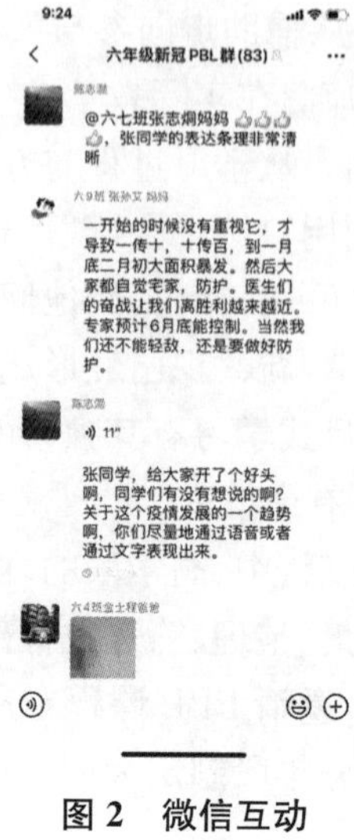

图2 微信互动

表1　学生自我评价

<table>
<tr><td>姓名</td><td colspan="2">林××</td><td>项目</td><td colspan="3">新冠 PBL</td></tr>
<tr><td>时间</td><td colspan="2">3月18日—3月22日</td><td>导师</td><td colspan="3">陈××</td></tr>
<tr><td>项目概述</td><td colspan="6">通过课前导学和课上交流，了解新型冠状病毒的知识</td></tr>
<tr><td>自我评价综述</td><td colspan="6">这次活动让我对疫情有了更深刻的了解，同时也让我知道了自己的不足之处</td></tr>
<tr><td rowspan="2">在这个项目中我学到的知识</td><td>语文</td><td>地理</td><td>美术</td><td>科学</td><td>历史</td><td>项目知识</td></tr>
<tr><td>如何写辩护词</td><td>意大利的地图长什么样</td><td>如何画鱼骨图</td><td>新型冠状病毒如何进入人体</td><td>庚子年发生了哪些大事</td><td>疫情的趋势</td></tr>
<tr><td rowspan="2">在这个项目中我的哪些能力得到提升</td><td>沟通</td><td>合作</td><td>观察</td><td>表达</td><td>研究</td><td>思考</td></tr>
<tr><td>√</td><td>√</td><td>√</td><td>√</td><td>√</td><td>√</td></tr>
<tr><td>具体描述</td><td colspan="6">老师在课前会布置任务，我通过上网搜索了解到许多内容，并用图文并茂的方式展现出来。这不仅让我的动手能力得到了提高，还开阔了我的眼界，让我学到了课本上学不到的东西</td></tr>
</table>

三、在线项目式学习，凸显育人实效

在线项目式学习，携手教育信息化，让儿童在系列探索任务引领下，改变学习的动因、场域、流程和关系，构建学习新样态，为教育赋能。

(一) 更加珍爱生命和敬畏生命，改变学习场域和流程

在线教育，在线是方式、教育是本质。特殊时期，在线项目式学习为生命教育提供了新契机。基于在线学习，改变了学习场域。孩子们疫情期间隔离在家有所思所想，由于"独居"引发自己对现实生活、家庭亲情、同伴友情等方面原有观念的冲击，以及疫情带来的恐惧、对社会稳定与动荡的讨论等，特别是感受那些身在湖北的学生无法回归上学的情绪纠结。教师通过精心设计触发学生的学习激情，引导学生深入参与到探究活动中来，在理解特定的情境、描述现象、揭示联系中进一步学会尊重自然、敬畏生命。以低段主题单元"疫情下的小培娃"为例，老师布置前置任务："在爸爸妈妈帮助下，请用一幅画，如表情包或漫画等，表达以下内容：可以是你和家人之间发生的有趣事情，可以是你们相处方式发生的变化，还可以表现你的心情和感受。"孩子们进行思考并在线上展开热烈讨论，用表情包、绘本式漫画等好玩的方式记录和反思自己与家人的相处。从一些同学的画作中，我们看到由于被迫变宅后，学生和父母有了更多的相处时间，可以细心呵护家里的盆栽、宠物，感受每一种生物的生命气息。从一些线上配合漫画展示的语音分享中，我们发现学生对生命的理解丰富而深刻，有的漫画用上醒目标题"敬畏自然""保护环境"，有的谈到自己明白每个人的生命都可能出现一些波折，但灾难过后我们仍然可以恢复正常生活，甚而明白即使不好的事情发生了，我们也有能力去好好生活。

基于流程改变，教师们创造学习过程的体验情境，以"前置学习—课中任务—课后任务"为线上学习流程，引导学生努力做到"以专家的方式进行日常学习、思考和活动"，能更大限度参与到深刻地理解和展开重要议题的讨论中。以中段主题单元"探秘新冠病毒"为例，围绕探究任务"绘制疫情发展数据图"，学生关注到疫情的来临、暴发、持续，认识到生命的宝贵，感受到生命的脆弱和疾病的痛苦。他们意识到须做好生命防护，培养健康生活习惯，倘若连基本防护意识都不具备，不仅是对自己的不负责任，也是对社会整体的伤害，更深体会到"戴口罩"之重要性。以高段主题单元"野生动物辩护人"为例，五(3)班周同学写道："树立平等意识，自然中的每个物种都拥有和我们一样的生存权利，人类应该与它们共生共长，形成和谐的生态，没有权利剥夺它们的生存，侵占它们的空间。"从一个儿童的同理心出发，以己度人，从中不难发现孩子们通过线上的互动思辨，对生命现象的理解渐趋深入。

（二）更加懂得表达家国情怀，展现防疫与学习的激情

构建学习新样态要从学习动因这个原点出发。真实问题和社会价值是项目式学习的前提与载体，服务学生生命教育是学习的动因和目标。疫情下的项目式学习尤其注重教与学目标的第三维——关注情感、态度、价值观的塑造。以高段探究“发现并宣传战役中最闪亮的星”主题单元为例，基于事先预备的素材，六(2)班谢同学在线上深情分享道：“致敬奋战英雄，钟南山院士，十多年前刀光剑影率领科研团队抗击‘非典’病毒，此时84岁高龄的他，再次挺身而出，率众多精兵强将挥师武汉。那么多的医生护士写下请战书，‘不计报酬，无论生死’，风华正茂、年轻活泼的姑娘脱下漂亮新衣，为工作方便毅然剪去自己美丽的长发。他们不是英雄，胜似英雄……”孩子们认真聆听、互动分享，在体验中亲近、感受、学习英雄榜样。随后，深受触动的其他同学急切地尝试着用力所能及的其他生动的手段来宣传抗疫英雄：通过线上互动，主动请教美术教师，学习海报设计；主动请教语文教师，学习人物故事写作及剧本创作，或尝试用深刻的文字表达自己的观点和见解；请教家人，学习人物采访及视频拍摄与制作的知识，甚而主动做规划师，撰写给校长的一封信，畅谈复课上学时校园的防控措施……他们的自主能力、学习能力、创造能力等在这个过程中不断地被激发。为他人服务、为社会贡献正能量，正成为孩子学习的内驱力。

（三）更加优化生命教育体系，助推教育信息化创新实践

“大家培小”文化引领下的在线项目式学习，以生命为纽带，形成集学生、教师、家长、专家、社会大众为一体的开放、合作的学习共同体。在这个共同体中，学生是学习的主体，不同学科背景的教师、家长、专家形成联合导师团，在项目式学习过程中的形成性问题成了共同的课程。学生之间、师生之间、家长孩子之间通过沟通、交流，共同完成学习任务。比如围绕探究任务“新冠病毒对你有什么影响”，孩子们各抒己见，相互启发，不仅对科学预防等知识展开有关联的学习，还将所学运用于探索和解决各类问题，学会正确面对谣言，更在相互的启发中，领悟到疫情面前，学会面对自己、改善自己，呈现一个更好的自己，以更开阔的心态去尝试新的思考与行动。再如，基于疫情期间，其他国家也正遭受灾难，组织学生总结自己城市的科学防疫经验，运用掌握的信息与知识，担任某一国家的“总统”，为守护生命抗疫，出谋划策。又如，基于开学在即，如何做好有效防控病毒在学校传播，组织学生给校长写一封信，提出意见和建议。学习总结学生分享的自我评价，更带给我们很多惊喜：有的表示课程形式丰富多样——鱼骨图、数据图、采访表、辩护词等，这让他们能和同龄的伙伴互相交流沟通，更好地取长补短；有的认为“小培新冠PBL线上直播课程”形式独特，学习内容丰富，小组学习效率高，同学们遇到难题可以一起线上讨论。常态化的线上讨论、教师的随机点拨、聆听同学表达、阅读同伴的记录或写作，当看到自己的方法对他人有帮助时，感觉自己在不断成长。因遭遇疫情这种重大事件，因遇见项目式学习这样的方式，孩子们生命的宽度和广度在这段不平凡的岁月里不断被构筑。

全员在线，技术赋能。疫情下的在线项目式学习不仅赢得了全校学生喜欢、家长认可，也促使教师“被迫”将学习时间和学习过程还给学生，激发问题、筹划活动、指导方法、反馈评价，更有效地助推信息技术与教育教学融合创新发展。不忘本来，面向未来，为应对未来社会的发展变化，学校课程改革大有可为，需要用技术撬动教学变革，同时认识到任重而道远。

参考文献：

[1] 刘世澔. 小学生珍爱生命教育实践系列研究[J]. 上海教育科研，2006(3)：70－72.

[2] 林卫民. “话题教学”是特殊时期开展远程教学的基本模式[J]. 人民教育，2020(5)：42－44.

省教育厅举办中小学网络名师工作室

培训活动

为加快推进全省中小学网络名师工作室建设和应用，充分发挥名师的示范引领作用，2020年9月27—28日，省教育厅在南京举办了全省中小学网络名师工作室培训活动。省教育厅二级巡视员、厅教师工作处处长马斌出席活动并讲话，省电化教育馆馆长姚志化主持培训活动并做总结讲话，省电化教育馆副馆长厉浩出席培训活动。首批42名省网络名师工作室领衔教师和各设区市项目负责人以及管理员参加了培训活动。

马斌从“创造而有意义、创优而有潜力、创新而有未来”三个方面肯定了中小学网络名师工作室工作的意义，希望大家认真做好工作室的建设和管理工作，充分发挥工作室和团队的作用，掌握好的方法和路径，聚焦课程与课堂教学改革，探索信息技术与教育教学深度融合的新模式，打造优质的教育教学资源，不断提升工作室的覆盖面和影响力。

姚志化强调，中小学网络名师工作室作为对接教育部“三个课堂”中的“名师课堂”，是以信息技术与课程融合创新为研究内容的项目，是省电教馆重点打造的信息化工程，也是省电教馆与基层教师密切联系的一项工作。希望全省电教系统和工作室团队高度重视、认真研究，积极开展活动、形成品牌，在信息技术与课程融合创新方面做出成绩。

培训活动开始前，为首批42个工作室领衔教师颁发了领衔教师证书。培训期间，南京市摄山中学周云老师、滨海县教师发展中心仇大成老师、盱眙县城南实验小学黄爱勤老师等三位领衔教师分别从工作室团队建设、工作室管理、活动开展、资源建设、辐射作用发挥等方面作了示范性培训。省电教馆资源研发与制作部相关老师解读了《中小学网络名师管理办法》，并就有关工作与大家进行了交流。武汉天喻教育科技有限公司技术人员作了网络名师工作室平台操作培训。

江苏省中小学网络名师工作室项目由省教育厅于2019年组织实施，经各设区市教育局遴选推荐和省教育厅复核，42个工作室被确定为首批江苏省中小学网络名师工作室。工作室运行以来，已开展教研活动100多次，网上评课40多次，访问量累计达50万人次，建设资源约3000条，开展名师课堂40多次，为提升教师信息素养、加快教育信息化进程做出了积极贡献。

江苏省智慧校园示范校

江苏电子信息职业学院

我校秉持“以人为本、需求驱动、重在应用、融合创新”理念，以立德树人为宗旨，以业务流程为主线，以新一代信息技术为支撑，以“统一规划、分步实施、注重实效、彰显特色”为原则，依据标准规范，深度打造智慧校园，呈现出“起步早、标准高、升级快、示范显”的鲜明特点。先后荣获“江苏省现代教育技术应用先进单位”“教育信息化工作先进集体”“智慧江苏重点工程”“江苏省智慧校园示范校”等多项荣誉。

打造一流智慧环境。按照国标B级建成模块数据中心主机房、云平台。校园网实现有线、无线全覆盖。打造一流数字资源。以信息资源整合共享和信息技术创新应用为抓手，以建设质量为根本，以提高利用率为核心，持续推进一流数字资源建设。打造一流智慧服务。实现师生全生命周期智慧服务，做到办事不打烊 、服务无盲区。打造一流保障机制。成立网络安全和信息化领导小组，设立首席信息官（CIO），设置信息化专门机构，多元投入为智慧校园建设提供坚实的经费保障，健全网络安全保障体系，严格落实工作责任制，确保网络安全可信 、可控 、可查，网络运行零事故、零责任。

我校以“推进新一代信息技术与教育教学高度融合”为主线，以信息化培训与职业技能大赛为抓手，以提升师生“信息意识、信息知识、信息能力、信息道德”为目标，构建具有校本特色的“一主两抓四提升”师生信息化素养提升体系。

我校基于智慧校园，利用信息化资源、技术与手段，主动对接国家战略，增强智慧校园的辐射效应。培训各类企业职工，获批江苏产业人才培训示范基地 ；对接乡村振兴战略，成立淮安乡村振兴学院，以农产品电商为切入点，培训新型农民；对接国家军民融合发展战略，成立退役军人学院，开展了智能电梯维保专项培训；对接国家教育精准扶贫战略，面向青海、贵州、西藏等地区培训职业院校教师，推出职教扶贫攻坚战“苏电方案”。

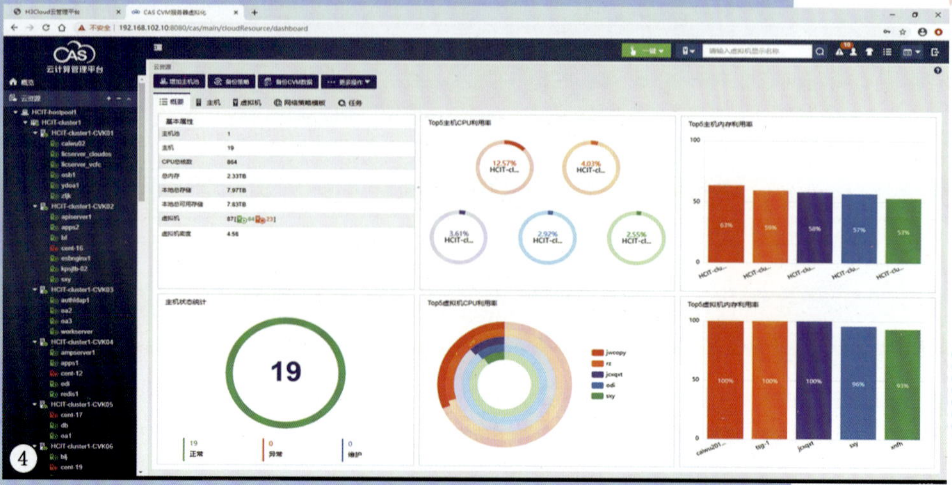

1 学校门头照

2 数据中心标准化机房

3 课堂应用-工业机器人3C智能制造生产线

4 虚拟化云计算管理平台

无锡市第一中学

从数字校园到智慧校园，从课堂学习到泛在学习，从智慧学习到为未来而学，无锡一中在探索与实践中不断前行。无锡一中秉承“为学生的终身发展奠基”的教育理念，推进智慧校园建设，提升智慧教育水平，实现信息技术与教育教学的深度融合，培养适应未来时代和社会发展的高品质智慧型人才，在智慧校园建设中探索一中特色实践路径，以智慧教育引领高品质示范高中建设。学校是江苏省智慧校园示范校、江苏省STEM教育项目试点学校、无锡市“智慧课堂”项目试点学校，江苏省基础教育前瞻性教学改革项目“为未来而学：普通高中智慧学习的实践探索”获无锡市教学成果特等奖，并受邀参加第五届中国教育公益博览会。

这里有“无锡一中智慧学院”，这里还有“云上红楼　智慧教学平台”，在无锡一中，你的学习将变得充满“智慧”。无锡一中探索着智慧校园的特色实践路径。目前学校正布局建设“云上学校”，利用大数据、人工智能、物联网以及VR、AR、MR等技术开展创新教育教学场景应用，探索面向未来的创新素养教育，试点5G智慧教学项目，探索具有一中特色的智慧校园建设路径。

在智慧学习环境和智慧课程的支撑下，逐步形成线上线下相结合、虚拟真实相混合、学科与跨学科项目学习相补充三类新型学习形态，学生的个体差异与不同需求得到了真正关注。创新多种基于智慧课堂的教育教学模式。采用大数据进行学业考试数据采集和学生学情分析，进行教学干预，实行精准教学。

在信息技术与管理、服务的融合方面，学校为每位同学建立电子身份认证系统，实现统一的用户管理与权限控制。建成智慧宿舍管理系统，具备人脸识别、指纹识别等功能，可以通过不同权限、场景设置，让学生归寝管理更可控。建成校园智能安防平台，通过物联和传感的技术手段，连接包括校园内现有视频监控系统、广播系统、一键报警等子系统，加强校内紧急事件的防范和应急联动。

无锡一中从创设以学生为中心的智慧环境、建设高效的智慧校园管理服务、构建多样化的智慧型课程、开展智慧学习分析和评价等几个方面开展智慧校园建设，以智慧教育引领高品质示范高中建设，打造教育发展新引擎。

2

3

5

1 学校门头照

2 智慧学习课堂

3 创客社团学生自制无人机

4 STEM学习空间

5 课程基地

江苏省智慧校园示范校

开启智慧引擎，赋能现代化教育

——淮阴师范学院第一附属小学创建智慧校园简介

淮阴师范学院第一附属小学创建于1959年，是首批江苏省实验小学、模范学校，全国现代教育技术实验学校，全国新媒体新技术教学应用“卓越学校”，全国“家校共育”数字化试点校，探索信息技术与学科教学的有效融合是学校的办学特色之一。近年来，学校以改进小学课堂生态，构建“互联网+”时代的智慧教育为抓手，以便捷高效和促进学生成长为目标，推动教育理念变革和创新人才的培养。

学校成立创建智慧校园工作领导小组，校长挂帅，部门制定规划，级部推进实施，学科配备教研员，着力推进技术与教学融合创新。并且学校管理人员皆有高效高能的“信息化领导力”，帮助持续提升师生信息化应用能力。坚持常态培训与节点推动结合，学科素养与技术素养共生长，课程推进与项目建设并举，系统培养与特色发展并重的培优路径，促进师生高位发展。在硬件方面，学校装备了“未来教室”、互动教学反馈系统、远程互动教学和智能高清演播系统，利用信息化备课，课时数占总课时数的90%以上。基于PC端和移动端，随时家校互动。开设了BYOD数字化学习实验班，老师基于“人人通”空间、云课堂教学终端、多屏互动和VR/AR虚拟现实，开展深度融合教学研究，学科覆盖率达100%。创新课堂新样态，建成“一对一”数字化学习系统、互动反馈系统，形成高交互性课堂教学系统，构建了“智教慧学”新模式。

近年来，学校研究成果丰硕，连续承担“十五”至 “十三五”国家级重点或专项课题5项，省级课题4项，出版著作2本。“新技术视域下学与教方式的变革”项目获2017年江苏省基础教育教学成果一等奖。2015-2019年全国“一师一优课 一课一名师”活动中，学校共享资源总数2357节，部级优课105节，连续两年获全国第一，荣膺江苏“五连冠”。学校近百名学生在省级及以上的航模、科技、机器人、创客等创新大赛上获奖。2020年疫情期间，学校发挥优势，为省市共录制了193节网课，其中12节被“学习强国”收录。2016年省教育信息化微信平台推出专访——《教育信息化进程中的“一附小现象”》。同年，江苏卫视教育新闻重点介绍学校信息化融合创新成果。国家教育资源公共平台、江苏省基础教育服务平台等省市新闻平台多次报道学校信息化成果。

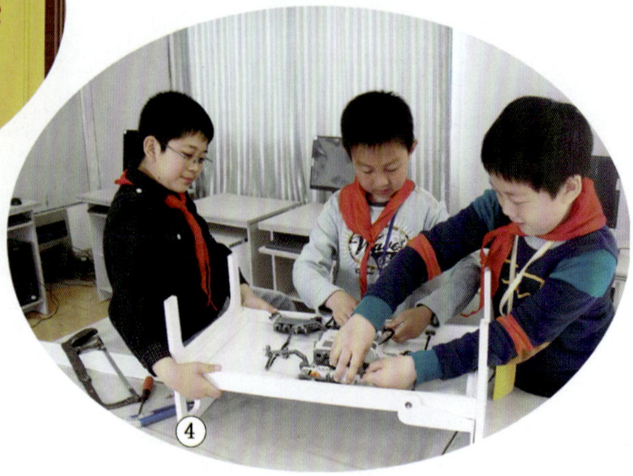

1 淮阴师范学院学校场景

2 数学互动教堂

3 获评为全国中小学现代教育技术试验学校

4 机器人社团

基于 UMU 互动云平台的“Scratch＋物联”教学实践探究

苏州工业园区星洋学校　柏菊花

摘　要：信息技术教学应该充分发挥信息技术的优势，利用信息化手段给不同个性、不同水平的孩子提供适合的、精准的教育。本研究以“Scratch＋物联”课堂教学为背景，阐述应用 UMU 互动云平台辅助学生课前、课中、课下学习的教学实践与探究，促进分层教学的实施，使学生获得高质量的学习体验。

关键词：UMU 互动云平台　“Scratch＋物联”　教学实践

一、开展“Scratch＋物联”教学背景分析

本研究中讨论的对象是小学六年级阶段的学习者，他们在学习“Scratch＋物联”内容之前，有了一年的 Scratch 编程学习基础，对 Scratch 纯软环境比较熟悉。因此，在课程实施时选用了 mDesigner 3.0 软件，该软件是 Scratch 3.0 的升级版，在原来的基础上增加了硬件编程模块，选择 mDesigner 3.0 作为编程平台，有益于学习者接受与分析。但是，大多数学习者在此之前没有任何硬件编程的基础，关于编程的概念停留在软环境层面，不知道如何建立软件与硬件的联系。另外，在课程开设初期，学习者还要面临硬件搭建的问题。由于硬件资源体积小，很多细节操作方面学生很难观察仔细，现场操作受到限制。此外面临的最大问题是，学生的学习能力参差不齐，部分学生处于想学却无法跟上的状态，针对这部分学生，教师有必要提供课前预习和课后指导材料。

二、UMU 互动云平台辅助教学的可行性分析

对于讲授者来说，UMU 互动云平台创建课程非常方便，不需要复杂的图文、视频等编辑软件，只要手机就能够支持完整的课程搭建；微课、微视频等的制作与上传非常快捷与方便；支持多种类型的互动、考评、直播、大屏幕等，让课堂更加丰富、生动和有效；支持课程分享，注册学员与非注册学员都可使用；支持短信、微信、邮件等多种方式辅助教学管理；支持分层教学，智能分配教学资源。

对于学习者来说，UMU 互动云平台知识点短小，适合碎片化学习；平台入口支持免登录注册，学习准入门槛低；不论是课堂集体学习还是课后手机移动学习，平台使用都非常流畅；知识去中心化，每个学习者的互动都会参与分享，学习者可以实时了解自己与伙伴的差距，促进学习；有助于实现分层教学，不论是学优生还是学困生，都可以在平台中获得支持和帮助。

三、基于 UMU 互动云平台的“Scratch＋物联”案例分析

（一）学情分析

六年级的孩子经过了一学期的学习，对舵机的应用以及遥感按键传感器、LED 灯传感器、灰度传

感器、温湿度传感器、蜂鸣器传感器等都比较熟悉，因此，在本节课教学时，教师加入新认识的传感器，作为原有传感器的拓展应用，实施创意设计，促进学生的知识迁移，实现本校学生与澳洲学生的互帮互助。

本节课是在澳大利亚访问团来校访问交流中的一次公开课，部分澳大利亚孩子将参与学习。考虑到文化差异和语音障碍，课程不能设计太难，主要以体验、互动为主。

（二）课题：莫尔斯电码

之所选择该知识点作为交流的内容，是因为内容本身国际化，莫尔斯电码具有国际通用的电码规则，在国际上曾经被广泛应用；另外，虽然存在语言障碍，但可以通过莫尔斯电码来传递信息，一举两得；此外，莫尔斯电码硬件搭建简单，降低了课程的难度，便于来访者接受。

（三）教学目标与重难点分析

1. 教学目标

(1) 通过视频与游戏让学生掌握莫尔斯电码的编码规则。

(2) 让学生在读懂与了解莫尔斯电码的基础上，模拟电报员的收报过程，准确翻译出电码的内容。

(3) 结合遥感按键让蜂鸣器按照莫尔斯电码的规则发出电报。

(4) 对传感器的应用进行拓展迁移，尝试探究用 LED 灯能否模拟莫尔斯电码。

2. 教学重点

(1) 让学生了解莫尔斯电码的编码规则。

(2) 能够读懂简单的莫尔斯电码并准确翻译。

(3) 结合遥感按键让蜂鸣器按照莫尔斯电码的规则发出电报。

3. 教学难点

(1) 让学生掌握莫尔斯电码的编码规则。

(2) 让学生用传感器模拟莫尔斯电码的发报过程。

（四）多媒体设备准备

1. 希沃白板 5 最新版电脑端软件与手机移动端 App。通过手机移动端的希沃白板 App，将学生的作品完成情况及时反馈到大屏幕，让学习者随时了解其他同学的完成情况。

2. UMU 互动云平台，用于学生课前预习、课上互动、课下交流分享。

3. 极域电子教室，主要用于教师端电脑的控制，也包括对学生电脑桌面的控制、教师的广播等。

（五）教学实施过程分析

1. 课前翻转

计算思维作为信息技术的核心要素，对于在信息技术中处于核心地位的编程教学是必不可少的，通过编程有助于培养学生的数理逻辑思维能力和分析判断能力。基于此，江苏省在小学推行实施 Scratch 编程教学，模块化的平台搭建易于学生接受与学习。由于 Scratch 平台的局限，纯软的环境不能满足学生的需求，有很多创意需要搭建硬件，因此“Scratch＋物联”应运而生。“Scratch＋物联”综合各种传感器硬件以及编程，重点考验学生的创意以及设计思维。课堂上实施“Scratch＋物联”教学，对学生来说，不仅要求学生能实现程序，还要能完整搭建硬件。

在课堂中，永远有部分孩子属于悟性较高的，他们思维敏捷、反应迅速，能很快捕捉老师的教学要点；有一部分学生却完全跟不上节奏，渐渐就失去了学习的积极性，丧失了学习兴趣；大部分学生在努力跟上节奏，但稍不留神就与上一个知识点脱节，导致连环效应，步步落下。“Scratch＋物联”课程软、硬件结合，对于很多学生来说是个挑战。有些知识点本身并不难，但学生在软、硬件结合时缺乏足够的时间去理解，课堂上被动跟着老师步步操作，只要一步没有跟上，后面连错在哪里都不知道。因此，每次课程之前笔者都将完整的课程按照知识点发布在 UMU 互动云平台上，通过 QQ 或者“晓黑板”推送至家长群，学习者随时可以查看学习内容，提前了解知识点，有时还可以提前参与互动。老师也能提前掌握学生的预习情况。以下是课例莫尔斯电码提前分享的课程封面、课程目录(见图1、图2)。

图1　课程封面

图2　课程目录

2. 课中学习

(1) 情境导入：了解电报员的工作

课程开始之前先播放一段电视剧中的短视频(见图3)，视频中播放的是电报员神情专注，正在电报机上紧张的操作。老师抛出问题："同学们是否想体验电报员的工作呢？"通过这个视频和提问，同学们课堂的积极性被调动了起来，逐步了解到课程的主题与电报员相关。

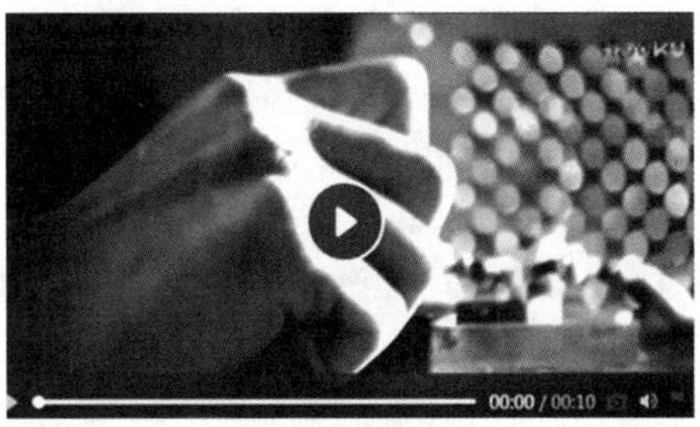

图3　短视频导入

(2) 破冰游戏：体验电报员的工作之翻译情报

教师首先介绍电报员工作的重要性：电报员工作在通信不发达时期，尤其"二战"时期，是非常重要的，它关系着战争敌对双方的策略、用兵，甚至决定一场战争的成败，因此合格的电报员必须非常熟悉电报的规则，知道电报的含义，工作时必须全神贯注，不能有差错。良好的开端是成功的一半，游戏的顺利实施不仅能充分调动学生的积极性，更能促使贯穿本节课的发送电报这一主要任务的顺利完成。

任务要求：

① 听视频中的长短音；

② 用笔按顺序记录每个长短音，长音用"—"表示，短音用"·"表示；

③ 请在纸上将记录好的符号转换成字母；

④ 最后，对照UMU互动云平台"我是收报员"项目中的图将答案写在平台中。

老师通过平台可以清楚看到每位学生的回答，通过大屏幕的方式让学生了解哪个答案回答的频率最高，通过希沃白板的橡皮擦工具逐步揭晓答案：WELCOME，以此表达对来访者学生的欢迎(见图4～图7)。

为了减轻学生的认知负担并保证游戏的顺利实施，课堂破冰游戏只要求学习者能分辨莫尔斯电码的长短，因此破冰游戏的实施由教师逐个播放。

通过游戏还不能完全解释莫尔斯电码，因此在本环节的最后，教师需要正式解释莫尔斯电码，以确保学习者对莫尔斯电码有较为全面的认识。本环节知识点以短视频的形式在课堂播放，同时也在UMU互动云平台提前推出，方便学生提前了解。

图 4　学生在游戏环节

图 5　学生在平台的回答

图 6　大屏展示学生的回答

图 7　投影公布正确答案

(3) 实战演习：体验电报员的工作之发送情报

【问题 1】：一名合格的电报员，不仅要读懂电报还要能将电报准确发送出去，那么，结合已学的"Scratch＋物联"知识，思考准确发送情报需要哪些准备工作？要求：举手回答问题。

答问题 1：针对学生的回答进行小结，本节课我们需要从软硬件方面来规划莫尔斯电码的发报过程。软件方面通过 mDesigner 3.0 编辑块语言来实现，硬件方面需要结合各种传感器来实现。

【问题 2】：本节课莫尔斯电码的发报可能会用到我们这里的哪些硬件呢？要求：在 UMU 互动云平台中，通过目录找到项目"选出你需要的传感器"—"你认为这些输入与输出设备中哪些可以用于模拟莫尔斯电码？"打开项目，选出你的答案。

备注：这些传感器，学生中有些是学过的，有些是没有接触过的，为了防止学生因为遗忘或者因为不熟悉传感器而选错，教师需要对选项中的传感器给出简单的介绍。

答问题 2：本节课我们主要应用输入设备遥感按键，模拟莫尔斯电码的发报控制，应用输出设备蜂鸣器模拟莫尔斯电码的声音。

【问题 3】：硬件如何搭建？

答问题 3：通过希沃白板展示需要的硬件与搭建方法。

【问题 4】：硬件已经确定了，软件怎么实现呢？要求：举手回答，并用自然语言描述过程，句式如：当……就……

答问题 4：当遥感按键上键(或其他方向键)被抬起时，蜂鸣器就发出"嘀"(短)音；当遥感按键下键(或其他方向键)被抬起时，蜂鸣器就发出"嗒"(长)音。要求：对照莫尔斯电码表，同学之间相互发报并翻译电报。

备注：教师随时将学生的搭建问题以及作品通过希沃白板展示。

【问题 5】：为什么你的电报同伴无法翻译或者翻译不准确呢？要求：对照莫尔斯电码表，修改块语言中的时间间隔，再与同伴互相收发电报。

答问题 5：同学们的问题主要是由于发报者的报文间隔不明显，收报员不知道从何处停顿。电报的基本组成是长短音，但是不同的字母或者词组之间需要用间隔区分。

【问题 6】：为什么有的同学反映蜂鸣器声音不够响，听起来比较困难？要求：通过软件修改块语言中的频率参数，重新调试电码效果。

答问题 6：蜂鸣器声音的大小与频率有关，频率越高，音调越高。

(4) 特殊电码：莫尔斯电码的拓展应用

问题情境：播放短视频，“二战”时期，日本战俘通过眨眼的频率向上级传递情报：“不要救我！”

讨论：夜晚在野外迷路了，在手里只有一个手电筒能用的情况下如何发送求救信息？

讨论小结：可以利用手电筒的光的点亮频率传递求救信息，比如“SOS”。

要求：选用已经学过的 LED 彩灯，通过遥感按键控制亮光的频率发出求救信号。

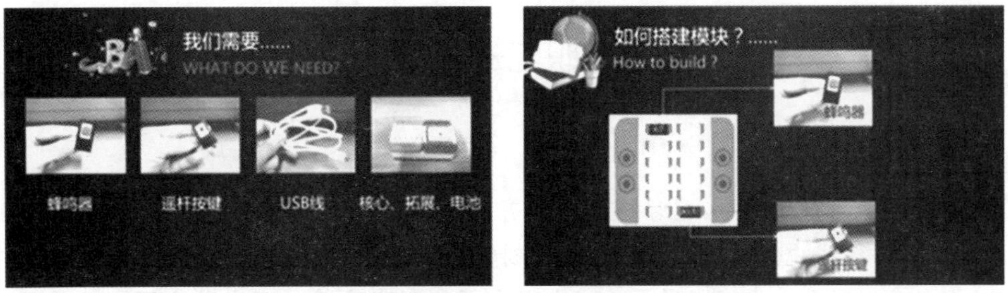

图 8　需要的硬件与搭建方法

(5) 知识点总结

通过希沃白板工具思维导图对本节课的要点进行总结与回顾。用思维导图的方式呈现本节课的知识要点，可以清晰呈现课堂的逻辑结构，有助于学生对知识点的回忆和巩固。

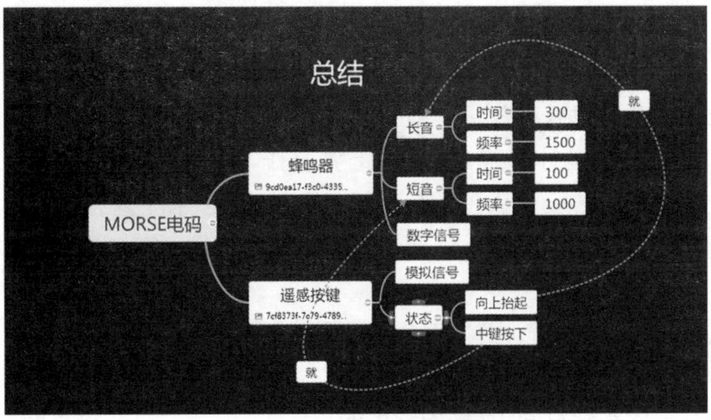

图 9　课后总结思维导图

教育心理学认为，不同性格的学习者其学习方式各不相同，性格外向的同学更善于在课堂表达，获得较多的社会资源和较高的认同感；反之，性格内向的同学更倾向于独立思考，也往往容易被忽视。信息技术教学应该充分发挥信息技术的优势，利用信息化手段给不同个性、不同水平的孩子提供适合的、精准的教育。在信息技术设备有充足保障时，实现高质量的教学内容的精准推送需要团队相互协作，进而实现校级、区域甚至更大范围的共享、共建。

利用“创客教育”提升幼儿教师信息素养的实践与思考

扬州市商业职工幼儿园　陈佳佳

摘　要：随着创新时代的到来，创客精神与教育相遇，“创客教育”便诞生了。2015 年李克强总理在政府工作报告中提出“大众创业，万众创新”，创客教育不断推进，现已走进幼儿园，走进家庭，在教育实践改革中不断发展。本文主要阐述创客启蒙教育在幼儿园实施的核心、本质、关键、途径等，对创客教育如何提升幼儿教师信息素养作了思考与分析。

关键词：创客教育　幼儿教师　信息素养

“创客”(maker/hacker)起源于美国。麻省理工学院发起了一间个人制造实验室(Fab Lab)，为创新提供平台，使得发明创造不再受地点(如具有昂贵设备的实验室)和人群(如专业科研人员)的限制。它的发展掀起了个人设计和制造的浪潮，创客由此涌现。他们的“创”不只是创新，更是创造。英特尔、苹果、微软等科技巨头的创始人物，都曾是典型的创客，创造出了众多改变世界的产品和发明。创客是“DIY 精神再加上互联网技术、设计思维，与他人跨界合作，动手用各种工具把创意变成现实”的人。美国《连线》杂志前主编克里斯·安德森在《创客：新工业革命》一书中这样描述创客——“使用数字工具，在屏幕上设计，越来越多地用桌面制造机器，制作产品”；“他们是互联网一代，本能地通过网络分享成果”。

当创客精神与教育相遇，“创客教育”便诞生了，可以说，创客教育集创新教育、体验教育、项目学习等为一体，契合了学生富有好奇心和创造力的天性。它主要以课程为载体，在创客空间的平台上，融合科学、数学、物理、化学、艺术等学科知识，培养学生的想象力、创造力以及解决问题的能力。

一、创客启蒙教育

欧美国家的很多学校都设置了创客课程，开设了创客空间，为学生基于创造的学习提供了环境、资源和机会。而在中国的校园里，也逐渐出现了创客教育的身影。比如许多大学都组建了创客团体或社团；一些中小学，如浙江温州中学、北京景山学校，也分别搭建创客平台并开设了相关课程。

创客启蒙教育则将创客倡导的理念融入 3～6 岁儿童阶段，导入教学过程，培养出更多“小创客”。让儿童在动手中学习，直接获取体验式经验，培养儿童的探究精神与实践能力、工匠态度。也有学者将其描述为“一种新型教育模式”，“传统教育是典型的基于知识的教育，创客教育则是适应知识经济时代发展的以能力为导向的教育”。

当下创客教育从 0 到 1，得到升级：首先，来自家庭、社会等的力量为儿童提供创客渠道，每个地方都有可能成为创客空间；其次，以开源的心态开展社群化的创客教育课程，使人人都能成为创客；最后，联盟的成立促进体制内外的创客们一起愉快地玩耍，为创客教育做贡献。

创客教育不仅仅是应用 3D 打印、开源硬件等，其活动内容应具有多样性和丰富性。更多的创客教育活动要通过亲子、兴趣、项目引领等任务驱动来鼓励孩子开展。

二、创客教育的核心——教师

信息素养是信息社会中人的综合能力的重要组成部分。关于信息素养,已有的研究就其内涵达成了共识,认为信息素养是运用信息解决问题的修养和能力。具体来说,信息素养是指能够恰当理解信息,并能准确查找、分析、加工、利用和评价信息的能力。信息时代的教师既是信息社会的公民,同时又扮演着知识传播者与信息素养教育施教者的角色,因而教师信息素养具有双重含义:一是作为信息社会的公民所应具备的个体信息素养,二是作为信息社会的教师所应具备的职业信息素养。

如何利用先进的创客教育来提升幼儿教师的信息素养,是值得我们思考与探索的重要课题。国内学者王吉庆认为,信息素养是一种通过教育培养,在信息社会中获得信息、利用信息、开发信息的修养与能力。它包括信息意识与情感、信息伦理道德、信息常识以及信息能力多个方面,是一种综合性的、社会共同的评价,是信息时代教师不可或缺的专业素质。教师积极实践创客教育理念和教育方式,开展学科课堂教学改革,能有力推进创客教育,提升自身信息素养。

三、创客精神的本质——创新

在幼儿园实施创客教育,将其定位为"启蒙"是很关键的,方向比努力更重要。对孩子们来说,创新的过程,就是综合运用各种知识,解决生活中遇到的真问题的过程。致力于创客教育的一位"理工女"发现自己很难让孩子买自己的账,而将绘画、彩泥等动手艺术课程融入电路组装这样的内容中时,孩子们就乐在其中。很多创客教育实践者认为,要让孩子感觉到不仅是在做一个简单的电路,而且是在做自己的星空、自己的发光花园。在机器人制作过程中,将故事情节引入其中,能让孩子不是简单为学而学,而是为用而学。这样,孩子才能意识到自己是在解决问题,是在通过自己的努力而让事情、世界变得更美好。此外,创客教育也需要将许多高大上的技术融入课程教育中,例如引入 3D 打印、无人机等技术,尤其是在教育初期,这样可以让孩子迅速融入创客世界,然后再让已经"飞上云端"的孩子重新"回到地面",踏踏实实研究为什么会有这么神奇的效果。"为了孩子、基于孩子、在孩子们的生活中"这几个理念,也应该成为幼儿创客启蒙教育工作者的信条。简单地模仿、机械地拼装、远离童真的创想,都只是伪创客。

四、创客教育的途径——实践

实践是创客教育最重要的途径。子曰:"学而时习之,不亦说乎?""学和习""知和行"是密不可分的。创客教育的根本途径是做中学、玩中学。创客教育最生动的一幕就是:"一群群孩子,利用课余时间,在幼儿园即将报废的电脑、音箱等旧电器堆中敲敲打打,拆拆装装,玩出了乐趣,玩出了名堂"。"有了创意就赶紧去做","更多创意、更多实践、更多快乐"是创客教育的理想路径。信息时代,教育理念、环境与模式的变革,需要教师具备较高的信息素养后才能有效地开展。教师教学设计能力的发展不是凭空产生的,必须借助于一定的知识和信息,必须大胆地实践探索。尽管信息素养不是具体的信息知识,但它会指引着教师有意识地从各个渠道去探寻对教育教学有用的信息资源,如随手翻阅的杂志、传统的图书文献、当代网络、媒体等。丰富的信息资源能够给教师的教育教学生活带来新的气息。在信息素养的支配下,教师会自觉地收集、整理所遇到的有用信息资源以备用,自身的专业能力也会在积累资源的过程中得以提升。

五、创客教育的关键——团队协作

《硅谷之火》一书中记载着这样动人的场景:"一群热爱技术的伙伴,有人出创意,有人搞程序,有人做硬件,有人玩整合……团队智慧的结晶让创意成为现实。"幼儿园"互联网图书馆"的创意,是孩子们个性化借阅图书的真实需求,程序是老师、孩子和家长共同编写的,最后的成品是热心家长和技术人员共同完成的。创客教育不应仅仅是机构教育,而应该是团队协作,这才是创客教育的关键内容,需要教师共同努力才能实现。

六、提升幼儿园教师信息素养的策略

可以采用以下策略来提升幼儿教师整体的信息素养:

1. 完善基础环境建设。启动智慧教室、未来教室建设,实现从设备供给到基于信息技术环境的服务供给的转变。当前,先完善相关硬件、软件、资源建设,组织力量对各种信息化设备、通用软件、学科软件系统进行统一安装、更新和升级,做到版本一致。

2. 广泛发动教师利用各种技术手段,通过各种途径获取需要的教学资源。组织教师参加各级信息技术教学应用交流展示竞赛活动,认真观察记录教师信息技术与课堂教学深度融合的方法,丰富信息化教学理念,提升信息化教学能力。

3. 开启"人工智能+教师队伍建设"行动。努力帮助教师主动在教学和管理中利用技术,创设技术支持的新型学习共同体。未来教师角色的转变,也会改变未来课堂,应探索建立教师间协同、教师与人工智能协同的环境,支持跨多个领域的综合性课程。

4. 完善绩效考核激励机制。建立完善教师岗位职责和考核评价制度,开展信息技术应用能力测评,以评促学,激发教师持续的学习动力。采用观摩课、访谈、互评、自评等方法,组织开展评估教师的信息技术应用能力、新教学模式运用水平和活动教学效果,从而促进教师信息素养的提高。

总之,在幼儿园实施"创客教育"的过程中,势必会有许多困难和问题,但正是在这不断实践、不断反思、不断积累中,教师们的信息素养和信息教学水平才会不断提升。

参考文献:

[1] 祝智庭,孙妍妍.创客教育:信息技术使能的创新教育实践场[J].中国电化教育,2015(1):14-21.
[2] 祝智庭,雒亮.从创客运动到创客教育:培植众创文化[J].电化教育研究,2015(7):5-13.
[3] 杨现民,李冀红.创客教育的价值潜能及其争议[J].现代远程教育研究,2015(2):23-34.
[4] 王永军.幼儿教师信息素养及其培养初探[D].上海:华东师范大学,2007.
[5] 祝智庭.信息教育展望[M].上海:华东师范大学出版社,2002.
[6] 左瑞勇,梁梅.幼儿园教师的信息素养与教学能力的关系:基于川渝地区幼儿园教师的调查研究[J].幼儿教育(教育科学),2010(11):44-48.

合理运用"泰微课"资源，全面提升学生核心素养

——"基于核心素养的农村小学'泰微课'资源建设与应用的实践研究"阶段报告

泰州市高港区实验小学　孔维富

摘　要:"泰微课"自平台上线以来,全面拓宽了教师和学生的视野,改变了教师的教学方式和学生的学习方式。如何运用"泰微课"资源进行教学,成为当下研究的热门。本文从教学实际出发,从"泰微课"资源的课前选择、课中使用、课后设计等方面进行探讨,寻求运用"泰微课"资源教学的有效方法,全面提升学生的核心素养。

关键词:泰微课　合理选择　合理使用　合理设计

21 世纪以来,随着我国信息技术的飞速发展,"大数据""云计算""互联网＋"等,如雨后春笋般涌现,不断地拓宽我们的视野,改变着我们的生活和学习方式。时代在变,我们的学校教育也在不断地发生改变。翻转课堂、MOOC(慕课)、微课等,由一开始的对此懵懵懂懂,到现在耳熟能详,新的教学模式应运而生。

目前,泰州市进行"泰微课"资源建设已成为一股新潮,利用"泰微课"进行教学也成为一种新的课堂教学模式。比如泰兴市济川小学的"'泰微课'资源应用教学中学生自主探讨型课堂模式的研究"给了我们很好的学习和借鉴机会,它从应用的角度去研究学生自主探讨型的课堂教学模式。本课题的研究,则是基于我校地处农村的现实环境,以学科为依托,积极引导教师制作适合我校的"泰微课"系列资源,进而探讨如何合理利用相关资源进行教学的应用策略,从而有效促进学生核心素养发展的研究。

一、翻阅资料,重新认识"泰微课"

说起"泰微课",不得不提微课。什么是微课? 微课的概念和教学应用最早起源于国外。随着信息技术的蓬勃发展,"可汗学院"和"TED-Ed"目前已发展成为具有代表性的两个网络教学视频库。在我国,"微课"的最早提出者是佛山市教育局的胡铁生先生。他认为微课是指按照新课程标准及教学实践要求,以教学视频为主要载体,反映教师在课堂教学过程中针对某个知识点或教学环节而开展的教与学活动的各种教学资源的有机组合。"泰微课"是"泰州市中小学微课程"的简称。泰州市教育局为了提高学生的自主学习能力,致力建立学生的自主学习资源库,以提升学生的信息素养,于 2012 年起引领泰州市中小学段千余名骨干教师共同打造了"泰微课"工程,经过两年时间的打磨,在 2014 年 9 月正式上线。"泰微课"包含微教学视频和微测试视频,主要面向学生参与自主学习,将要学习的知识"碎片化",其通过流媒体视频形式传授,学生可以通过电脑、平板、手机等多种终端登录"泰微课"网上学习辅

导平台，进行自主学习。

二、调研分析，理清“泰微课”使用现状

“泰微课”的使用，无论是对教师还是学生，都是一种全新的体验，对教学和学生的学习产生了非常大的影响。几年来，利用“泰微课”资源教学已经成为泰州市的一股潮流。即便是我们这样的一所农村小学，也不甘落后，努力实践，感受“泰微课”资源给我们的教学带来的变化。为此，我们通过问卷调查的研究方法，对我校及周边学校的师生发放问卷，调查研究“泰微课”的使用情况等。其间，共发放问卷400份，收回400份，其中，教师52份、学生348份。通过研究回收上来的调查问卷，我们发现：

（一）“泰微课”资源制作方面

大部分教师都能得心应手，独立完成资源制作，只有少部分老教师需要年轻教师帮忙。此外，“量”有了，但“质”还有待进一步提高，制作的资源得“A”的比例较少，还需要加强“泰微课”资源制作相关方面的各类培训，有效提升教师制作“泰微课”的质量。

（二）“泰微课”资源课堂应用方面

大部分教师都能改变原有的教学方式，将“泰微课”资源运用到课堂中来，有效地促进了学生的自主学习。

（三）学生使用“泰微课”资源的情况

学生利用“泰微课”资源进行学习已经成为一种常态。除了课堂学习外，课后遇到有困惑的地方，学生可以独自利用“泰微课”资源进行解惑，补充课堂学习的不足，充分发挥了他们学习的主动性。

三、合理运用，全面提升学生核心素养

（一）课前，合理选择“泰微课”资源

在这海量的资源面前，我们要学会筛选。首先，平台上相同课题的“泰微课”资源虽然很多，但由于资源制作者信息技术水平、对教材的理解等方面有所差异，制作出来的资源各有千秋，层次有所不同；其次，不同的班级，适用的微课资源也不尽相同，适合这个班级的，不一定也适合其他班级使用。俗话说，合适的才是最好的。在使用资源前，教师先要认真研究教材，分析学生的学情，根据本班的实际情况，合理地选择“泰微课”资源，必要的时候重新录制“泰微课”资源，从学生熟悉的生活原型、感兴趣的情景着手，让学生在自主学习、合作学习、探究学习中逐渐形成兴趣和积极性，提高课堂实效。

（二）课中，合理使用“泰微课”资源

在同一节课中，可利用的各个知识点的资源有很多，比如情境创设、例题讲解、习题分析等等。记得上“认识游览线路图”一课时，教师摆脱单调、枯燥的条条框框，利用课前选择的“泰微课”创设了周末去南山公园游玩的情境。在学生兴高采烈、想要游玩的时候，提出“从南大门进入公园，先后游览音乐喷泉、月亮湖、艺术广场和盆景园，最后从西门出公园”的要求，让学生在进入之前先说出行走的路线。学生们情绪高涨，即便后面完成了学习要求，仍然不愿停下思考，在相互讨论的基础上又分角色进行表演，展示自己喜欢的行走路线，有效地达成了教学目标。

游戏活动能充分调动学生的情感因素，使其思维和情感需求得到和谐发展，在游戏中，学生快乐学习、快乐发展。为此，在教数学课有关“可能性”内容的时候，笔者事先制作相关的“泰微课”视频，如商场里的大转盘、砸金蛋、摸玻璃球等等，让学生感知生活中出现的与“可能性”相关的一些场景。在“泰微课”观看过程中，学生提出自己的疑惑：“为什么特等奖那么难以抽到呢？”在这样的疑问下，笔者拿出事先准备的几个黑色布袋，略带神秘地对大家说：“你们知道老师这几个袋子里装的是什么吗？是球。今天老师就带大家来做个游戏——摸球。”班上一下子热闹起来了。在进行摸球之前，笔者先让学生尝

试着预测摸球的结果，然后组织学生开始摸球。当摸了一定的次数以后，让学生思考为什么会出现这样的结果，然后让学生联系口袋里球的种类，用“一定”“可能”“不可能”来描述摸球的结果，从而初步认识事件发生的可能性。活动结束后，再利用“泰微课”解答孩子们的困惑，解释“大转盘”“砸金蛋”等的奥秘。

但我们不能全部使用“泰微课”来上课。首先，课堂是以学生为主体的课堂，教师是学生学习的组织者、引导者、合作者。在课堂学习中，我们要正确定位“泰微课”的地位，它是一种资源、一种引导学生学习的辅助资源，但它不能替代教师的组织和引导地位，更不能取代学生的自主学习。其次，精心选择的“泰微课”资源能有效地提高学习兴趣，促进学生的自主学习，但使用泛滥则会造成学生的学习疲倦，适得其反。

（三）课后，合理设计“泰微课”资源

下课后教师虽然离开了课堂，但学生的学习还没有停下。教师要根据学生课堂上的学习情况，合理地设计相应的“泰微课”拓展资源，有效地促进学生的后续学习，让学生及时巩固课堂所学知识，学会举一反三，利用课堂所学解决生活中的问题，达到运用和迁移的效果。

在学生学习了五年级数学上中“三角形的面积”后，笔者利用“泰微课”视频设计了这样一个课后练习：给你一块红领巾、两把尺，请小组合作，量一量，想办法算出它的面积。笔者让孩子们几人一组，分工合作。他们在实践操作中发现，想要算出红领巾的面积，需要知道它的底及其对应的高，底很好找，三条边都可以量出，可要找出相对应的高就不是那么容易了。孩子们在活动中十分投入，最后竟找出很多量高的方法，算出了红领巾的面积。在这一活动中，孩子们不仅充分运用所学，想方设法找出红领巾相对应的底和高，巩固了求三角形面积的方法，更在尝试中人人都获得了一次难得的实践锻炼的机会。方法虽然各不同，但条条大道通罗马，最终都取得了成功，完美地完成了学习任务。

“泰微课”平台的出现，打破了常规的教学方式，将在线学习、社交服务、云计算、大数据、移动互联网等有效地融为一体。教师要顺应时代的发展，顺应学生的需要，充分利用其时间短、内容精、突破时间空间限制等特点，改变课堂教学模式，合理地选择使用“泰微课”资源，让学生的核心素养得到全面提升。

参考文献：

[1] 胡铁生，黄明燕，李民. 我国微课发展的三个阶段及其启示[J]. 远程教育杂志，2013(4)：36－42.

[2] 胡铁生. “微课”：区域教育信息资源发展的新趋势[J]. 电化教育研究，2011(10)：61－65.

[3] 江苏省教育厅. 江苏省义务教育信息技术课程纲要：2017 年修订[A]. 南京：江苏省教育厅，2017.

[4] 马小军. 江苏泰微课的特征与发展对策研究[D]. 宁波：宁波大学，2017.

信息助力，素养落地

——信息技术在高中思政课堂的应用

镇江心湖高级中学　盛仕英

摘　要：本文以新教材必修1中第二课第一框“资本主义社会的演变”为例，探讨信息技术在思政课教学中的价值，信息技术使平面知识立体化，教学单元活动化、单一评价多元化；在学科素养落地的设计时要做到“知”“行”合一、动静相宜、繁简有度。

关键词：信息技术　思政课堂　课例

核心素养的提出，让教育改革进入了一个新的阶段。如何让学科素养真正落地，需要我们教师很好地思考。发挥信息技术在高中思政课堂的作用，使学生真正成为学习主体，提升能力，培育素养，值得我们思考和探索。本文以新教材必修1中第二课第一框“资本主义社会的演变”为例，探讨信息技术在思政课教学中的价值和原则。

一、信息技术助力素养落地的价值分析

（一）平面知识立体化

素养教育融入课堂，教师需要改变以往“教教材”的方式，而应该“用教材教”。建构主义认为，知识不是通过教师传授得到的，而是学习者在一定的情境即社会文化背景下，借助其他人（包括教师和学习伙伴）的帮助，利用必要的学习资料，通过意义建构的方式而获得。因此，教师应该在深刻把握教材的基础上寻找好的切入点和平台，使平面的知识情境化，而这一过程需要借助信息技术来完成。通过多媒体技术，教师可以用视频、课件、实物投影等方式构筑情境，让学生迅速置身于情境中，思考、探索、合作、探究，运用知识来解决问题。除了情境化之外，结构化是立体化的另一表现。教材呈现的知识是平铺的，而学生建构的知识应该是立体的，结构化是其重要的特征。结构的形成需要信息技术来帮助呈现，信息技术可以动态地、三维地展示知识结构的生成过程和生成结果，同时展现思维生长的过程。

“资本主义社会的演变”是必修1中第一单元第二课第一框。如何认识资本主义的基本矛盾和历史命运，是一个理论性非常强的话题，具有抽象性和概括性。本框题内容较多，思维层次较高，教学要在理顺知识的基础上强调逻辑性和思想性，并且在理论分析的基础上实现价值引领，强调家国认同和理性精神，提升学生思维层次，实现思政课的育人功能。这就需要教师在把握教材的基础上深入浅出，设置情境，为学生学习提供平台。本课通过生动的迪士尼米老鼠的动漫视频导入，再利用迪士尼效应引发对时代的思考，用狄更斯的名言提出总议题——“最好的时代还是最坏的时代?”如何看待资本主义社会的演变，从而激发学生学习兴趣，为进一步的学习构筑平台。

（二）教学单元活动化

新课标明确指出，“构建以培育思想政治学科核心素养为主导的活动型学科课程”。核心素养是学

生应该具备的、能够适应终身发展和社会发展需要的必备品格和关键能力。传统的传授型课程已不能满足培养要求,品格和能力需要在活动中主动获取。教学单元要活动化包括思维活动和行为活动、课堂活动和课外活动等,这些活动的组织都离不开信息技术的帮助。现代信息技术的拍摄、处理、展示和即时联系等功能,可以集中展示课外活动过程和结构,快速地整合课堂和课外活动,使课外资源得到高效利用,课堂活动向外延伸。

在本课教学中,子议题1:是不是最好的时代?学生任务之一就是成为"超级演说家",这一活动要求学生根据课前准备,以"资本主义的三个发展阶段"和"三次工业革命"为主题,以图文形式介绍相关历史事实,随后教师使用图示的方式进行点评和小结。这一部分的内容属于史实知识的介绍,采用课前学习、分组展示的形式,既节省时间,也锻炼学生收集资料、处理资料和交流表达的能力,同时通过"兵教兵"丰富课堂形式,提高学习效率、提升学习效果。此处的知识是在教材的基础上进行整合和提炼梳理出的一个线路图,这样的处理使知识更清晰、逻辑更明显。用图示的形式直观展示发展脉络,让学生初步感受到生产力与生产关系的矛盾运动这一逻辑线,此线是贯穿本课始终的逻辑线。在第一部分,主要是学生初步感受,自主领悟,而不是教师直接讲授,整个过程离不开现代信息技术的使用。

（三）单一评价多元化

新课标指出,"要重视学生学习和社会实践活动的表现,采用多种评价方式,综合评价学生的理论思维能力、政治认同度、价值判断力、法治素养和社会参与能力等,全面反映学生思想政治学科核心素养的发展状况"。传统的评价集中在试卷评分上,这当然是一种非常重要的评价方式,不仅可以反映知识掌握程度,也可以一定程度地反映思维能力,但是在以核心素养为指向的新型课程改革背景下,传统的评价方式不能完全满足评价的要求,这就需要更全面、更科学的评价方式。一是试卷评价。传统的试卷评分也可以借助现代信息设备,对学生答案进行深度剖析,给出评分基础上的进一步分析结果,因为即使同样是做对或者做错,学生所反映出的能力和素养也是有区别的。二是立体评价。从横向上,对学生的外向行为进行测量,对内隐行为进行比对、区分;从纵向上,对学生的行为进行三维追踪,绘制成长线路图,对学生进行多方面的评价。这些评价方式的实现,都需要借助大数据技术和信息设备才能完成。三是小组评分。课堂上的小组合作是学生主动学习的有效方式,评价可以促进小组合作。可以借用现代信息技术,采用综艺节目的计分方式和评价方式,对小组行为进行更科学、更生动的评价。

在本课教学中,学生通过终端设备进行抢答,同时输入和即时展示,快速有效地反映学生的学习成果。通过多媒体的综合展示,呈现学生的学习成果,进行现场投票和评分,活跃课堂气氛的同时,也增强了学习效果,因为每个学生都成为评价者和被评价者,这两种身份都促使他们更深度地参与。

二、信息技术助力素养落地的设计原则

（一）"知""行"合一

在现代信息技术的助推下,高中思政课堂的活动不断,精彩纷呈,但要注意的是,活动始终不能离开"课程"二字,否则就不是课程了,变成了单纯的活动,这也是新课标所提的"课程内容活动化"和"活动内容课程化"。在设计时,要从知识出发,在活动中要能运用知识解决问题,在活动后知识得以掌握并能够迁移,用来解决更多的问题。

在活动一"是不是最好的时代"中,教师从知识的难易和容量等多方面去考虑,决定采用"课前准备,课上展示"的方法;在课堂中,学生的展示也是紧扣所学知识,并且教师采用图示的方式进行小结,帮助学生构建体系,寻找脉络。在活动二中,在"角色体验"和"观看视频"两个活动的基础上,学生产生强烈的探究欲望,此时呈现探究活动,从感性体验上升到理性分析,环环相扣。活动从议题出发,又回到议题,始终紧扣议题。教师借助图示点拨学生,让其认识到资本主义危机产生的根源,并进一步阐述购买力无限缩小的原因,指出剥削的表现、过程以及资本主义自我调整。此活动单元的设计以生产力和生产关系的矛盾运动为逻辑线,整合教材,使结构更清晰,思考更深刻。整个设计始终体现知识和活动的辩证

关系，做到“知”“行”合一。

（二）动静相宜

活动型思政课上，教师精心设计活动，小组合作不断，学生参与度高，但一定要注意动静结合，否则失去冷静的思考，热闹的活动最终流于形式，造成虚假繁荣。在设计时，要精确计算时间，把学生活动的时间和思考的时间分配好，才能使活动真正成为课堂的平台，而不是为活动而活动。设计时要注意三个细节：一是每一项活动开始前都要给学生充分的思考时间，尤其是合作探究之前，没有思考的活动是漫无目的的、低效的。每一次活动之后都要给学生充分的反思时间，不仅为后面的展示做准备，也是对热闹的活动做冷静的分析。二是在所有的活动结束后要有充分的时间进行独立的、全面的思考。三是活动设计要做到出声的行为活动和不出声的思维活动相结合，不能一谈活动就是热闹。所谓“充分”，其实所需时间并不长，小的活动半分钟足矣，整课反思一分钟到一分半钟足矣，而思考带来的效益和效率确是巨大的，整体来看并不会耽误课堂时间。

在活动三“寻找矛盾背后的矛盾”中，第一个任务是材料探究，教师通过课件和语言提示明确活动要求：(1) 先思考，后讨论，时长五分钟；(2) 代表发言。从总体设计来看，有视频观看、小组展示、角色体验，也有独立的思考活动。如在活动二“超级大穿越——亲历20世纪20年代的美国”中，设计的任务如下：(1) 角色体验：“在当时普遍繁荣的美国，如果你是企业主、普通民众或股民，你会作何选择？”(2) 观看视频，亲历危机。(3) 探究：“真过剩”or“假过剩”。活动要求：① 独立思考，时间两分钟；② 每组一名代表发言。(4) 借助图示，教师进行点拨。在本课学习结束后，还有“掩卷而思，自主感悟”的活动。本课内容较多，活动丰富，学生进行自主反思和理性思考，构建知识体系，加深对本课的理解和活动的反思，把知识内化成自己的理解，并提出自己的问题，引发更多的思考。一节好课，不仅是解决全部问题，更重要的是引发对问题的思考。在“知”“行”合一和动静相宜中，学生真正地动起来，也真正地沉浸下去。

（三）繁简有度

信息技术的飞速发展，带给思政课堂的是大量鲜活生动的材料，但我们需要思考的是，如何整合和利用这些材料，使其真正为教学服务。否则，大量信息资料的呈现，一会让学生产生视觉疲劳，二会让学生不知所措，三会让部分学生沉浸在有趣的材料中而不能进入学习状态，更无从谈教学效果。所以，教师在设计时要注意材料的多样呈现和统一主题这两方面的有机结合。

“资本主义社会的演变”这一课，从时间跨度上来讲材料非常多，但是一节课的时间中既要做到材料充实，又要激发学生不断思考和总结，就需要教师慧眼识珠，精心串珠，做到删繁就简、繁简适度。本课总议题为“最好的时代还是最坏的时代?”，这个议题出自狄更斯的小说，具有生动性和思想性。各种活动的设计考虑以多样的形式丰富课堂，设计时遵循从感性到理性的认识规律，从史实入手，提炼史实背后的理论，适当重构教材，尤其注重深入浅出、化繁为简、突出主线，使结构更明晰、内容更清楚。总之，大量、多样的材料的选用，最终都服从于本课的逻辑和主线：

课前：自学相关史实，收集资料，形成图文并茂的发言内容。

课堂：展示活动——资本主义社会是不是最好的时代；
体验活动——资本主义社会是不是最坏的时代；
探究活动——为什么说资本主义是终将过去的时代。

课后：延伸阅读。

通过三个议题的客观分析，得出三个结论：最好的时代——在矛盾中成长；最坏的时代——在矛盾中沉沦；终将过去的时代——矛盾背后的矛盾，由此发现资本主义繁荣的原因、危机的原因都是矛盾运动，这也是其终将被替代的原因，在客观分析的同时实现价值引领。

综上所述，本课内容多，思维层次高，信息技术的恰当使用使本课的内容情景化、生动化和立体化，使本课教学深入浅出，学生的学习由易到难，由感性到理性，有活动、有思考，真正做到主动运用知识而不是被动接受知识，在其中进行价值辨析而不是被价值灌输，使能力真正提升，素养真正落地。

家校共育，万般美好共蕴生

——浅谈教育信息化背景下家校合作新模式

扬州市育才小学西区校　鲁　青

摘　要：育人是全方位、系统的工作，它需要学校、家庭和社会的密切配合。优质的教育形态依赖于学校教育、家庭教育和社会教育的相辅相成，和谐的家校合作建立在畅通的交流与友好的沟通之上。本文介绍学校为联通家长，稳抓常规沟通和特色沟通，开设创新沟通方式，并以家委会为载体，开展丰富多彩、行之有效的活动，联动家长推动家校合作不断向纵深发展，积极开发亲子课程，邀请家长共同完成课题研究。

关键词：家校合作　联通　家校沟通　联动　亲子活动　联合　课程开发

育人工作是全方位、系统的工作，它需要学校、家庭和社会的密切配合。正如苏霍姆林斯基所说："教育的效果取决于学校和家庭影响的一致性。如果没有这种一致性，那么学校教学和教育的过程就会像纸做的房子一样倒塌下来。只有学校教育而无家庭教育或只有家庭教育而无学校教育，都不能完成培养人这一极其细致、复杂的任务。最完备的教育是学校与家庭的结合。"下面以扬州市育才小学西区校为例，浅谈其联通、联动、联合的家校合作模式。

一、"联通"——联通家长加强沟通是家校合作的前提

优质的教育形态依赖于学校教育、家庭教育和社会教育的相辅相成，和谐的家校合作建立在畅通的交流与友好的沟通之上。为了家校之间和谐、顺畅地沟通，我校稳抓常规沟通和特色沟通，开设创新沟通方式。

（一）常规沟通

常规沟通即以家长会、家访为代表的常规沟通方式，我校每年都扎扎实实地落实。每年的"半日开放""万人进校园"等家校交流活动，给了每个家庭行观校园，亲近并了解孩子学校日常生活的机会。"千师访万家"则是老师走进学生家庭，深入了解每一个学生的原生家庭，和家长面对面交谈，加强了家校沟通。常规沟通虽然老套，却是最直接的方式。

（二）特色沟通

家长会、家访无疑是家校沟通的良好方式，我校在此基础上还有所创新，推出了独有的"特色沟通"方式。学校独创"班级名片"这一特色沟通方式。在学生入学时班级名片就发到每个家长的手中，名片上有"仁爱求真"的校训，有"引领学生对美的追求"的办学愿景，有班主任和任课老师电话，还有学校微信公众号。家长们拿到卡片，添加学校微信后能够浏览学校往期的活动，同时会对学校的办学理念有加深的了解，也方便了家长与班主任和任课老师的联系。一张小小的卡片看似微不足道，却别出心裁，让学生、家长和老师之间的联系更加密切，关系更加融洽，教育合力所带来的教育效果也就更加明显。

（三）创新沟通

此外，在常规沟通、特色沟通的基础上我校还大胆实践，设立维权中心。学校里维权信箱遍布每一个角落，已成为学校一道靓丽的风景线。学生可以通过平时的优良表现获得班主任发放的“育西小邮票”，有了这张育西小邮票，孩子们就可以向维权信箱投信。亲子维权、师生维权等提升了孩子们的法制意识、维权意识。学校会定期打开信箱，对信件进行甄别，精选出维权小案件。在此基础上，学校定期开设维权小法庭和“爱的攻略”维权栏目，这两个栏目一个严谨认真、一个嬉笑幽默，相辅相成，让孩子、家长、老师参与，做法官、陪审员和嘉宾，对于特殊案件，学校还会请专业的心理老师介入。

常规沟通、特色沟通、创新沟通，联通了家长和学校，是家校合作的前提。沟通，让家校之间的关系更加顺畅。家校共育，万般美好共蕴生。

二、“联动”——联动家长开展亲子活动是家校合作的助力

新教育背景下，家长群体与教育工作者同为教育活动的组织者和管理者，同时还兼负监督者的职能。为了切实维护家长的合法权益并接纳家长的合理诉求，汲取家长对学校特色发展和班级个性化管理的崭新思路，给予家长在热心参与并积极服务学校班级事务的实践中获取见证孩子成长的喜悦感，我校通过自主报名，公开选举，推选出两百余名家长，组成班级、年级、校级这样逐层推进的三级家委会，并以家委会为载体，开展丰富多彩、行之有效的活动，推动家校合作不断向纵深发展。

（一）家长作为学习者，参与学校的教育教学

学校定期开展“家长学校”，邀请校内外专家对家长进行培训。这种合作是家校合作教育的较浅层次，它的主要目的是通过这些活动让家长学习到有关的教育理论，提升家长素质，使家长理解学校的种种措施，支持学校的各项举措。

（二）家长作为学校活动的参与者，投身到学校的各类活动

这种合作是家校合作教育的第二层次，它的主要目的是人际参与，即家长作为学校活动的参与者为学校各项活动提供帮助。这时家长关注的就不仅仅是自身教育水平的提高和自己孩子的教育，家长也投身到学校的整体教育中。

新生入队礼上，我们创新性地邀请爷爷、奶奶和孙子、孙女共唱红歌，父母和子女共忆他们入队的光荣时刻；成长礼上，我们邀请家长参加，举行稽首礼、和孩子一起放飞成长的气球、共读心愿卡等环节，家长们倾情参与，让学校的活动更加精彩。

除了常规的三大典礼这样大型的学校活动，学校顺应儿童的天性，设置了个性化亲子活动方案。这些方案里处处有家长的身影。活动分为“书香校园”“心灵手巧”“体艺游戏”“雅致生活”“百草园父母大讲堂”五个板块。“书香校园”结合各年级的课外推荐书目展开亲子阅读活动，如“飞花令”、亲子绘本制作、朗诵大赛等；“心灵手巧”这一板块以亲子陶艺、亲子版画制作为载体，让亲子关系在动手合作中更为融洽；“体艺游戏”则分为室内游戏和室外拓展活动两类，定期邀请家长走进校园参与其中，在玩乐中享受亲子间亲密无间的关系；“雅致生活”更是通过茶艺、插花、烹饪等活动，让孩子们体验日常生活高雅、精致的一面；“百草园父母大讲堂”则是邀请各行各业的家长走进课堂，用切身体验向孩子们讲述百态人生。此外，学校还发放亲子活动积分卡、结课证书，充分提高亲子活动的参与度。这些活动让家长们在书香中、在动手合作中、在玩乐中提升亲子默契，加强亲子交流的同时也密切了家校合作。

（三）家长作为学校决策的参与者，参与学校的管理

这是深层次的家校合作教育，这种“管理式”合作是建立在前两个合作的基础上的。我校的家庭教育博物馆从建设到开馆活动，学校的家委会都参与其中。家长作为学习者、学校活动的参与者、学校决策的参与者积极投身学校的各类活动，参与学校的管理，进一步提高了家长和学校合作的积极性和主

动性，提升了学校管理水平。

三、“联合”——联合家长开展课题研究是家校合作的升华

加强家校合作，课程研究与开发必不可少。学校邀请家长一起开发亲子课程并且参与其中，让家校合作在亲子课程研发中得以升华。

（一）亲子阅读课程的开发

读书是在孩子的生命里播撒希望的种子，一定能唤醒生命的活力。我校开展的大阅读工程，家长不仅仅参与其中，还为它的落实献言献策。我们和家长一起带着孩子们徜徉在书海，用散发着墨香的文字熏陶生命。那些经典诗词滋养着学生的心田，那些先贤的经历塑造着学生的精神，那些感人的故事丰富着学生的情感，那些瑰丽的想象启迪着学生的智慧……家长们和孩子一同捧起书，生活获得了优雅与从容；他们走进校园，听到琅琅的书声，找到了唤醒种子发芽、生根、长叶、开花的自信；他们走进课堂，绽放亲子共读的思想活力。除了亲子共读，课程还向纵深发展，结合“一起成长体验馆”中的影视中心和亲子活动中心，我们将亲子共读上升为亲子共议、亲子共绘、亲子共写、亲子共演，这些活动的过程性资料都成为我们课程开发的重要材料。

（二）社团课程的开发

“茉莉花”旋律响起，民乐团的演出又赢得掌声雷动；扬州话的腔调传出，曲艺社的彩排精彩纷呈；粽叶和着糯米的清香，那是家政社团的劳动成果；花儿在瓶中灿烂绽放，那是插花社团的作品亮相……这些活动都是家长义工走进课堂带领孩子们共同完成的。他们用自己的智慧，让学校课程变得更加丰富多彩；他们用自己的专业特长，为孩子们播下了各式各样的种子。

值得一提的是，依托影视中心开展的“塑形”是基于戏剧课程开发所衍生的一个具有校本特色的亲子活动课程，涉及应用戏剧、项目学习等多元学习方法，并与科学、绘本、德育等相互结合。该课程打破传统的说教化、观摩化亲子交流模式，以“动觉学习、人际互动学习”的思维方式为指导，通过亲子共演的方式，建立起平等、尊重、信任、合作的亲子意识，促进亲子、师生之间的共情。该课程还能帮助儿童从个体需求、社会伦理、法律规则、神话、历史和自然等角度纵观世界，形成风趣又饱满的人格和稳定又开放的世界观。

（三）深耕家教：一个儿童的研究

在平时的教育教学过程中、在家访走进学生家庭的过程中，学校还发动老师、发动家长开展“一个儿童的研究”，以一个儿童为突破口进行深入研究，形成系统理论，从而达到指导实践的结果。深耕家教，让家校合作有更多的理论支柱。联合家长开展课题研究是家校合作的升华。

以联通、联动、联合的方式推动家校合作，是教育信息化背景下开拓的家校合作新模式，我们愿用所有努力换来家校共育的美好前景，为学生的幸福成长打下靓丽的精神底色。

参考文献：

[1] 张怡. 加强家校合作 形成教育合力[J]. 上海师范大学学报(基础教育版)，2009(6)：35－38.
[2] 陈建强，刘峻，张莹晶，等. 今天，家校如何合作[J]. 上海教育，2006(6)：46－52.
[3] 杨俊. 关于小学家校合作现状的调查研究[J]. 教学与管理(小学版)，2006(9)：29－31.

论传统家园共育模式存在的弊端及解决策略

——以基于企业微信公众平台的家园共育模式为例

淮安市淮海路幼儿园　沈　潜

摘　要：家庭是孩子的第一所学校，家长是孩子的第一任老师和终身老师，家园合作更是家长们关注的焦点和热点。传统的家园共育模式存在很大弊端，基于此，创建企业微信公众平台，丰富家园共育途径，提供解决策略，提高家园共育效率，推动家园共育模式有效且可持续的发展。

关键词：企业微信公众平台　家园共育　幼儿教育

众所周知，幼儿教育是一项复杂且艰难的工作，不是家庭一方或者幼儿园一方就可以单独完成的，需要双方的共同努力。家园共育是以幼儿园和家长为核心，通过双方的良性互动和积极合作，促进幼儿身心发展。传统的家园共育模式存在很大弊端，而基于企业微信公众平台的家园共育模式可以有效解决传统模式的弊端。企业微信公众平台以高效新颖的方式，吸引家长和教师广泛参与其中，通过不断地教育实践，提升家园共育的效率。

一、家园共育的现状以及存在的弊端

（一）教师与家长对家园共育认知片面

目前，许多幼儿园老师和家长还没有真正深入理解家园共育这种模式，对它的认识较片面，从而阻碍了家园共育的发展。幼儿园方面，有些老师认为自己处于主导地位，家长和孩子都得配合老师；有些老师认为自己只对在校时的幼儿负责；还有些老师只是在口头上理解了家园共育模式，并没有将其应用到实际工作中。家长方面，有些家长将教师当作权威，教师说什么就做什么；有些家长认为孩子的教育是幼儿园的事，自己不需要参与教育过程，很多职场父母甚至都没有参加过家园活动。对一些家长而言，即使被动地接受了家园共育的观念，对它的认知也是片面的。

（二）教师和家长对教育责任定位不明

在对孩子的教育中，会出现“教师指挥多，家长参与少；教师说得多，实际做得少；单向灌输多，双方互动少”的现象。虽然家长和教师都在倡导家园共育，但切入点总是不够明确。幼儿园不断地召开家长会、家委交流会，定期请家长来园参加活动等。虽然父母能够阶段性地获得孩子近期在园的学习和生活情况，但有些家长认为家园合作只不过是一个“通知”而已，觉得这些被告知的内容教师会负责教导或者指正，不需要太上心。其实，家长本身就可以为孩子提供丰富的教育内容，家长的积极参与不仅能拓展孩子的经验和视野，还有利于家园教育的一致性和互补性，其核心价值关键在于家长是否作为、如何作为，去为孩子提供多种支持和帮助。比如，在幼儿园“金色的秋天”主题活动中，教师让孩子回家收集各种各样的树叶并完成一幅树叶粘贴画。第二天，孩子小艾带来了自己的作品，做得十分精美，当教师请她介绍自己的作品时，惊讶地发现孩子不仅能表述出自己的想法和制作过程，还对树叶的名称有所认识，当被问及是怎么认识时，她自豪地告诉大家是跟着爸爸上网查资料后知道的。因此，真正的家园共育并不是传统意义上家长为了配合幼儿园而做出一系列消极被动的工作，而应是为了实现孩子的全面发展而与幼儿园协调一致，这就需要双方积极、充分发挥教育的整体功能。

（三）教师和家长缺乏有效沟通途径

在家园共育过程中，教师和家长之间缺乏有效的沟通途径。虽然现在教师和家长联系的方式很多，有面对面沟通、电话沟通、家长会、家长园地、亲子活动等，但这些沟通方式如果组织不当，会使得忙碌的家长更加焦虑，担心不参加活动孩子会失望，但是又实在抽不出时间参加，这种情况实际上还大大增加了幼儿园教师的工作量，取得的成效也不够明显。

二、创建企业微信公众平台，丰富家园共育途径

随着移动互联网时代的快速发展，微博、微信、微课、微杂志等一系列“微型”产品不断呈现在人们眼前，企业微信公众平台在教育领域更是掀起了一场“微热潮”。企业微信公众平台的构建解决了传统教学模式中家长不能及时地了解幼儿园活动，导致家长参与性弱、不能有效与幼儿园沟通等问题。

我园创建微信公众平台，主要基于以下思考：

（一）创建平台，打造家园共育新途径

为了顺应新时代的发展趋势，幼儿园有必要打造一个属于自己的家园共育平台，努力使家长主动参与孩子的教育过程。企业微信公众平台的创建和运用，在增强家长教育意识的同时，也在原本没有交集的家长之间形成一个育儿经验交流共同体，为家园共育打下良好的基础。

（二）规范管理，营造家园共育和谐氛围

幼儿园企业微信公众平台创建以来，我园成立了信息化领导小组，由园长任总组长，小组成员先由幼儿园 5 位年轻且信息技术水平较好的骨干教师组成，后逐渐发展到 10 位。平台“网上家长学校”版块信息由小、中、大班 3 位年级组组长负责本级编辑工作，由其中 2 位教师定期向家长推送。该平台小组分工明确，既做到了将家校学习内容的序列化、专业化，又不至于加重教师的日常工作负担。

我们鼓励家长的积极参与，特别是对信息化感兴趣或有技术专长的家长，鼓励他们结合自己的育儿经验与其他家长进行网上交流学习。在教师、家长的积极参与下，平台内容越发丰富，家园共育更加和谐。

（三）优化互动，提高家园共育实效

在日常生活中，大多数人每天醒来的第一件事情就是打开手机查看朋友圈，但朋友圈经常被商业广告刷屏，家长容易错过幼儿园的重要信息。随着企业微信公众平台的创建，教师每天通过企业微信群或班级圈向家长推送孩子在园的生活和学习情况，家长们可通过平台快速获取并第一时间给予回复或评价，对于孩子的一些不良习惯也能积极和老师沟通交流，主动寻找解决问题的方法。班级老师也会根据孩子课程活动需要推送更为丰富的内容，比如：向家长推送适合孩子阅读的电子绘本供孩子在线阅读；在假期中，向家长推送如何帮助孩子养成良好习惯、夏季如何防溺水及救护知识等内容。在幼儿园开展家庭教育专题讲座时，我们还通过平台直播功能向全体家长进行现场直播，并通过平台将讲座视频内容推送给家长，确保每位家长都能获得学习的机会。对于推送内容，教师结合幼儿园实际，精心选择，而不是随意、零散的内容。我们的目标就是为家长构建一个完整、专业、有价值的育儿知识体系，使家园互动平台走向专业，赢得家长的信任和支持，从而取得长效发展。

调查显示，家长对企业微信公众平台内容的关心程度明显比传统短信、电话交流高，家长通过平台了解幼儿的园内活动及其表现后，可以更好地协助幼儿在园教育。之前有部分思想较片面的家长认为，孩子在这一阶段只需要学习文化知识即可，从而忽视了幼儿的德智体全面发展以及特长的发掘。通过企业微信公众平台，这些家长能够接收到科学、正能量的育儿内容，逐渐摈弃原有陈旧的教育理念，提高了家庭教育的科学性和有效性。

企业微信公众平台的建立不只是对园内幼儿的家庭有好处，我们呼吁家长将平台上的好文章转发到朋友圈，让非本园幼儿的家长也可以看到，扩大受益范围。对幼儿园来说，这也是一种有效且轻松的宣传途径，幼儿园也可以通过家长的留言评价集思广益，提高幼儿园的管理和办学质量。

家园共育是当今幼儿教育的重要内容，可以有效提高幼儿的综合素质，对促进其身心健康发展起到积极的作用。随着信息技术的快速发展，以新技术模式取代传统的家园共育模式是不可逆转的时代潮流，微信在推动这一模式的发展道路上起着不可估量的作用，尤其是企业微信公众平台，将家庭和幼儿园两方面紧密联系起来，符合新时代幼儿教育发展的趋势。

参考文献：

[1] 万美娜. 基于微信平台下幼儿园家园共育目标的实现[J]. 好家长(创新教育)，2017(59)：53.

[2] 杜宏邈. 家园共育在幼儿园工作中的重要性分析[J]. 吉林教育，2017(38)：152.

[3] 陈梅锋. 浅谈家园共育的策略：有效沟通，促进和谐[J]. 好家长，2018(7)：33.

基于问题解决的地理信息素养培养

——以“等压线图”为例

江苏省武进高级中学 李 兰

摘 要：培养学生地理信息素养是教育改革发展的要求，本文结合“等压线图”这一节的课堂教学，谈一谈基于问题解决如何培养学生地理信息素养。

关键词：问题解决 地理信息素养 地理课堂教学

党的十八大报告对教育工作提出明确目标：“把立德树人作为教育的根本任务。”2014 年 3 月，教育部发布了《教育部关于全面深化课程改革 落实立德树人根本任务的意见》，明确提出要加快制定学生素养体系，并把信息素养落实到学科教学中，促进学生全面而有个性的发展。作为地理核心素养的载体与体现，地理信息素养逐渐引起学界的关注。特别是在 21 世纪这样的信息时代，以计算机、网络技术、通信技术为代表的信息技术迅猛发展，培养学生地理信息素养是教育改革发展的要求。

问题解决教学和新课程改革的理念高度一致。新课程改革的最主要价值追求是促进人的发展，教育的目的是要培养未来社会的问题解决者。问题解决教学是指在教学过程中，教师通过有目的地提出系列的不同类型的问题、任务或主题，引导学生发现问题、积极探索、实践体验、解决问题，以深入理解并掌握和运用基本知识，实现从能力到人格的整体发展，从而成为有效的问题解决者的一种教学模式。“问题”是问题解决教学的核心，问题解决教学需要围绕“问题”展开。有了问题，思维才有了方向。教师在设计问题时，可将问题情境化，问题情境帮助启发学生思考、训练学生思维，有利于培养学生的地理信息素养。

高中学生的地理信息素养可以定义为在地理学习过程中利用地图、计算机等主动获取、分析、处理地理信息，解决地理问题所形成的稳定的能力品质。本文结合“等压线图”这一节的课堂教学，谈一谈基于问题解决如何培养学生地理信息素养。

一、教学目标的信息素养取向

教学目标是对教学目的所做的具体、准确的描述，是教学活动结束后学生的预期学习结果。教学目标设计是教学设计的逻辑起点，起着为实现课堂教学目标规划蓝图、导学导教导测评的作用，其直接关系到课程目标的实现。在地理课堂教学的目标制定中，要针对教学内容适当地设计地理信息素养的培养目标。

例如：“等压线图”这一节，可以在教学目标中渗透这样的地理信息素养目标：① 能在一幅气象图上绘制等压线；② 能够分析一幅基本的海平面等压线分布图，找到图中的天气系统，并能用相应的符号表示；③ 能利用等压线图简单分析天气系统对地区的天气状况和天气变化的影响；④ 能利用网站或软件、App 等查找某个时间的区域海平面等压线图。

二、教学媒体应用的信息素养取向

教学媒体是教学信息的载体，是教师和学生信息交流的中介。随着现代科学技术的发展，广播、录像、投影、一体机、光盘、Pad（平板电脑）、计算机等软硬件及其相应的组合系统，如语音实验室、多媒体教室、电子阅览室、微格教室等，都被称为现代教学媒体。在教学中，把传统媒体和现代教学媒体有机结合，发挥其各自优势，对培养高中学生地理信息素养意义重大。

在“等压线图”的课堂教学中，利用多媒体教室网络环境下的平板教学，学生以个人学习和小组学习相结合的形式，利用Pad绘制等压线图，查找海平面等压线分布图，促进现代信息技术和地理课堂教学的整合；利用免费的App——Windy，让学生查找海平面等压线图，并学会叠加相关信息，如雨量、风等等，激发他们的学习兴趣，提高其理信息素养。

三、教学模式选择的信息素养取向

教学模式是指依据教学思想和教学规律而形成的在教学过程中必须遵循的比较稳固的教学程序及其方法的策略体系。它包括教学过程中诸要素的组合方式、教学程序及其相应的策略。教学模式有很多种，其中对培养高中学生地理信息素养效果较好的有：互动探究式教学模式、案例教学模式、情境教学模式、地理调查模式等。在这些教学模式中有益于培养高中学生地理信息素养的方式有：①丰富多样的教学媒体；②精心设计的启发提问；③积极主动的探究发现；④比例恰当的活动设置。学生作为问题解决者，围绕问题展开，经历发现—探索—体验—解决的过程，从而提升地理信息素养。

在“等压线图”的课堂教学中，老师有意识地注入以上元素，设计了技能铺垫（等压线图绘制）和问题探究（等压线图分析）两大学生活动（见图1）。通过设计问题，建立老师和学生互动的桥梁，打开学生参与课堂的一扇窗。

首先，技能铺垫。采用学生活动、教师帮助的形式，使学生动手动脑，了解等压线图是如何绘制的，并且深入了解等压线图判读的方法。学生在Pad上绘制等压线的过程中，从产生疑惑到解决困惑，不断在提升着自我的地理信息素养。

在图中，有不同站点测得的压力值，单位：百帕。

1．在这幅图上，已经绘有一条围绕一个站点的1 004百帕的等压线，并作了标注。请完成已经开始的那条1 000百帕的等压线，并给出标注。最后，再画出一条996百帕的等压线和一条992百帕的等压线。

2．在你绘制的这幅图上，相邻两条等压线之间的差值是多少？

3．如果用字母H和字母L分别表示高压区和低压区。在你的图上，根据实际情况，在闭合的1 004百帕这条等压线内填入H或L。

4．哪一种天气通常与这种天气系统相关？

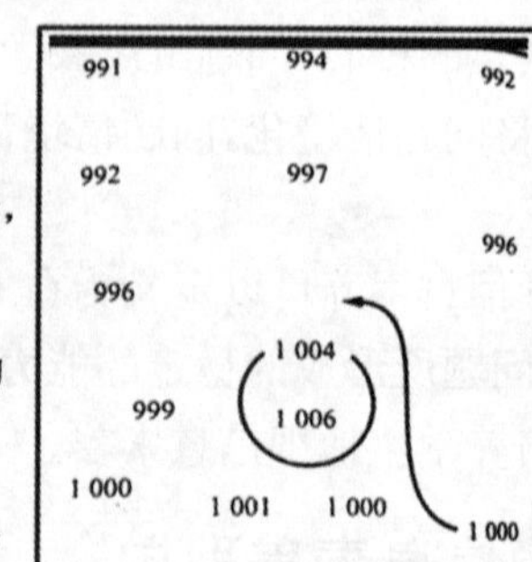

图1

其次，问题探究。采用互动探究教学模式，创设真实的地理情境，以当地晚上的小雨天气切入，既有学生熟悉的情境，又能引发学生的思考。

(1) 个人活动，解决问题：2019年10月9日晚，湖塘地区有短暂的小雨，下面两幅气象图（图2）哪幅更符合当时的状况？请说明理由。

(2) 小组活动，讨论展示：2019年10月10日，大家感受到明显的降温，你认为可能受何种天气系统的影响？请利用App——Windy，查找9日到10日的海平面等压线图，验证你的想法。试一试在图中大致绘出影响区 9 日到 10 日天气变化的天气系统的位置。

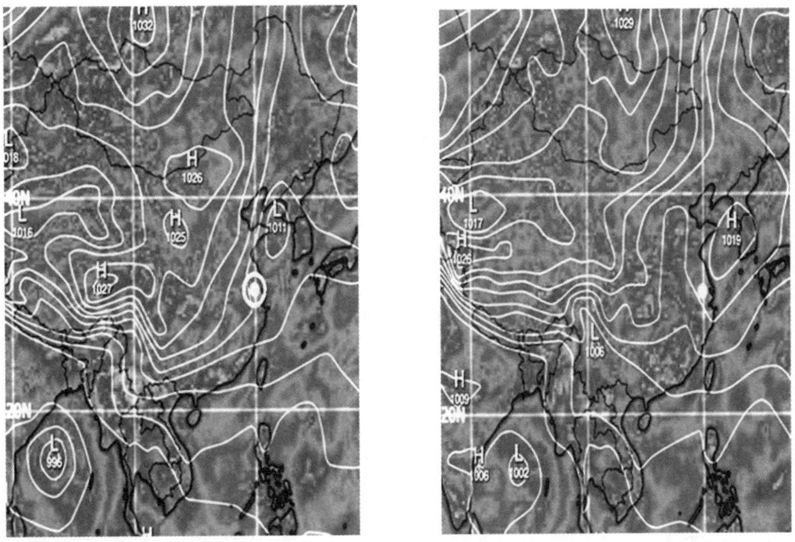

图 2

该活动的设计，与学生的生活相联系，问题情境化强调了“地理信息”的解读。在瞬息万变的信息化时代，转变学生学习方式是提高学生问题解决能力、适应社会发展的必然选择。

四、教学评价的信息素养取向

“建立促进学生全面发展的评价体系”是新课程改革的要求，全面发展也包括学生地理信息素养的提高，因此在教学中设定地理信息素养评价指标是完成整个教学设计的必要工作。

目前，学界认为地理信息素养的组成主要包括四个方面：地理信息意识（敢不敢和想没想到），地理信息知识（知不知），地理信息能力（会不会）和地理信息道德（对不对），其中地理信息能力所占权重最高。

就本节课堂教学来讲，教学评价主要涉及地理信息意识和地理信息能力两大方面，见下表：

能力	地理信息意识（对地理信息的敏感度、重视程度）	地理信息能力（地理信息的理解、甄别、选择、获取、管理、处理、生成、传递能力）
水平 1	在教师引导下，关注地理信息	能在教师引导下绘制和分析等压线图
水平 2	能主动关注地理信息，知道自己在什么时候需要地理信息	能利用现代信息技术手段，获取地理信息；能在众多的地理信息中选出自己所需的地理信息（找到对应时间和地区的等压线图并分析天气状况）
水平 3	能明确了解、表达自己所需的地理信息的内容和来源途径	能通过观察、归纳、分析等过程，生成新的地理信息（能在等压线图中绘制锋面位置，生成锋面气旋）

“提供大量新素材、新信息，设置新情境，考查学生获取和解读地理信息、分析解决问题的地理思维能力”，已经成为地理学科测试的显著特色。课堂教学的终极价值追求就是促进人的发展，我们要培养的是未来社会的人、适应社会发展需求的人，因此，在课堂教学中基于问题解决培养学生的地理信息素养势在必行。

参考文献：

[1] 李宗录. 基于问题解决的高中地理课堂教学[M]. 北京：首都师范大学出版社，2016.

[2] 黄莉敏，李家清. 地理教学目标设计的思路与技术[J]. 中学地理教学参考，2007(5)：7－8.

[3] 陈澄. 地理课堂教学技能训练[M]. 上海：华东师范大学出版社，2008.

[4] 李家清. 地理课程与教学论[M]. 武汉：华中师范大学出版社，2010.

[5] 张云正. 高考文综地理学科制胜的技巧：提高获取和解读地理信息的能力[J]. 青海教育，2008(1)：89.

浅谈乡村小学教师教育信息化素养提升与培养

宿迁市沭阳县茆圩中心小学　张　磊

摘　要：为了更好地促进教育信息化的发展，对教师的信息素养进行全方位的提升是目前迫切的问题。我国想要全面地普及教育信息化，关键在于培养出具备相应信息素养能力的教师，特别是要注重对乡村教师信息素养的培养。乡村小学教师信息素养的培养对实现教育信息化意义重大。

关键词：教师　信息素养　信息技术

信息素养是指日常教学中创造和生产、使用和消费、储存和接受、生成和分析、获取和检索信息的能力，拥有合格的信息素养是现如今的教师尤其是乡村小学的教师适应教育信息化的最基本需求，也是进行有效的信息教育的大前提，同时它是实现教育信息化以及教育信息化按计划进行的最基本的保障条件，将会对新一轮的基础教育改革是否成功起到决定性作用。为了更好地促进教育信息化的发展，需要对教师的信息意识进行转变，需要对教师不断地提出更多的信息素养的需求，提升他们的信息知识和信息技术能力。

一、目前乡村小学教师信息素养和教育信息化的现状

（一）信息技术能力水平欠缺

目前，乡村的小学教师普遍缺少网络方面的知识，不能很好地掌握信息技术相关的能力，甚至在教师的队伍里面还有一部分教师连计算机都不会使用。有很大一部分的乡村小学教师还是使用传统的教学方法和手段进行教学，哪怕有多媒体等现代化教室，因为信息技术和网络方面的知识不足等因素，这些教师并不能利用这些资源去优化和改善自己的教学，使得教育改革口号虽然喊得震天响，但是实际落实效果并不是很乐观。

（二）基础设施建设水平较差

信息网络时代，网络是一个学校内外沟通交流的主要途径，网络的重要性是无可替代、不可或缺的。乡村学校内部的计算机网络的建设和城市相比有着很大的差距，还有很多学校甚至没有校园网络，更不要说实现网络进班级。这种现状的主要原因是经费不足，导致学校降低了在网络信息硬件设备上的投资，许多教师办公室里只有一台电脑。正因为资源匮乏，很多教师都使用不上网络，更不要说利用它进行信息处理和信息收集，自然也就不可能做到使用信息技术进行备课和上课了。

（三）对信息技术素养的重要性认识不够

乡村小学的绝大多数老师都能够认识到信息技术在教学中使用的必要性，但教师因为日常工作烦

琐，缺乏在教学实际中使用信息技术的意识，并没有主动地、积极地去发挥信息技术对教学的促进作用。有一部分老师甚至完全不学习、不使用信息技术教学手段，因为在他们看来，想要学好信息技术极其困难；还有一部分老师认为信息技术对他们毫无帮助，即使学校要求用信息技术教学，他们一般也只是用些图片等敷衍了事。"收集教育教学资料"应是教师常用的教学手段之一，但部分教师并没有认识到信息技术对自己教学的帮助和重要性，没有很好地了解现代的教育技术，也不主动去利用现代化手段进行教学。

（四）不能合理地使用多媒体技术手段

把多媒体技术和教育相结合，使教学的方式变得更加多种多样，能有效提高教学效果。乡村小学中存在的问题是：少数年轻的老师过分倚重多媒体技术，如果不使用多媒体技术可能连课都上不了，还有一部分老师在教学时只使用 PPT，从上课一直讲到下课，缺少和学生之间的互动，完全是以教师讲授为主；有些课堂上因教师对多媒体设备操作生疏，使得上课节奏过快，展示不清楚，留给学生的思考时间不足，这样也使得学生的学习效果不够好。

二、教育信息化对提升教师信息素养的迫切要求

（一）提升教师的信息素养是社会发展的必然要求

信息网络时代教师这个角色也开始发生转变，教师由单一的知识传授者转变成学习模块的构建者、学习活动的组织者和信息资源的提供者。由于多媒体技术在校园的普及，运用信息技术进行教学的模式开始慢慢取代传统教学模式，所以教师要拿出更多的精力去学习研究教育信息化，才可以做到利用信息技术最大化地促进教学。

（二）培养和提升教师的信息素养是教育信息化的前提条件

教师作为教育系统的重要构成部分，是促进教育信息化的中坚力量，信息化的教育必须有老师的配合，提升教师信息素养则是实现教育信息化的直接影响因素。教育模式发生了变化，教育内容、管理、结构都需要发生相应的改进。提升教师的信息素养，增强学生的信息能力和意识，这是信息化教育改革的必然要求。

（三）提升教师信息素养能够提高教育教学效益

提升教师的信息素养、培养教师的教育信息技术能力，要体现在教育的全过程，让所有的教师都可以是信息的提供者和需求者，同时通过现代化的教学使得教师也开始面向现代化，促进教育信息化的飞速发展。提升教师的信息素养，有助于提高现代化教育设备的使用率，全方位地推进使用信息技术进行教育教学的管理，进而获得更高的教育教学效益。

三、乡村小学教师信息素养培养的对策建议

（一）完善软、硬件环境，为教师信息素养培养提供必要的物质保障

良好的信息技术环境是培养出高素质信息素养教师的一个重要因素。学校首先要有足够的电脑设备，帮助教师学习相关的计算机知识，使其能熟练地使用相关技术；其次要确保网络的顺畅，建立基于多媒体的信息化教室，不断加强学校软、硬件资源和环境建设，最大程度上引导教师去使用信息资源开展优质教育，尽可能地实现信息全方位共享，增加相关教育资源的利用率，同时加快教师信息化发展的脚步并保证其可持续发展。

（二）引导教师转变观念，逐步提升信息素养

信息时代给教师带来的改变首先就是教育观念的转变，如果没有转变教育观，那么即使是用上了新的设备，教师的教育方式也不会出现根本的转变。教育信息化并不是单纯地利用信息技术进入课

堂，更多的是结合现代化教学理论和观念完成教学过程，让多媒体技术可以帮助优化教学过程。提升教师信息素养也能够帮助教师进行角色的转变，从知识的播种者成为学习的组织者、辅导者和促进者。教师只有改进传统的教育思想，才能够掌握教育在新时代的发展方向，进而改变教学理念，全面提升信息素养，将多媒体技术与课堂教学紧密结合，从而成为做学术的探索者、教学的领导者和学生学习的指引者。

（三）建立和完善教师信息技术培训制度

运用行政手段和激励机制，激励教师参与学习。乡村教师中，信息技术的掌握水平相差较大，主要原因是教师个体间的差异，此外和所教授的课程，教师的年龄、性别以及爱好都有一定的关系。相关的教育管理部门需建立更多的普及性的平台，帮助教师提高信息技术水平，开展更多相关的必要培训课程，确立相关的培训制度，对教师的信息素养进行严格的考核，并将其作为教学质量是否过关的标准之一。同时，把教师的信息素养和升职评优等结合起来，建立相应合理的奖惩机制，引导教师不断提升自身的信息素养。

借电子白板激发幼儿在活动中的积极情绪

——中班数学课例《猪爷爷生病了》解析

无锡市滨湖实验天鹅湖幼儿园　朱海燕

摘　要: 4～5 岁幼儿的情绪和情感正处在发展关键期,培养幼儿积极向上的情绪情感,对幼儿的发育成长有重要意义。本文结合电子白板课例,谈一谈教师在活动设计中如何借用电子白板的独特技术,激发幼儿在活动中的积极情绪。

关键词: 积极心理学　电子白板　积极情绪

积极心理学创始人、美国当代著名的心理学家塞里格曼致力于倡导积极教育,他认为教育是促进人健康成长和感受生命幸福的事业。我国积极心理学专家任俊教授提出,积极教育就是指教育要以学生外显的和潜在的积极力量、积极品质为出发点,以增强学生的积极体验为主要途径,最终达成培养学生个体层面和集体层面的积极人格。积极的情绪和体验是积极心理学研究关注的中心之一。4～5 岁幼儿的情绪情感正处在发展关键期,对情绪情感的调节能力较弱,因而培养幼儿积极向上的情绪情感,对幼儿的发育成长有重要意义。积极的情绪情感能促进幼儿身体健康的发展以及智力的发展,还有利于其形成良好的行为习惯。

为了培养幼儿积极的情绪,我们在幼儿园环境、情感氛围的建立、幼儿活动安排、幼儿活动设计中,处处关注幼儿的主观情绪体验。交互式电子白板(以下简称"电子白板")是一种融合计算机、微电子与通信等技术的计算机输出设备,是人机与人际进行多重交互的智能平台。它结合专用的教学软件、丰富的教学资源建构了一个交互式的教学环境,让孩子们在逼真的、生动有趣的情景中进行活动,激发幼儿积极主动的情绪,完成教学目标,达到良好的教育效果。笔者结合电子白板课例中班数学《猪爷爷生病了》,谈一谈教师在活动设计中如何借用电子白板的独特技术,激发幼儿在活动中的积极情绪。

一、按需选择教学内容

《3～6 岁儿童学习与发展指南》指出,中班幼儿教学可以结合日常生活,指导幼儿学习通过对应或数数的方式比较物体的多少。根据维果斯基的"最近发展区"理论,教学应着眼于学生的最近发展区,为学生提供带有难度的内容,调动学生的积极性,发挥其潜能,使其超越最近发展区而达到下一发展阶段的水平,然后在此基础上进行下一个发展区的发展。鉴于我园的中班幼儿已经掌握 10 以内数字的点数,并开始学习用一一对应的方法比较数量的多少,所以本节课的活动目标设定为:①学习比较 6 以内数量的多少;②能按照规则进行游戏,从而喜欢数学活动。这两个目标符合本阶段幼儿的身心发展需求，可以满足幼儿的认知需要，使幼儿在达成目标的过程中获得积极的情绪。

幼儿教育来源于生活，让幼儿在已有的生活经验中进行认知活动，有利于消除其消极恐惧的情绪，提供一个轻松愉快的心理环境。本节课例选择“骰子”作为游戏工具，帮助幼儿达成目标。骰子在幼儿生活中经常出现，很多孩子在各种棋类游戏中都玩过，有的在家里和爸爸妈妈玩过，有的在幼儿园里和小伙伴们玩过。当课件中出现骰子的时候，孩子们都很熟悉，也很喜欢。本节活动中使用SMART电子白板软件，在工具模板中有自带的交互式Flash动画“骰子”，教师可以根据教学需要改变骰子的大小、颜色，并可随机生成不同的点数，还能在一个页面上同时使用几个骰子，供幼儿对比。幼儿来到电子白板前，只需要轻轻点击骰子，就能看到骰子滚动的动画，得到自己的点数，和现实操作基本一致，非常简单方便。电子白板中还有很多来自生活的交互式动画，教师可根据教学需求、幼儿需要进行选择，帮助幼儿在轻松积极的情绪中进行学习。

二、创设游戏情境

积极心理学指出，人的经验是在环境中得到体现的，也在很大程度上受其影响。创设良好的活动情境可以在教学过程中引发幼儿积极、健康的情感体验，直接提高幼儿的学习积极性，使认知活动成为幼儿主动进行的、快乐的事情。《3～6岁儿童学习与发展指南》中明确指出，幼儿的学习是以直接经验为基础，在游戏和日常生活中进行的，这说明游戏是孩子们的天性，创设良好的游戏情境，能够使幼儿在轻松愉快的氛围中进行认知活动。

本节课例设置了动画形象“小白猪”，创建游戏情境“去看望生病的猪爷爷”。整个教学活动过程都在“帮助小白猪去看望猪爷爷”的游戏中进行，激发幼儿参与活动的兴趣，调动幼儿积极主动的情绪。导入环节，设计动画形象小白猪的一家，创建情境猪爷爷生病了，猪妈妈让小白猪去看望猪爷爷(见图1)。

知识储备环节，创建情境小白猪走进树林迷路了，“咕噜噜”滚出了一个大骰子，还带来了一条走出树林的路，帮助幼儿复习骰子上的点数(见图2)。

教学新授环节，创建了穿越树林、比赛爬山、小猪过河三个情境，从与数量3比多少、两两比多少到人手一份操作材料比多少，帮助幼儿步步深入，在游戏的过程中进行认知学习(见图3、图4、图5)。

最后延伸环节，数一数小白猪需要几个游泳圈过河，让幼儿和数量6比多少，为以后的学习埋下伏笔(见图6)。

在创建情境的过程中，利用电子白板技术的独特性，将图片、动画、音频、图表等多媒体素材集为一体，方便老师制作教学所需的生动、形象、直观、丰富的情境，让幼儿能在逼真的生动有趣的情景中进行活动，保持积极稳定的情绪。

图1

图2

图 3

图 4

图 5

图 6

三、体验积极情绪

幼儿对世界的认识是感性的、具体的、形象的，常常需要用动作来帮助思维，这决定了他们的学习是以直接经验为基础的。这就需要教师在设计活动的过程中提供更多不同的机会，让幼儿有直接动手实践的经验，通过与教师、同伴、电子白板间的相互作用，使原有的直接经验与现实的直接感受和体验产生相互作用，从而构建起真正内化的新的知识经验。

在本节课例中，在知识储备环节教师提供 3～4 个幼儿上来点击图片的机会，寻找比 3 多的点数。在穿越树林环节，提供个别幼儿点击骰子的机会，当骰子点数比 3 多的时候，小白猪可以前行。由于掷骰子的随机性，幼儿操作的机会不定，可以制造机会让更多的幼儿上大屏幕尝试。在比赛爬山环节，将幼儿分成两组，分别扮演小白猪和小红猪，谁的点数多，就可以前进 1 格。由于两个骰子的随机性，基本每个幼儿可以上来操作 1～2 次，每个幼儿都获得了直接的体验。在小猪过河这一操作实践环节，幼儿每人一份掷骰子的操作材料，和老师进行多次比多少的练习。

从几个幼儿操作、多个幼儿操作、人人操作到一人多次操作，教师利用电子白板设计了不同的游戏环节，避免了传统教学中集体新授环节老师一人讲幼儿无操作或操作少的问题。通过幼儿更多的操作实践形成直接感受和体验，激发了具备不同能力的幼儿的潜能，让幼儿在游戏过程中体验“成功”的积极情绪。

四、给予积极回应

《幼儿园教育指导纲要》中指出，要关注幼儿在活动中的表现和反应，敏感地观察他们的需要，及时以适当的方式应答，形成合作探究式的师生互动。在传统教学过程中，教师往往根据活动目标预设活动过程，针对不同幼儿的反应进行引导，返回到预定的结果。在这样的教学中，常常以教师言语引导为主，忽略幼儿自己的内在思考。通过加入交互式电子白板的应用，从师幼互动、幼幼互动再到人机互动，增加了互动的层次和内容，将活动过程变成一种动态的、生动的、发展的、富有个性化的创造过程。

在本节课例的知识储备环节，寻找比 3 多的点数。教师先点击图片“3”，会有颜色和声音的变化。幼儿上来操作，如果选择的图片比 3 点多，也会有颜色和声音的变化，如果选择的图片没有 3 点多，则无变化。再如穿越树林环节，当骰子点数比 3 多的时候，小白猪可以前行。幼儿根据骰子点数的随机性进行操作，判断是否可以前行。如果可以前行，点击路上的格子，每点数一个，灰色的格子就变成了白色，表示已经数过，然后把小白猪拖入对应的格子里。幼儿操作时电子白板则给出相应的反馈，下面观看的同伴也会做出一定的反应。在这一系列的互动过程中，幼儿的思维得到有效激发，在自我思考、自我判断的过程中进行自主学习，进而促进认知能力的发展。

综上所述，利用交互式电子白板的独特技术进行幼儿教学活动的设计、实施，有利于培养幼儿的积极情绪，对于幼儿身心健康发展和形成积极的个性品质具有十分重要的意义。时刻关注幼儿情绪情感的发展，为他们提供健康、丰富的生活和活动环境，满足他们多方面发展的需要，使他们在快乐的童年生活中获得有益于身心发展的经验，是我们幼儿园教育的目标。我们将不断尝试、深入研究，将最新、最好的信息技术手段应用到幼儿的教学之中，帮助幼儿更好地发展。

参考文献：

[1] 彼得森. 打开积极心理学之门：中英文双语版[M]. 北京：机械工业出版社，2010.

童话阅读教学中复述策略探究

——以部编版三年级语文上册《那一定会很好》为例

南京市岱山实验小学　曹雨欣

【案例背景】

童话作为儿童文学的重要组成部分，在部编版小学语文教材中占了较大比重。三年级的学生内心对童话充满喜爱与兴趣，他们已具有初步的自主阅读和主动思考的意识，但多数孩子只关注故事情节的新奇有趣，而对故事内容的复述则要教师在教学中进行有效指导。

以部编版三年级语文上册《那一定会很好》为例，课文讲的是种子随着时间的推移，感受和追求也在不断变化，从而度过了充实的一生的故事。三年级学生如果要完整复述这篇较长的课文，如果仅凭记忆来复述，学生感到抽象，难度较大。因此，教师要在学生与故事之间架起一座桥梁，牵引他们走进文本。

【案例描述一】

请学生默读课文并思考：从一粒种子到阳台上的木地板，它经过了一段怎样的历程？试着自己说一说。

学生在交流时有的丢三落四，忘记关键情节；有的机械背记，耗费大量时间；有的面露难色，显得手足无措。复述环节呈现出的问题值得深思：

1. 教师评价不够准确，学生混淆概念。学生在复述过程中至少会说到几次种子的变化，但会有遗漏，不够完整；一旦有学生复述详细，大篇幅背诵课文，同学们便发出阵阵赞叹。教师为了活跃课堂氛围，帮助学生收获信心，会立刻提出鼓励性的评价，但缺少针对性的建议，导致学生认识产生偏差。虽然复述在一定程度上考验了学生的记忆力，但不能简单地把背诵和复述画等号。

2. 教学设计过于简单，学生学无所依。课前教师没有预设到学生复述的困难，一股脑儿把问题完全抛给学生，导致学生束手无策，害怕复述，课堂参与度不高，把握不了故事的核心要素，甚至出现语无伦次的窘状，学习效果大打折扣。其实，复述有法可依，有章可循。学习卡片、表格、填空、插图、表演、关键词等形式有助于学生理解课文，组织加工原材料，准确连贯地传递信息，合理灵活地表达内涵。

【案例描述二】

出示学习提示：默读课文，想一想，从一粒种子到阳台上的木地板，它经过了一段怎样的历程？试着用自己的话说一说。

学生面面相觑，不知如何复述。教师顺势引导学生浏览不同的学习卡片，如图1所示。

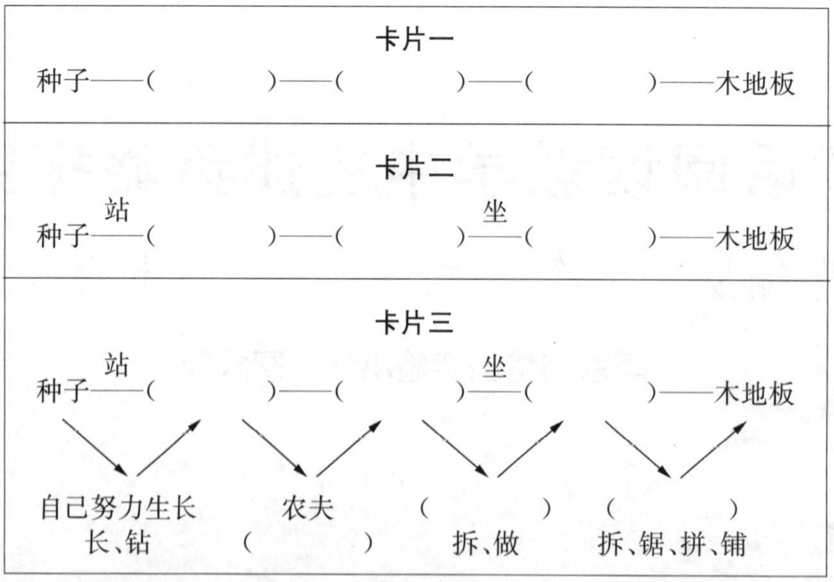

图1　学习卡片

紧接着，学生按照教师要求，先默读文章，在文中圈出关键字词，再选择一张学习卡片，填写关键字词。最后借助卡片，同桌互说变化过程。

师：哪位同学选择了卡片一？请你带着卡片到投影旁给大家讲一讲。

学生按照教师要求，先默读文章，在文中圈出关键字词，再选择一张学习卡片，填写关键字词。紧接着借助卡片，同桌互说变化过程。最后学生带着卡片走向讲台，在投影下一边指着文字，一边流利地复述故事。

生：种子长成了大树，农夫把大树做成了手推车，农夫和儿子把手推车拆了做成了椅子，椅子放了很多年，农夫儿子把它铺在地上变成了木地板。

师：你把种子每一次的变化形式都说出来了，你说得真完整。谁选择了卡片二呢？请你带上卡片给大家说一说。

生：首先，一粒种子想站起来，过了些日子，它长成了一棵高大的树。它看到人类走来走去，跑来跑去，它也想跑。农夫把它砍了做成了一辆手推车。然后，手推车为农夫服务了很长时间，手推车想：如果能坐着歇会儿就好了。农夫和儿子一起把手推车拆了，做成了一把椅子。最后椅子想躺下，农夫的儿子把椅子拆了做成了木地板。

师：同学们发现了吗？他在复述过程中用了表示先后顺序的词语，说得真有条理，掌声送给他。谁挑战了三号卡片？带着你的卡片给大家讲讲。

生：一粒种子，它想站起来呼吸新鲜空气，所以它自己努力地生长，长出了根、茎、叶，钻出了地面，变成了一棵大树。它看见人类和动物在山上跑来跑去，它也想跑来跑去。有一天农夫背着锯子和斧子，把它砍了，做成了一辆手推车。手推车想坐下来歇一歇，农夫和他儿子把它拆了做成了一把椅子。椅子放了好多年，又想躺下来，农夫的儿子把椅子拆了，锯成小木片，铺在地上变成了木地板。

师：老师发现你不仅会找关键字词，表达流畅，而且声音响亮，感情充沛，我知道你一定是理解了课文内容。

【案例反思】

复述是小学语文教学中的重要内容，复述训练可以帮助学生感知作品内容，增强语言表达能力，提高逻辑思维能力。语文课程标准中对中年级段有这样两条要求：“能初步把握文章的主要内容，体会文章表达的思想感情。能对课文中不理解的地方提出疑问。""能复述叙事性作品的大意，初步感受作品中生动的形象和优美的语言，关心作品中人物的命运和喜怒哀乐，与他人交流自己的阅读感受。"《那一定会很好》一课的教学目标之一是用自己的话说一说一粒种子到成为阳台上的木地板所经历的过程。那么，如何巧妙搭建复述支架，把"了解故事的主要内容，复述故事"这块硬骨头啃下呢？

1. 以生为本，分层施教。以《那一定会很好》一课为例，学生通过上一单元的学习，对略读课文的学习要求已经有了初步了解，可以借助课文学习提示中的问题展开思考。教师引导学生先一边默读课文，一边圈出主人公变化阶段中的关键字词，了解一粒种子到变成阳台上的木地板的历程，再借助分层卡片，说一说主人公的生命经历了哪些阶段。

思维导图式的卡片由简到繁，从易至难，依据个性差异，有的放矢，给予了学生梯度式的学习框架。学生在明确本课的学习目标的基础上，充分把握课文主要内容，从而产生复述的兴趣，敢于表达，乐于表达，真正成为学习的主人，让自主学习更具价值。

2. 巧用点拨，恰当评价。学生复述前，老师可以提出复述的要求，稍加提示，启发学生："想一想，你打算先说什么，后说什么？"帮助学生从混沌走向有序。学生复述后，教师要针对其内容的完整性、表达的连贯性、语言的简练性做出诊断性评价，甚至细心观察学生的语调、语速、仪态等各方面，促进其口头表达能力得到锻炼和提升。老师学会先挖掘学生的闪光点，再强调："你的表达流畅，真了不起！如果能用自己的话说一说，一定会更加精彩！"学生品尝到赞美的甜果后会信心倍增，正视不足，努力补缺，从而接近理想的目标。因此，我们要懂得评价的艺术，既要给予学生肯定，也要提出期待，这样学生才能学有所获，学以致用。

3. 说写结合，同步发展。除了口头复述，书面复述也可以训练学生的语言组织能力，主要考查学生的书写是否工整、有无错字、标点符号是否使用正确、语句是否通顺。若能将两者交互运用，则相得益彰。教师教授一篇课文时可以从局部向整体出发，学生以小组交流的形式简要复述各个段落，并写在学习卡片上，最后逐步过渡到复述全文。"学问之功，贵乎循序渐进，经久不息。"只有日常开展扎实有效的阶梯式训练，学生的复述能力才能在潜移默化中得到充分发展。学生学会文中很有价值的表达，对语言文字的运用会在原来的基础上有比较大的提升，这就是语言训练的价值所在。

复述指导是在把握学生实际情况和作品特点的基础上，从理解、积累、运用、拓展等维度促进语言材料的内化，进而有助于学生阅读能力和口头表达能力的提升。教师在阅读教学中应运用恰当的策略，培养学生的复述能力，从而提高他们的语文综合素养。

图书在版编目(CIP)数据

江苏教育信息化研究. 2020 / 江苏省电化教育馆，江苏省教育信息化中心编著. — 南京 ：东南大学出版社，2020.12

ISBN 978-7-5641-9320-1

Ⅰ.①江… Ⅱ.①江… ②江… Ⅲ.①教育工作-信息化-研究-江苏-2020 Ⅳ.①G527.53

中国版本图书馆 CIP 数据核字(2020)第 257911 号

江苏教育信息化研究. 2020

Jiangsu Jiaoyu Xinxihua Yanjiu. 2020

编　　著	江苏省电化教育馆，江苏省教育信息化中心
出版发行	东南大学出版社
社　　址	南京市四牌楼 2 号(邮编:210096)
出 版 人	江建中
责任编辑	褚　蔚
经　　销	全国各地新华书店
印　　刷	南京工大印务有限公司
开　　本	889 mm×1194 mm　1/16
总 印 张	12.75
总 字 数	445 千字
版　　次	2020 年 12 月第 1 版
印　　次	2020 年 12 月第 1 次印刷
书　　号	ISBN 978-7-5641-9320-1
总 定 价	45.00 元(共 3 册)

2020/4

江苏教育信息化研究

e教e学

JIANGSU EDUCATION INFORMATIZATION

江苏省电化教育馆　江苏省教育信息化中心　编著

东南大学出版社
SOUTHEAST UNIVERSITY PRESS
·南京·

目录 contents

理 论

实 践

目录 contents

案 例

基于“A＋课堂派”的高中混合式教学研究

常州市第二中学　程承平

摘　要:混合式教学是线上和线下教学的结合,是不同教学方式的优化整合。选择一个既适合传统课堂,又适合网络协作学习的教学平台是开展混合式教学的关键点。“A＋课堂派”是一种操作便捷,能实现师生多元互动、教学全周期数据分析的新型智慧教学工具,能够消除传统课堂教学的弊端。本文介绍了“A＋课堂派”的功能模块,研究了资源构建、管理、推送方法、不同模块下的师生互动模式。利用“A＋课堂派”开展高中混合式教学,形成一定的基于“A＋课堂派”学习平台下的教学策略,可为高中学科教学提供有价值的参考。

关键词:“A＋课堂派”　混合式教学　高中学科教学

针对高中大班额课堂教学存在的机动性不强、教学效率效度不高等现状,探究一种把传统学习方式的优势和数字化学习的优势结合起来的混合式教学模式,具有较大的实际意义。混合式教学是依托信息和网络技术,通过课前导学、线上自主学习、课堂重难点讲解、线上线下深度讨论、过程性考核等方式,转变传统的以“教师教授为主”的教学模式。教师需要选择一款合适的课堂在线互动平台开展混合式教学,以提高学生的课堂参与度,创造公平、有效的师生互动环境,促进教育内容、教学方法的创新。

一、“A＋课堂派”介绍

“A＋课堂派”是一种高效的在线课堂管理平台,它不受操作系统限制,既支持计算机操作系统,也支持 iOS、Android 等手机系统和手机移动端微信公众号操作。“A＋课堂派”具有强大的课前、课中、课后教学管理功能,非常方便线上与线下两个教学场域的融合和衔接,可以轻松实现师生间广泛而深度的互动。它为教学提供了便捷的班级管理、课件分享、作业提交与批改、在线测试与成绩汇总分析、互动讨论等服务模块(如图 1)。

图 1　课堂派功能模块

（一）"备课区"多媒体资源库构建

"备课区"菜单下有"作业""资料""互动""测试""话题"五个栏目，教师通过电脑端可在对应的栏目下编辑或上传对应功能的素材。为方便管理，各栏目下支持建立多层目录的文件夹。

教师在"作业"栏中编辑个性化作业，在"新建作业"中可设置"作业标题"，在"作业说明"中可输入作业简介、作业格式等要求，也可直接在"作业说明"中编辑作业文本，插入公式、图片等。比较便捷的方式是以"附件"的形式上传，例如 DOC、PDF 等文件格式的作业，附件也可上传图片、视频等格式的文件。

教师在"互动"栏中，可编辑"新建课件互动""新建试题互动"。在"新建课件互动"中可以上传 PPT、DOC、PDF 文件，直接或间接生成课堂派 PPT 互动课件，在课堂派互动课件的每一页可以插入投票题、判断题、单选题、多选题、简答题、匿名开放题、拍照等多种题型的"互动答题"，同时可预设答案。

教师在"资料"栏中，可以上传多种格式的文件，包括 DOC、PDF、PPT、JPG、MP4 等常见文档、图片、视频的多媒体文件。

"测试"栏中的"新建测试"可编辑智能化的测试题，可设置不同题目的分数，课堂派可自动批改测试题中的客观题。

"话题"栏中可"新建话题"供师生交流讨论。

（二）"课堂"中创建班级课程

教师电脑端在"课堂"菜单下可通过"＋创建/加入课程"按钮创建虚拟班级，例如"高二(5)班物理"，此时会自动生成一个邀请码，学生在电脑端或移动端输入邀请码即可入班，同时学生也通过移动端扫描二维码加入班级。教师或学生进入虚拟班级"高二(5)班物理"后能看到"课堂互动""作业""话题""资料""测试""公告"六个目录，前五个栏目与"备课区"下的五个栏目相互对应。

课前、课中、课后的学习资源是如何被推送给班级学生的呢？"备课区"中各栏目资源被"添加到班级"后，其中"作业""资料""话题"三个栏目资源则被直接推送给虚拟班级的所有师生，而"互动""测试"栏目资源只是被推送到虚拟班级中老师个人的"课堂互动""测试"栏目下，只有点击"课堂互动"栏目中的"发布预习""开始上课"按钮，以及"测试"栏目中的"立即发布"按钮，才能把相应的资源推送给班级学生。

（三）功能应用

1. 在线作业

课堂派能实现作业的快速发布与提交，教师可在"作业"栏中上传多种格式的文件，添加到虚拟班级作为学生作业。教师可以要求学生或者学生根据自己的需求以特定的文件形式上交作业，例如可直接将作业拍照上传。老师可在电脑端或手机端批改所有作业，电脑端批改时，可以对学生作业进行涂鸦标记，也可以直接粘贴相同的评语。师生可在"作业讨论"区讨论，教师可在这一板块以文本的形式为学生答疑解惑，也可以上传文档、图片、语音、视频文件格式的试题解析。

2. 智能测试

"测试"中支持在线编辑各种类型的主观题、客观题，可以设置题目分值。在"发布设置"中可设置选项顺序随机、题目顺序随机、答案公布设置、限时答题时间设置、定时测试起止时间。另外，还有随机抽取题目的功能设置，每个学生的试卷题目，将按其中的一种模式要求从所编辑的试卷中抽取，避免学生之间相互抄袭。学生提交答案以后，系统能自动批改其中的客观题，主观题需要教师亲自批改。系统自动生成"测试分析"以及"下载成绩报表"，方便教师掌控全班学生的学习动态。

3. 互动课件

"互动"栏中的 PPT 课件在普通课件的基础上通过编辑可加入各种题型的"互动答题"，里面可以是一道题，也可以是多道题。在课堂实施时，选择虚拟班级“互动课堂”中的相应课件，点击“开始上课”即可打开互动课件。界面左上方的“互动答题”按钮可以展示互动内容（如图 2），界面左下方有 PPT 的常规操作按钮，界面右侧工具栏是一些特色功能按钮，如：“表现”“抢答”“提问”“同屏”“弹幕”“遥控器”“考勤”“黑板”等。“遥控器”按钮可以让手机控制 PPT 的播放，“同屏”按钮可以让学生通过“连接同屏”按钮同屏教师端播放的互动课件，教师还可开启语音直播功能。师生同屏后，学生可以在评论区实名或匿名留言，学生还可以通过“有疑问”按钮标注疑问页。

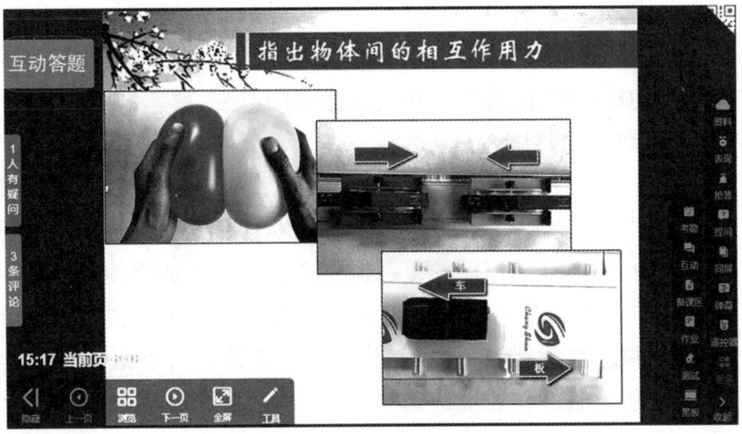

图 2　互动课件界面

4. 深度交流

在“话题”栏中“新建话题”，可以构建一个远程交流的平台，学生可实名、匿名发言，也可以将自己对话题的理解形成文本或视频等各类文件，以附件的形式上传到交流区。

5. 班级管理

点击虚拟班级名称“高二(5)班物理”下方的“成员”按钮，可以便捷查询班级“成员”，发送私信、设置“班级分组”，管理学生“成绩”。在成绩栏中设置可以查看“作业成绩”“测试成绩”“平时成绩(互动、预习、话题的统计成绩)”“期末考试成绩”“总成绩”。“总成绩”是作业、测试、考勤、表现的加权计算，可在“总成绩”栏下的“成绩加权设置”调整各模块内的成绩占比，形成学生学习的过程性评价量表。

二、基于“A+课堂派”的混合式教学策略

（一）课前环节

教师根据教学内容，构建合理的前置性学习资源并推送给学生。例如，通过“课堂互动”发布预习课件，或通过“资料”栏目发布相关资源供同学参考学习，这些资源可以是课堂上要用到但还未学习的，甚至跨学科的相关理论知识，也可以是与下节课程内容相关的背景知识。教师也可以在“话题”栏中抛出下节课要解决的问题，让学生自己思考，在讨论区发表见解、提出疑问。教师根据“预习管理”中的疑问、评论详情，“话题”栏中学生的交流内容，有针对性地优化课堂教学设计。

对于高中较为简单的教学内容，教师可利用“A+课堂派”开展翻转课堂，让学生成为课堂的主人。在翻转课堂中，前置性学习资源的选择及教学设计尤为重要。以人教版高中物理必修 1 中“牛顿第三定律”为例，初中阶段学生已对物体间的相互作用问题有了定性的了解，但学生脑海中依然存在相应的迷思概念。比如，学生会认为地球吸引地面上的物体，而地面上的物体不吸引地球；大人拉小孩，学生觉得大人对小孩的拉力一定大于小孩对大人的拉力，等等。因此，简单重复初中的课堂内容是无法实现对牛顿第三定律的深入理解的。基于此，可以开展小组协作学习，通过课前调查问卷的形式进行翻转课堂，为学生答疑解惑。

（二）课中环节

“A+课堂派”为课中环节提供了多元的互动方式。教师通过互动课件中“互动答题”设计师生互动环节，也可对学生进行课堂考察，根据实际需要，在互动答题中设计投票题、选择题、拍照上传的客观题，让全部的学生加入互动答题，教师可以选择典型的解答进行展示点评。“随机提问”支持点名学生

发言。“弹幕”支持多位学生同时发言，展示在大屏幕上，吸引学生注意力，激发学生相互交流学习的兴趣。学生还可在课件任意页做“有疑问”标记，也可在“评论”区对某一问题进行深度讨论。互动课件提供的互动模式较多，弥补了传统课堂互动单一、效率低下的缺点，能够让全体学生投入课堂中，给每位学生展示自我的机会。

在进行新授课的难点教学时，教师可为学生推送视频等多媒体资源让其开展自主学习，利用班级管理中的分组功能开展小组协作学习。新课结束后通过课堂“测试”快速了解学生的学习状态，以便在课后作业、下节课或以后的复习课中有针对性地加强相关内容的练习。

在作业讲评课中，教师通过平台预先了解学生的典型错误，课上通过互动课件中的“作业”按钮，快速调取、展示典型错误的解答，并将规范正确的解答展示给学生。教师也可依据学生错误率、学生层次，将正确解答的作业推送到学生的“资料”库，供学生课下自主纠错，培养学生自主学习的能力。

（三）课后环节

教师依据课堂上的“互动答题”“有疑问”及“测试”布置针对性的课后在线作业，在线作业可上传不同形式的文件，例如拍照上传图片。教师还可以布置实验类的动手作业，学生可以拍摄视频上传，从而拓展作业的形式，锻炼学生多方面的能力。由于学生水平层次的不同，教师可通过私信附件的方式布置分层作业，如对学有余力的同学，可以为其推送拓展学习的多媒体学习资源，提供个性化的指导。

（四）过程性评价

在实施教学的过程中，基于“A＋课堂派”进行课堂表现、互动环节、作业成绩、测试、期末考试成绩等多方面评价考核，形成过程性评价，提高学生上课时的积极性，促进学生多方面的发展，使学生在教学全周期有更多的收获。

三、基于“A＋课堂派”动态生成资源的积累

真实而有效的课堂，必定是一个动态生成的课堂。在教学中，教师要能够及时挖掘问题资源，捕捉错误资源，拓展预设资源，活用学生资源，从而在动态生成中让课堂焕发活力，让教学走向高效。“A＋课堂派”教学数据记录了教与学的动态过程，也为动态生成资源的保存、积累与编辑提供了便利，教师可以将有价值的动态生成资源保存或记录在备课区，形成个人的资源库，促进教师自身的成长。

“A＋课堂派”将信息技术与教学深度融合，“课前—课中—课后”全周期采集教学数据，实现三者的有机联系，依据教学数据改进教学策略。“A＋课堂派”的“语音直播”“同屏”“黑板”还为学生假期自主学习、教师远程网络教学、教室内外的移动学习提供有力的技术保障，拓宽了师生互动、学生学习的时空，将传统的传递知识改变为师生的双向互动，可为今后的教学改革、教育信息化发展提供有效的教学参考。

参考文献：

[1] 王娟. 基于 Blackboard 教学平台的管理学原理混合式教学模式研究[J]. 市场周刊，2015(2)：114－115.

[2] 许麒麟，黄威荣. 四种常见的课堂在线互动平台比较研究[J]. 教育现代化，2017(10)：174－177.

探讨基于大数据分析的区域教育信息化系统建设

南京市江宁区电化教育中心　周行满

摘　要：教育数据中心的构建，可以对海量教育数据实现集中控制，让教、管、评、考等更加精准化，从而符合大数据时代提出的教学要求。本文基于大数据分析，探讨区域教育信息化系统建设方案，以期提高教育教学的科学化，提高管理水平，给教育改革带来助力。

关键词：大数据分析　区域　教育信息化

在当前教育信息化不断深入发展的背景下，教育管理和服务虽已经形成系统，然而这个系统缺乏统一的标准，无法实现学校和教学主管部门的有效协同。教育数据中心的构建，可以对海量教育数据实现集中控制，促进政府和学校的参与，让教、管、评、考等更加精准化，从而符合大数据时代提出的教学要求。

一、区域教育信息化建设的问题分析

1. 一些地区还没有完成三通工程，网络搭建不合理，网络应用效果差，基础设施老化，没有完善的信息交流平台。

2. 从教育资源层面来看，缺乏区域云资源中心，无法实现资源全覆盖，师生使用的共享资源匮乏，优质资源缺少。

3. 教育信息化应用率很低，师生缺乏信息意识，在平时的教学中没有运用信息技术。

4. 和软件投入比起来，硬件的投入更大，需要提高软、硬件的有效使用。

5. 教育信息化发展不均衡，存在地域差异。

6. 缺乏区域信息化发展的有效规划，信息化建设较为分散。部分学校“各自为政”，信息化项目资金使用效率降低，出现“信息孤岛”，并存在着严重的重复建设问题。

二、基于大数据分析的区域教育信息化系统建设方案

（一）系统框架

以数据为导向，对教育主管部门和学校等进行有效整合，形成统一的门户，确定统一的认证，构建统一的大数据平台，并集合业务系统中的各项数据，实现智能化管理。基于云计算，利用 IaaS（基设施即服务）、PaaS（平台即服务）、SaaS（软件即服务）和 DaaS（数据即服务），形成有效信息，搭建数据平台。在功能框架层面，数据中心可以分成数据采集接口层、数据应用层、数据服务层、数据存储层、数据展示层，打破层间壁垒，形成业务逻辑视图（见图 1），统一分析、挖掘并呈现业务数据，为系统融合奠定基础，给教育决策提供数据分析。

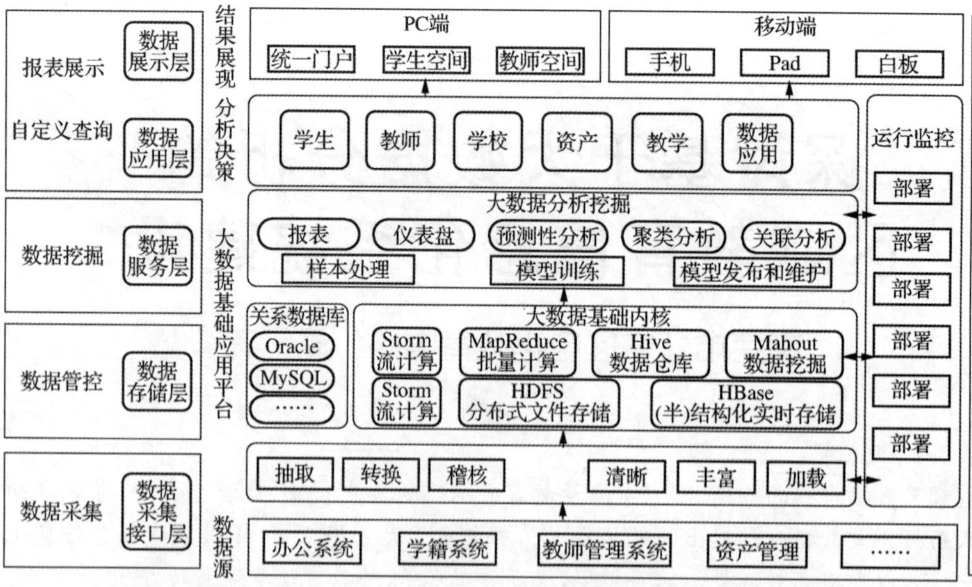

图1　系统框架示意图

教育大数据能够针对管理者、教师以及学生等不同的主体，收集教育活动信息，并且进行分析和反馈，调整和完善教学计划，实现“因材施教”。教育大数据包含教学过程中的所有数据，在对教师和学生不产生影响的情况下，连续记录教学活动的相关数据和信息。

（二）系统功能

1. 数据管控

在数据中心，数据是核心。基于数据源头，系统才能够设置教育数据标准，利用元数据实现质量稽核，对业务系统进行规范，并且在大数据平台中实现数据的流转和处理。

在大数据内部收集到数据之后，根据数据模型和流程，采用元数据进行有效管控，其中数据管控的子系统有：数据资产目录管理、元数据管理、数据质量管理、数据安全管理、生命周期管理。在数据管理中，包含的业务模块有：管理门户、逻辑模型、数据安全、数据标准、数据接口（见图2）。

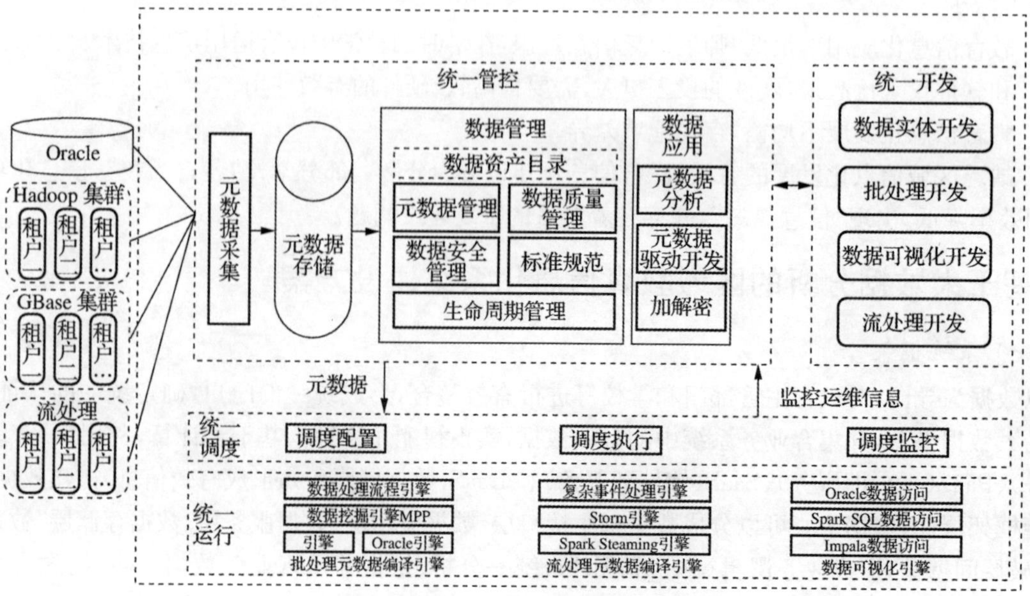

图2　数据中心数据管控系统架构

2. 数据采集

教育数据中心在交互服务中使用ETL(Extract、Transform、Load),并且按照应用状况构建数据仓库,统一分享和使用数据。利用已经形成的教育数据交换标准,促进各项信息的有效沟通,确保数据采集和输出中有统一的模型作基础。

3. 数据挖掘

教育数据中心对教学管理行为进行抽象挖掘,形成个性化视图,给各个用户带来有效的使用体验,并且为教学决策的制定提供参考。

4. 报表展示

教育数据中心按照使用者不同的角色,例如校长和教师等等,设置关注报表,形成多样化的数据,让数据个性化展示。

5. 自定义查询

利用交互式查询的方式,将教师、学生等动态指标直接展现出来,突出数据的灵活性。

6. 数据运营

数据运营平台为数据交换提供必要的基础设施,促进多方数据交换,降低数据流程成本,实现大数据的汇聚和交流。

三、教育大数据建设价值

(一) 提高学习质量

教育大数据平台不但能够记录学生的教育资源使用状况,而且能够监控他们的学习行为,例如统计学生的资源访问时长和知识点标记、统计学生延伸学习的状况等。利用大数据分析能够全面地了解学生的学习状况,构建学生个人学习报告。在报告中能够对学生的成绩和爱好等进行分析,学生了解学习诊断后就能够有针对性地进行学习,从而提高学习的实效性。教育大数据应用也促进了教育模式的优化和改革,基于大数据能够精细诊断学生的学习状况,根据学生的心理特点,设置有效的学习内容,提高学生的学习效率。

(二) 提高教学质量

利用认知诊断理论模型以及大数据技术,教师能够对学生的知识点掌握情况进行评估,通过教育大数据,不断去诊断教学中存在的因素,实现精准化诊断。大数据分析还能够让教师对学生学情进行掌握,实现智能化教学。教师可改变过去经验教学的方式,在教育大数据的精准分析下,不断调整教学计划,提高教学质量。

(三) 实现精准分析

基于大数据,教师可以掌握学生的日常学习数据,对其知识点掌握情况进行测评。这种精细化诊断的方式弥补了传统教师经验诊断的不足,使教师更加有效地使用精准的数据分析。同时,智能化考试能够促进个性化考试的实现,让学生更加有针对性地进行学习,实现精准分析。

(四) 促进家校共育

教育大数据的应用让学校管理更加科学。家长能够及时了解学生的学习状况,掌握教师的教学状况,对教学进行诊断,有能力的家长还可以进行有效的辅导。教育大数据的应用让家长和学校都能够准确地了解学生的情况,掌握孩子的心理状况和学业情况,加强家校沟通,从而促进家校共育。

(五) 构建完善的教学评价体系

教育大数据促进了教学评价体系的转变,主要体现在评价的基本思想和方法上。在评价中,主体有教师、教学管理者和学生等,因为教学评价结果都是通过分析大量数据得到的,并非主观意识的评价，因此在数据的支持下，教学评价结果将会更加公正。教育评价的开展也不仅仅是从单一维度进行，而是进行多元的数据分析，构成智能化评价和数据化评价，实现过程性评价，让评价从“经验”成为“数据”，从“单点”模式成为“全面”模式，从“传统”模式成为“智能”模式，从而构建完善的新型评价体系。

综上所述，基于大数据分析的区域教育信息化系统建设能够提高教育教学的科学化，提高管理水平，为教育改革助力。

参考文献：

[1] 李振，周东岱，董晓晓，等. 我国教育大数据的研究现状、问题与对策：基于CNKI学术期刊的内容分析[J]. 现代远距离教育，2019(1)：46 - 55.

[2] 尹恩德. 教育大数据背景下的区域数字化学习实践与思考[J]. 教育与装备研究，2019(1)：9 - 13.

[3] 孙志伟，李小平. 系统整合视角下教育大数据应用研究[J]. 中国电化教育，2018(11)：111 - 117.

[4] 吴南中，夏海鹰. 教育理解：教育大数据的意义之维[J]. 现代教育技术，2018(9)：26 - 32.

[5] 刘桐，沈书生. 从表征到决策：教育大数据的价值透视[J]. 电化教育研究，2018(6)：54 - 60.

[6] 刘邦奇，李鑫. 基于智慧课堂的教育大数据分析与应用研究[J]. 远程教育杂志，2018(3)：84 - 93.

大数据视角审度下的历史网络阅卷

南京市溧水区第三高级中学　金晓影

摘　要：随着教育信息化的推进与云计算环境下的教育平台建设与应用，大数据下的网络阅卷凭借其诸多优势在各校得到广泛使用。本文通过学生对网络阅卷后的相关追问，引出师生对其存在的困惑；在充分调研的前提下，整理并分析问卷结果，认识到教师在充分享受信息技术带来工作便利的同时，亦不可忽视网络阅卷背后潜在的问题；最后指明信息化教育是不可阻挡的潮流，网络阅卷亦是教育现代化的重要体现，在肯定其作用的同时，对网络阅卷未来发展作出展望。

关键词：大数据　网络阅卷

21 世纪科学技术进一步发展，互联网技术在人们社会生活中的广泛应用，极大改变了人们的认知方式和生活方式，促进了社会进一步向前发展。随着“云”时代的到来，以计算机网络为依托的大数据技术，为打造智慧城市奠定了技术层面的基础。

现今，江苏教育已经健全了“云”教育网络平台，绝大部分学校都将大数据个性化教学系统引进学校管理平台，打造“智慧校园”。如何利用大数据技术处理教育领域中积累的海量数据，早已成为教育工作者的关注问题，其中网络阅卷更是其中重要组成部分。

试卷经过机器扫描后，通过电脑做图像灰度化处理、去离散噪声及平滑处理、目标区域图像二值化、几何校正及图像分割、字符归一化处理等操作后，教师可以在网络平台上便捷阅卷，及时了解班级考试信息，实现了学生个人成绩及各项考试数据的快速分析，加快了信息技术在教学中的应用。但在充分享受信息技术给教师带来工作便利的同时，亦不可忽略网络阅卷背后的潜在问题。

一、缘起历史网络阅卷后，学生对成绩、试卷的“追问”

我校自 2019 年引入了两套大数据信息教学 App 系统：高一为“知心慧学”，高二、高三为“智学网系统”。各年级考试均采用网络阅卷，实现了考试信息处理的及时化、准确化、公平化。除此之外，阅卷教师可提交学生优秀试卷，标注典型错误、问题试卷等，并进行典型试卷网络展示，方便在历史课堂上进行讲评，实现资源共享，受到一线教师的认可。但直到学生对“试卷分数”进行追问，我才惊觉：教师是否过度依赖网络阅卷，出现“懒惰”现象？

“老师，我觉得历史分数有问题，你能把材料题的答题卡发下来吗？”

“老师，我也觉得我的分数有问题……”

“老师，你报的选择题分数和我刚才对答案的分数对不上啊。”

…………

面对众多学生对试卷提出的疑问，我将纸质试卷发放下去。第二天部分学生找到我说：

“老师，你能不能手批一下我们的试卷？我觉得我的答案跟标准答案差不多，不知道哪里得分、哪里不得分。”

“老师，我的选择题分数不对，你看看。”

“我看到跟我一样的答案，我得分了，他就没得分。”

…………

之后，我用大量时间结合以往评卷经验，将纸质试卷重新批改，然后与网络阅卷的分数进行一一对比，发现分数确实有所出入。通过这次历史阅卷后学生对成绩、试卷的追问，我认识到大数据个性化系统下的网络阅卷还隐藏着一些问题，值得我们一线教师深思。

二、知行合一理念下网络阅卷满意度调查的研究

针对网络阅卷背后的问题，我特别制作了调查问卷，以便深入了解师生对网络阅卷的看法及满意度(见表1)：

表1　网络阅卷满意度调查表(教师版)

1. 您使用网络阅卷、考试成绩分析系统的时间是　(　)
   A. 偶尔使用　　B. 月考及重大考试时使用
   C. 平时都在使用　　D. 不使用
2. 根据您的实际情况，对网络阅卷、考试成绩分析进行满意度评价　(　)
   A. 非常不满意　　B. 不满意
   C. 一般　　D. 满意
3. 您认为网络阅卷系统方便吗?　(　)
   A. 方便　　B. 不方便　　C. 一般
4. 您认为网络阅卷的成绩是否准确、公平?　(　)
   A. 是　　B. 否
5. 您对网络阅卷有何建议?

____

通过对3个年级100名教师的问卷调查，初步了解到教师对网络阅卷的整体评价(如图1)：

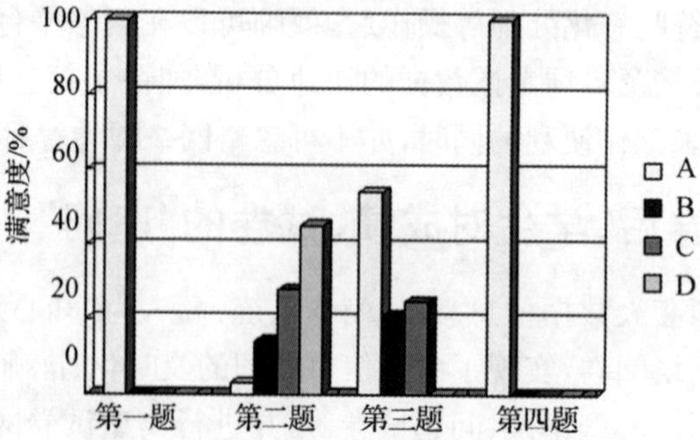

图1　教师对网络阅卷的整体评价

通过调查得知，我校教师使用网络阅卷系统比较普遍，并一致认为在便捷的网络阅卷之下，学生考试成绩比较真实。网络评卷系统可以监控每一位教师的评卷质量，及时发现并纠正阅卷过程中的不合理现象。除此之外，网上阅卷由电脑自动分发试卷，教师独立阅评，避免了阅卷过程中的人情分，使成绩更加客观。但也有部分教师反映，网络阅卷过程中，重新批改误判试卷比较浪费时间，且用手机、电脑长时间阅卷对视力有很大损害，在时间上和手阅试卷耗时相当。

在征求一线教师的意见后，我又对学生展开问卷调查(见表2)：

表 2　网络阅卷满意度调查表(学生版)

1. 你对网络阅卷的考试成绩是否有疑问？（　　）
   A. 有　　B. 没有　　C. 无所谓
2. 根据你的实际情况，对网络阅卷、考试成绩分析进行满意度评价。（　　）
   A. 非常不满意　　B. 不满意　　C. 一般　　D. 满意
3. 你认为网络阅卷系统的分数查询使用方便吗？（　　）
   A. 方便　　B. 不方便　　C. 一般
4. 你认为网络阅卷的成绩是否准确、公平？（　　）
   A. 是　　B. 否
5. 你对网络阅卷的哪部分成绩有较大争议？（　　）
   A. 选择题　　B. 材料题　　C. 都有
6. 你更喜欢哪种阅卷方式？（　　）
   A. 教师手改　　B. 网络批改　　C. 无所谓
7. 您对网络阅卷有何建议？

   ____

通过对 3 个年级 100 名学生的问卷调查，初步了解到学生对网络阅卷的整体看法(如图 2)：

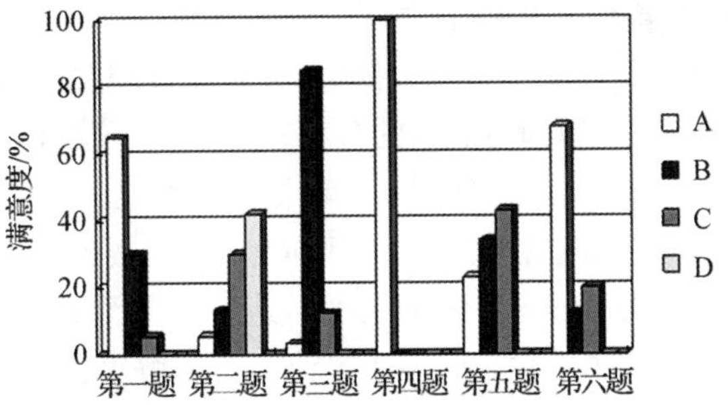

图 2　学生对网络阅卷的整体看法

通过采访发现，学生对网络阅卷的成绩存有很大疑问，主要是卷面实际得分和对比参考答案后的估算得分出入较大，特别是学生对材料题得分情况有较大争议。尽管网络阅卷有较大公平性，但由于学生上网查询分数、详查试卷多有不便，因此有 80%的学生更倾向于教师手改试卷。

三、基于校园大数据下历史网络阅卷的问题归纳

网上阅卷作为一种逐步成熟的技术正被广泛应用于现阶段学校各类考试的评卷工作中，就目前网上阅卷系统的使用现状而言，还存在一定的问题须待解决。

首先，从学生立场出发。很多学生对试卷得分存在疑惑，比对标准答案后，学生自认为书写答案能够拿到高出实际卷面的分数，这容易造成学生对成绩预估的心理落差。同时，网络阅卷中纸质卷缺少教师红笔批改，学生无法明确自己得分的由来，不利于考后的试卷分析、对比等评价研究。考试过程中，学生写错题目和答串题目的情况时有发生，由于答题卡规定的书写范围有限，因此在答题卷上纠正已有错误需要谨慎对待，并需及时与教师沟通，此情况一旦发生，会使学生答题时情绪产生波动，影响其考试能力正常发挥。绝大部分学校校园内禁止学生携带手机、电脑等通信工具，如此一来学生也无法及时登录阅卷系统，与教师的考试数据分析不同步，导致学生对试卷缺乏重视与思考。

其次，从教师角度出发。教师无法全面了解学生答题情况，在网络批改中，技术人员往往将纸质试卷按问题进行裁切，教师只能批改一道题目，对于同一题的其他几问均不可见，教师无法知晓学生关于整道题的作答情况，因而缺少准确、客观判断，更无法推断出学生作答过程中的连续思维。由于对试卷批改整体感知的欠缺，对于学生提出的试卷得分情况，教师往往无法给予明确回答，只能通过二次手改解决学生疑惑，既造成了时间的浪费，又容易造成两次试卷批改分数前后不一致，影响学生对规范答题

的判断。

除此之外，由于网络阅卷中纸质卷没有批改痕迹，教师往往忽视试卷发放，造成师生教学互动减少，不利于引起学生对历史学科材料解析题的重视，影响其解题能力的提升。在网络阅卷中，教师在操作过程中难免出现批改失误的情况，经常需要打回重阅、标记问题试卷，从而造成批改时间过长，这导致网络阅卷较传统的手改试卷的速度优势并不明显。加上手机、电脑屏幕有辐射，对眼睛有刺激，教师长时间网络阅卷易造成眼疲劳、视力下降等问题，这也是部分教师抵制网络阅卷的原因之一。

四、在探索中拔丁抽楔，追求未来网络阅卷精细化

通过对现有大数据技术运用于教育教学领域的现状以及网络阅卷利弊的分析，归纳各校在运用网络阅卷过程中存在的问题，确保网络阅卷系统与教学的结合能够进一步完善。如何运用专业的大数据加工处理技术，真正利用网络阅卷获取科技本身所包含的价值，并将其推广到学校教学中来，实现资源整合是“云”时代为我们带来的新挑战，我们不妨从以下几方面作出思考和应对。

（一）对网络阅卷技术升级的期望

目前市场上的教师组卷、阅卷系统很多，但是无一例外在成绩表、试卷分析表、历次成绩对比表、教师教学质量评价表等涵盖教育测量的所有指标数据上，只能通过相关技术人员操作配置相关参数，才可将所有报表一键导出。这样一来，教师对成绩的分析、掌握有一定的滞后性，因此，希望网络阅卷系统可以向所有教师开放分析汇总这一权限，使技术推广更具人性化。在阅卷中，出现批改错误，教师需要鼠标点击“回评”键，在完成重复批改后，需再次利用鼠标点击“撤销回评”键，如果一旦忘记此操作，则接下来的试卷批改都在进行重复操作，且不易被察觉，造成大量无用功。因此，期待网络阅卷系统增设“回评”提醒功能，或者一次一卷的回评技术支持。除此之外，解决长时间网络阅卷对视力的影响，这也是广大教师对其最急切的现实期望。

（二）学生在应对网络阅卷时应注意的事项

网络阅卷中，学生因书写不规范造成的失分现象时有发生，为此，学生应根据网络阅卷的实际需求规范自身行为。例如：选择题的填涂一定要使用2B铅笔，否则会被误判为空选。同样道理，假如历史材料题的答案书写工具没有按要求使用黑色墨水笔，也可能造成电脑扫描后图像不清晰，致使阅卷教师造成误判。网络答题卡答题页面有限，出于剪裁需要，学生答题的语言表述需简明扼要，答案书写不能超出答题卡的规定区域。当答题发生错误，需要大规模更改答案时，不可在卷面上随意位置更改答案，且一定要注意卷面整洁。

虽然现阶段网络阅卷还存在一定问题，但我坚信在今后的教育教学中，合理运用现代教育技术，发挥网络阅卷的技术优势，注意现代教育技术运用的适度性，定能确保科学技术与教育事业相结合的目标顺利实现。我们必须勇于接受新鲜事物，明确信息化教育是不可阻挡的潮流。网络阅卷可满足现代教育教学中公正性、准确性和教学管理信息化的需求，从而实现学校信息管理的自动化、网络化、科学化，这是对传统教育教学模式、教学方法以及学生学习方式的一种挑战，是教学改革一次质的飞跃，更是教育现代化的重要体现。

参考文献：

[1] 徐咏梅. 网络阅卷的实践与思考[J]. 中小学数字化教学，2019(1)：88-91.

[2] 赵丽. 基于图像识别技术的网络阅卷系统的研究与设计[D]. 石家庄铁道大学，2018.

[3] 张岩. 云平台下网络阅卷系统的设计与实现[D]. 石家庄铁道大学，2018.

[4] 曹雷. 县域教研部门网络阅卷的应用与实践思考[J]. 中国教育技术装备，2012(35)：54-56.

信息技术支持下的初中化学实验可视化教学初探

常州市钟楼实验中学　陈建娣

摘　要:化学是一门以实验为基础的学科,化学实验对培养学生实验能力、发展学生的化学核心素养起着重要作用。笔者基于平时课堂教学研究的实践,探索如何借助信息技术将实验现象、实验原理、实验思维等进行可视化表达,为发展学生化学核心素养提供课程支持。

关键词:信息技术　可视化教学

一、研究背景

《义务教育化学课程标准(2011 年版)》中指出:化学是一门以实验为基础的学科,在教学中创设以实验为主的科学探究活动,引导学生在观察、实验和交流中学习化学知识。化学学科的特征是揭示宏观世界的微观本质,化学教学的独特性在于引导学生从宏观和微观相互联系的角度来建构化学知识,解决化学问题。

我国《基础教育课程改革纲要(试行)》倡导"大力推进信息技术在教学中的普遍应用,充分发挥信息技术的教学优势,逐步实现学生的学习方式、教师的教学方式、师生的互动关系的有效变革"。

二、实践探索

化学实验可视化教学,意在借助信息技术将实验内容可视化,通过刺激人类的感知系统,从而激发学生对真相的探索,同时培养学生认知能力和创新能力而进行的教学。目前较为常见的可视化工具主要有:思维导图、PPT、交互式电子白板、模拟动画、数字化实验以及信息技术支持下的可视化教学手段等。

传统实验教学中学生面临的学习难点和困惑,能否借助于信息技术的支持来突破? 能否通过可视化教学为学生架起认识宏、微世界的桥梁? 带着这些思考,笔者开启了课堂教学研究的实践与探索。

(一) 同步投屏,让演示实验可视化观察

化学演示实验是初中化学教学的重要组成部分,目的是为全体学生展示化学实验步骤、化学反应现象,帮助学生直观形象地理解化学变化规律、形成化学概念等。但传统演示实验教学方式是老师在讲台上操作,学生在座位上观看。由于常州市钟楼实验中学班额都在五十人左右,班级内座位一般有6~7 排,坐在后排的同学离讲台较远,同时受前排同学遮挡的影响,对老师演示的实验细节、实验现象有时无法观察清楚,对稍纵即逝的实验现象有时压根儿就没看到,演示实验变成了演而不示。

在投屏软件支持下的教师演示实验,则可以实现不同角度、远近距离自由调节地把实验现象投影到大屏幕上,为每一位同学清晰呈现演示实验全过程。

例如:为了认识工业炼铁的反应原理,课堂上用一氧化碳气体和氧化铁粉末进行模拟实验,该实验

所用仪器多、装置复杂。如果用传统方式，教师在讲台上演示，学生在下面观察，效果很不理想。笔者尝试使用 Total Control 软件进行同步投屏。演示实验过程中，老师请两位同学做小助手，帮助老师通一氧化碳气体和加热硬质玻璃管，而老师则可以用手机多角度、灵活选择需要投影的部分。当镜头对准硬质玻璃管时，同学们在大屏幕上清楚地观察到红棕色的粉末逐渐变成黑色；当镜头对准盛有澄清石灰水的试管时，观察到了澄清溶液变浑浊；当镜头对准靠近黑色粉末的磁铁时，观察到了黑色粉末被磁铁吸引了……

在实验观察后的交流环节，同学们讨论很热烈：

生1：我清楚地看到红棕色的粉末变成了黑色。

生2：我还观察到黑色粉末能被磁铁吸引，而且该黑色粉末加入稀盐酸中时，溶液里产生了许多小气泡，所以我认为氧化铁粉末已经变成了铁粉。

生3：我看到右边小试管中的澄清石灰水变浑浊了，说明有二氧化碳气体生成。

生4：通过演示实验观察，我想工业炼铁原理中的主要反应是 $Fe_2O_3+3CO\xlongequal{高温}2Fe+3CO_2$。

…………

借助投屏软件、手机摄像头、投影幕布等工具，实现了大班教学环境下，每一位学生对演示实验现象的可视化观察。

（二）动画模拟，让危险实验可视化呈现

工业炼铁的模拟实验 $Fe_2O_3+3CO\xlongequal{高温}2Fe+3CO_2$ 也是一个具有危害性和危险性的实验。该实验要注意通 CO 与加热两个步骤的先后顺序，如果加热 CO 和空气的混合气体，可能会发生爆炸的危险。传统实验教学中，老师除了演示正确实验操作步骤外，会一再强调如果错误操作可能会带来的严重后果，但不可能在课堂上进行危险性实验操作。学生仅仅是听老师在说，并没有直观感受，学习效果大打折扣。

笔者在教学前利用 Flash 软件制作了一段动画短片，下面截取 Flash 动画短片中的几个画面（如图1）说明之：如果先加热装有 Fe_2O_3 粉末的硬质玻璃管，再通入 CO 气体，结果会怎样呢？话音刚落，随着一道刺眼的火光和刺耳的玻璃破碎声，同学们看到了一地玻璃碎屑的惊人爆炸现场。学生的视觉、听觉受到强烈的冲击，在脑海中留下深刻印象，这是教师的多遍讲述无法实现的。

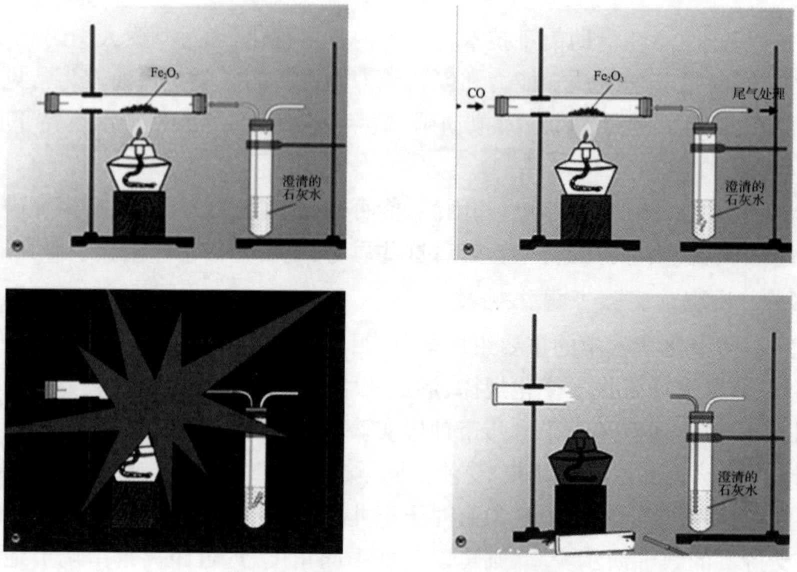

图1　工业炼铁模拟实验视频截图

动画模拟技术，让危险性实验在课堂上也能可视化呈现，使学生真切体验到了实验过程中操作规范对实验安全的重要性。

（三）DIS 实验，让微观原理可视化表达

初中化学学习的许多反应原理，需要学生在分子、原子的微观层面去认识。从变化万千的宏观世界到不可见的微观世界，对于初中学生来说存在不小的困难。分子、原子看不见摸不着，但从微观角度理解化学反应原理又是初中化学学习的重要内容之一。比如，为什么化学变化过程中分子种类变了而原子种类不变？传统课堂上，老师会运用图示或者借助模型等教具进行讲解，然后学生借助想象力努力去理解微观世界，但往往学生对知识的认识还只是停留在模糊的了解、大概知道的层面。DIS 数字实验技术主要包括数据采集器与传感器，前者主要用于采集并储存实验数据，后者可根据探究需要测定的参数（如温度、pH、气压等）而自行选择。

《九年级化学》第七章第二节“中和反应”的学习目标之一是要求学生通过实验探究来认识酸和碱之间能发生中和反应，并通过实验现象分析掌握中和反应的实质。信息技术支持下，借助 DIS 实验仪器（pH 传感器和温度传感器）与计算机连接，演示中和滴定实验的过程。实验开始时，首先测出反应前氢氧化钠溶液的 pH 和温度。随着稀盐酸的逐滴滴入，烧杯中溶液 pH 和温度在不断发生变化，通过计算机的同步数据处理，以变化的曲线直观地在大屏幕上呈现了出来。当溶液 pH＝7 时，指示出氢氧化钠溶液和稀盐酸恰好完全反应。

DIS 实验直观、方便、高效、综合性强，能将微观原理进行可视化表达，为学生深入了解化学反应实质提供了有效的实验支持，从而更好地培养学生宏观辨识与微观探析的素养。

（四）互联网平台，让思维可视化交流

科学探究是一种重要的学习方式，也是义务教育阶段化学课程的重要内容，但在 45 分钟的课堂探究学习中，受时间、空间限制，生生交流往往是在两人或四人小组中展开，过程中鲜有相互交流、思考质疑、自主探索的机会，学生的思维很难得到充分的交流和表达。为了改变这种学习方式，有必要给学生创设一个“自主、探究、合作”的实验学习和交流环境。

考虑到学生对 QQ 平台操作的熟悉性，笔者利用 QQ 群来辅助“一定溶质质量分数的氯化钠溶液的配制”的实验教学。在实验过程中，当学生出现不规范操作时，如何帮助学生及时、主动地自我发现错误，并能对不规范操作引起的实验结果进行误差分析，这是本节实验教学的重点和难点。因此，笔者在学生实验过程中，加强课堂巡视，及时了解学生问题所在，同时用手机抓拍学生的实验瞬间，并同步上传到 QQ 群（如图 2）。

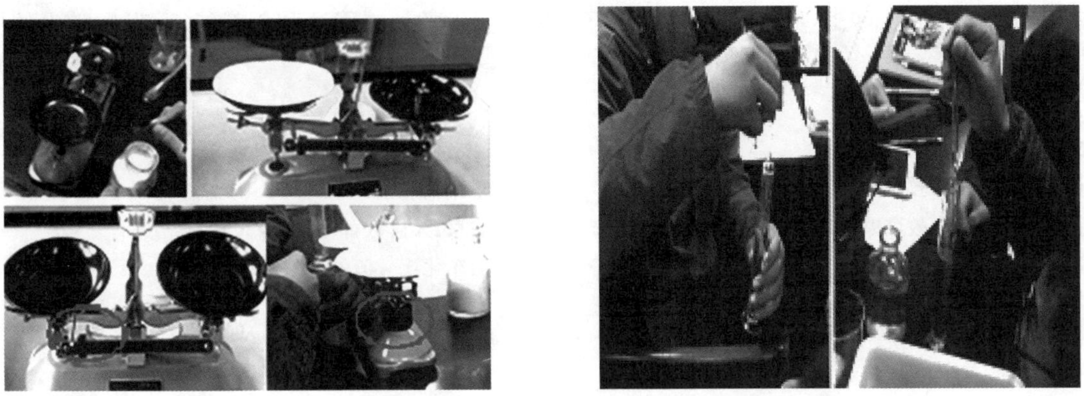

图 2　手机抓拍到的学生实验操作过程图

看着老师拍下的课堂实验现场照片，同学们自觉、主动地投入积极思考、合作交流而又相互质疑的学习氛围中。利用 QQ 群的聊天功能，同学们第一时间把自己的想法发到学习群内：

生 1：甲同学称氯化钠时没有在左右两个托盘中各放一张质量相同的纸。

生 2：乙同学在调节天平平衡时忘记取下垫圈了。

生 3：丙同学在使用量筒和滴管量取一定体积的水时，把滴管伸到量筒里面了。

生 4：丁同学在读量筒中水的体积时，没有把量筒在实验桌上放平，而是把量筒拿手里读数了。

…………

教师：同学们找出的这些错误实验操作，会怎样影响配制的氯化钠溶液中溶质的质量分数？

面对新的问题情境，同学们又投入新的思考中去……

学科素养不是静态的品质，而是一种思维方式、一种与世界互动的方式。化学实验和教学对话是化学教学中培养学生思维的有效途径。利用互联网平台强大的实时交互功能，不仅为学生的实验学习提供了丰富的动态生成资源，更在一定程度上实现了师生之间、生生之间思维的可视化交流。

三、小结反思

根据初中化学实验教学内容，结合教学实践经验，笔者提出信息技术支持下的化学实验可视化教学模型（如图 3）。在目前大班化的课堂教学环境下，借助信息技术的支持，优化实验教学设计，实现实验过程、原理以及学生思维的可视化，为发展学生化学核心素养提供课程支持。

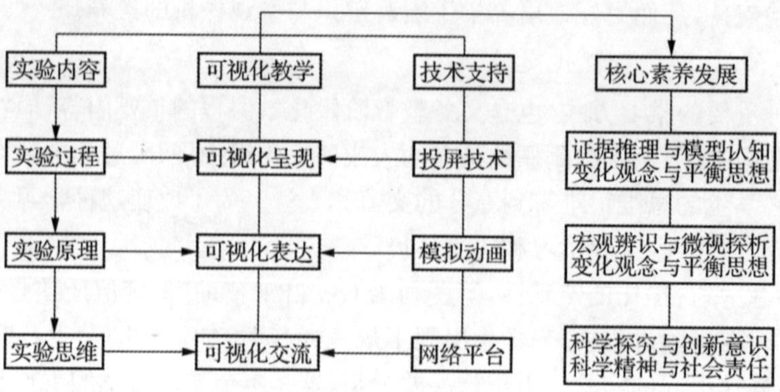

图 3　化学实验可视化教学模型

信息技术支持下的实验可视化教学，能够为学生提供更丰富的互动协作手段，能够无缝地集成更丰富的数字资源，但传统的实验教学也有其独特优势，信息技术应与传统实验教学有机融合、互为补充，来帮助学生充分观察、体验和发现，从而更好地培养学生的认知能力和创新能力，发展学生的化学学科核心素养。

参考文献：

[1] 中华人民共和国教育部. 义务教育化学课程标准：2011 年版[S]. 北京：北京师范大学出版社，2012.

[2] 中华人民共和国教育部. 基础教育课程改革纲要（试行）[M]. 北京：人民教育出版社，2001.

[3] 王欢，马荣华. 基于中学化学实验课程的可视化教学新探[J]. 山东化工，2019，48(4)：175－176.

从教学实践视角看信息技术与学科整合

连云港师专二附小　杨金斌

摘　要：本文从信息技术与学科教学整合的现状调查入手，结合调查数据，阐述信息技术与学科整合中存在的主要问题：信息技术与学科间关系没有理顺、整合形式表面化、评价方式片面化、整合中学法缺乏指导等。笔者从教学实践视角提出整合的实践策略：顺应“互联网＋”的时代要求，以建构主义教学思想统领整合实践；以信息技术为支撑，实施情感驱动；紧跟“互联网＋”的时代要求，以多元动态的评价方式评价教学；在考虑学生学习水平的前提下，实现自主学习与协作学习的融合。

关键词：信息技术　学科整合　教学实践

“互联网＋”时代的到来，彻底改变了人们传统的学习与生活方式，在教育领域，对学生的学习和教师的教学也产生了巨大的冲击。为了让基础教育适应变革的趋势，教育部颁发的《基础教育课程改革纲要（试行）》就明确要求各级教育行政部门和学校要大力推进信息技术与学科的深度融合，发挥信息技术的最大教育价值。信息技术与学科整合已经成了当前教育理论界研究的热点课题，其实质就是用信息技术为各学科教学实践营造一种数字化的教学环境，在这个教学环境中，既能体现教师在教学过程中的主导作用，又有助于学生在学习过程中体现其主体价值。不言而喻，这种新型的教与学的方式是以“自主、探究和协作”为特色的，正是因为此，它才能培养学生主动探究、自主创新的意识。

一、信息技术与学科整合现状调查

为了了解信息技术与学科整合的基本情况，研究者随机选取全国六座城市（北京、广州、杭州、武汉、长沙、西安）的城市中小学、城镇中小学和农村中小学的600名信息技术教师作为调查对象（其中城市中学100人，小学100；城镇中学100人，小学100人；农村中学100人，小学100），发放问卷600份，回收有效问卷535份，回收率为89.2%。问卷调查主要涉及五个方面的内容，即信息技术与学科间的关系如何、学科教学中如何发挥信息技术的作用、信息技术是否会导致教学中的信息量过大、信息技术对学生的要求是否过高和信息技术与学科整合后的评价方式是不是科学、全面。

调查数据显示：有43%的老师认为信息技术会加快课堂传授知识的速度，信息量过大；有32%的老师认为信息技术与学科整合没有将它们间的关系摆正，在实践中，非信息技术课中有近15%的内容是讲信息技术的内容；6%的老师认为信息技术与学科教学整合，需要新型的教学评价方式与其匹配，当前信息技术与学科整合还没有采用新的评价方式，还是沿用传统的教学评价方式，评价的主体将学生排除在外；有8%的老师认为信息技术与学科整合对学生自主学习过于苛求，忽视了学生的学力水平。

上述数据反映的一个事实就是在信息技术与学科整合中并非一片歌舞升平，而是存在不少需要广大教育工作者认真研究和解决的问题。

（一）信息技术与学科之间的关系未理顺

首先，我们必须明确信息技术与学科之间的主次关系，两者整合的主体应落在学科上，而非信息技术或两者皆是。比如，信息技术与语文学科的整合，信息技术只能作为整合的工具，而整合的主要内容还是要落在语文上。但事实却非如此,这些调查的结果显示,有35%的老师并未认识到这一点,他们当中有四成的老师认为整合应落在信息技术和语文上,有三成的老师则认为应落在信息技术上。整合的指导思想没有达成一致,必然会影响信息技术与学科整合的有效性。

(二) 整合的形式表面化

信息技术与学科达到深层次整合,一定要找到整合的切入点,但事实上,近65%的老师将信息技术作为演示工具,它的作用就是加快课堂教学信息灌输的速度,在尽量短的时间里向学生呈现尽量多的信息。比如,在数学课堂上,有些老师将要讲授的所有例题的解题步骤做成幻灯片,并没有留给学生独立解题的思考空间。这种"点击—放映"式的整合忽视了学生的思维过程,会导致学生产生一种奇怪的现象,即看老师呈现的幻灯片时觉得解题很简单,自己独立解题时却无从下手。其实这是一种表面的、肤浅的整合,虽然借助于信息技术,却没有达到很好的效果,只是加大了信息量,反而增加了学生课堂学习的负荷。

(三) 教学评价方式片面化

信息技术与学科整合后,老师和学生的动手能力有所提高,因此教学评价方式也要作相应的调整,但信息技术与学科整合实践根本没有涉及教学评价方式的优化。众所周知,教学评价的目的就是要促进学生全面发展,同时也是促进老师反思教学、改进教学的有效手段。本次调查发现,受访老师所在的学校采用的评价方式还是以教师评价为主,而信息技术与学科整合倡导的学生间的互评和自评根本没有涉及。信息技术与学科整合要求教学评价在终结性评价的基础上加大过程性评价的分量,要求在教师评价的基础上适量增加学生互评和自评。而只有从多视角去评定学生的学习行为和成绩,才能有效地激发学生学习的动力。

(四) 整合中学法缺乏指导

整合后的学科教学与原来的教学区别很大。虽然学生可塑性大,接受新鲜事物也较快,但这种全新的学习方式的改革会让他们感到应接不暇,因此,信息技术与学科整合一定要注重学法的指导。事实上,多数学校为了突出新型的教学方式,对学生课堂上的自主学习和基于网络的探究学习过于苛求,根本没有考虑学生的学力水平。鉴于这种现状,学法指导就显得尤为重要。在学生学力水平有限的情况下,强调学生的自主学习和基于网络的探究学习会导致信息技术的作用得不到充分发挥,有时甚至还会适得其反。

二、信息技术与学科整合的实践策略

信息技术与学科的整合就是要发挥信息技术的优势来服务于教育,服务于学科教学,其出发点是学科,信息技术只能是学科教学的助跑器。通过调查得知当前信息技术与学科的整合存在的问题,针对上述问题找到解决的方法才是当下信息技术与学科整合的重要任务。

(一) 以建构主义教学思想统领整合实践

将信息技术引入教学的目的就是要提高教学质量,而达成这一目的的切入点就是变革传统的教学结构。也就是说,要将过去以教师为中心的教学结构实质性地向以学生为主导转变,需要建构的是既能让教师的主导作用发挥效能、又能体现学生在学习中的主体地位的教学结构。有学者将这种教学结构定义为"主导—主体型"教学结构。这种教学结构与建构主义理论的主张相似,都是强调学生在信息加工中的主体地位,是知识建构的执行者和受益者,学习知识是学生置身于一定情境中以协作、讨论、交流和互助等手段在信息资源中主动建构的过程。

"互联网+"时代的教育已经彻底打破了教学的时空限制,学生可以随时随地学习自己感兴趣的知识。要确保教育的质量,就需要培养学生的自主学习能力和基于网络的探究学习能力。因此,整合的指导思想要符合学科教学实情。建构主义认为,在教学中,老师的角色应是意义建构的促进者和帮助者,学生才是信息加工的执行者,他们并非受到外界的刺激而被动地接受灌输。信息技术作为一种有效的学习工具,是信息技术与课程整合实施的必要条件,也是建构主义应用于教学的先决条件。

(二) 以信息技术为支撑实施情感驱动

德国一位学者有过这样的精辟比喻:将15克盐放在你的面前,无论如何你难以下咽;当将15克盐放进一碗美味可口的汤中,你就会在享用佳肴时将15克盐全部吸收。知识置于情境,犹如盐置于汤。

建构主义认为学习的有效性有赖于学习情境与学习内容的相似程度，同时也不排斥由新技术支持创设的学习情境，由此得出：学习离不开与生活有关的情境，它总是与社会文化有着密切的联系。因此，信息技术与学科整合不能理解为技术在教学中的简单应用，而是要应用多媒体技术创设能激发学生主动学习的情境，以教学任务情境化将学生的学习贯穿于发现问题、分析问题、提出问题和解决问题中。此外，教学任务情境化还能激发学生的学习兴趣。信息技术在服务于学科教学时，除了提供数字化的学习情境，还要驱动学生的情感，使学生在回顾已有生活经验和知识经验的基础上，产生与所学内容的共鸣，变被动学习为积极主动学习。

（三）以多元动态的评价方式评价教学

互联网给教育带来了无限生机，使师生都能在互联网的洗礼中成长，以适应"互联网＋"时代快捷便利的生活。"互联网＋"时代要求社会个体具有自主学习和基于网络的探究学习等能力，这就是要求信息技术与学科整合实践要紧跟时代需要，尽可能吸纳多方（课程专家、教师、家长、学生等）参与教学效果的评估，评价标准也要根据"互联网＋"时代的价值取向重新确定。要重视学生学习过程、学习态度、学习风格的考评，尤其要在评价中重视学生在个性上的发展与变化，将学生的综合素养考评纳入教学评价的范畴。

从操作层面来看，不能一次评价定性，而应给学生多次评价的机会，重视学生在评价中的改变和进步。一般来说，评价主体可采用"教师—学生—家长"结合的方式，课程专家只是作为场外指导者存在。在评价中要充分调动学生的积极性，使学生互评与自评真正发挥应有的作用。评价手段的形式很多，简便易行且能客观反映学生学习变化和进步的手段主要有：利用电子学档案评价学生的学习作品、结构化评价工具（信息化评价量规）。评价的内容也应在传统的评价内容的基础上进行拓展，以适应"互联网＋"时代的要求。除了评价学生能熟练应用多少知识之外，还要评价他们应用信息技术解决现实问题的能力。学生学习过程中的行为表现和参与程度也是评价的内容。总而言之，不管采用哪种评价方式，均要以客观性和鼓励性为前提。

（四）以学生学习水平为前提实现自主学习与协作学习的融合

《基础教育课程改革纲要（试行）》指出："改变课程过于注重知识传授的倾向，强调形成积极主动的学习态度，使获得基本知识与基本技能的过程。同时成为学会学习和形成正确价值观的过程。""互联网＋"时代是一个让人离开了网络就感到非常不适的时代，教育也不例外。信息技术与学科整合一定要以取得优化的教学效果为价值取向，要在学生的自主学习和合作探究上下功夫。自主学习是学生通过分析、探索、实践、质疑、创造等环节实现学习目标的学习，值得一提的是，在信息技术与学科整合框架下的自主学习并非学生各学各的，而是通过挖掘学生的学习兴趣，提高学生参与学习的积极性。只有在这个基础上，合作探究学习才能有条件进行。通过自主学习达到对所学知识的总体感知，并鼓励他们与"学伴"一起来进一步探讨、思考问题和验证结论。自主学习与合作探究学习既有利于学生的个别化学习和创新思维的培养，也有利于合作探究能力的培养。

随着"互联网＋"技术的不断成熟，其在教育领域的应用也会越来越广泛，应用的重点是与学科的整合，以实现教学效果最优化，这是教育引入信息技术的终极目的。在实践中，不管是哪种信息技术，都要尊重学科特点和学生的个性，恰到好处地使用信息技术的优势，切忌将信息技术与学科之间的主次混淆，只是将其简单牵强地拼放在一起，而一定要明确整合是一个双向的互动过程。总之，只有把握了科学的整合思想，才能找到恰当的整合方法，才能更好地发挥信息技术的优势，才能向课堂要更高效益。

参考文献：

[1] 中华人民共和国教育部. 基础教育课程改革纲要（试行）[A/OL]. [2020-01-06]. http://www.moe.gov.cn/srcsite/A26/jcj_kcjcgh/200106t20010608_167343.html.

[2] 陈思铭，刘长凤. 信息技术与学科教学整合的应用研究探析[J]. 中国电化教育，2014(12)：113－116.

[3] 李洵. 从课堂构成要素检视信息技术与学科教学整合[J]. 教育科学研究，2011(12)：60－63.

[4] 刘世清. 教学目标实现：信息技术与学科整合的视角[J]. 教育研究，2007(10)：57－59.

[5] 余文森. 有效课堂教学的基本要素[J]. 教育发展研究，2007(Z2)：38－42.

基于 Vue Vlog 系统的体育教学资源的开发与应用

仪征市仪化第一小学　涂文祥

摘　要:2020 年初,新型冠状病毒肺炎席卷世界,在学校停课之际,教育各部门号召"停课不停学",所以如何利用信息技术和各类软件开展居家学习和线上学习就摆到了教育工作者的面前。本文就是在此背景下,着重讲解如何利用手机 Vue Vlog 软件进行体育教育资源的开发和应用,旨在增加学生停课居家期间的体育锻炼手段和提高其自我学习的能力。

关键词:信息技术　体育教育资源　Vue Vlog 软件　自我学习

随着信息技术的日益发展,人们从传统师生的面对面授课,到录音学习,再到录像课、电脑课,直至今天的智能手机授课,信息技术的手段在不断增加。人们对信息化网络学习不再满足于文字加图片的形式,而对直观易懂且易跟随学习的教学视频的喜爱程度越来越高,从短视频风潮掀起,使 Vlog 成为当下新的视频风口。在各大知名 App 增加 Vlog 模块的同时,一些原本专注于拍摄的摄影与录像类 App 逐渐将自身定位为专业的 Vlog 制作与分享平台。VUE 这款产品就是顺应时代而生,当下它已然成为一批新生 Vlogger(视频博主)的聚集地。虽然与微博、B 站和抖音的巨大流量相比,VUE 目前仍然只是个小众平台,且在使用的过程中还会出现问题,但是它的受众对象是学生和上班族中较为年轻的群体,因此易于被大家接受。

Vue Vlog 是基于日常生活和大众环境,利用手持、手机支架、自拍杆等方式,记录有心或无意的举动,从而留下充足的短视频资源,在软件中通过视频编辑、音频转换、文字说明、音乐载入等,重新制作出供大家欣赏或学习的短视频资源,以便观赏方和学习者直观感受、瞬时理解制作人想要表达和展示的内容,达到传播和学习的目的。

当然,因为是小众平台,所以很多体育教师对 Vue Vlog 软件技术还非常陌生,甚至从未听说过。本文将以"小篮球原地转身运球突破技术教学"为例,从短视频微课的制作、运用及注意事项等几方面初步探讨 Vue Vlog 软件技术在体育课堂教学中的开发和应用。

一、体育教学资源短视频(微课)制作

首先在 iOS 和 Android 系统中下载 Vue Vlog 软件,我们以 iOS 系统为例。打开软件,进入界面,再点开最下角红色相机功能键即可进行短视频(微课)制作。在制作短视频之前,需要将所需视频资源素材进行整合,列出所需的视频、音频、文字描述以及背景音乐。不过,即使有遗漏也不必在意,只要手机联通无线信号,就能随时寻找自己所需的素材资源,可通过 Vue Vlog 社区或其他网站进行素材的查找和编辑。下面就从单个视频制作、音频制作、教学文字描述、完整短视频(微课)制作等四个方面进行详细讲解。

（一）视频制作

第一步：通过点击红色相机键，我们可以看到功能键——剪辑、拍摄、智能剪辑、主题模板以及一个草稿箱。智能剪辑会自动视频卡点，加载音频和背景音乐，从而快速生成一个视频资源；主题模板是以某个主题为重点，自行添加录好的视频形成新的视频资源。因为我们制作的是比较专业的体育教学资源短视频，需要用到大量的文字描述和自己感受的卡点，所以我们需要教师自身的逻辑思维能力，懒人专用的智能剪辑和主题模板直接跳过，主要利用剪辑和拍摄两个功能以及草稿箱。

第二步：打开剪辑功能，出现需要选择素材资源的界面，其中包含视频、照片等（如图 1）。以“小篮球原地转身运球突破技术教学”为例，制作单个技术动作，需选择四段已录制的转身分解动作，点击导入，进入视频剪辑界面（如图 2）。首先要选择画幅（如图 3），在此建议所有视频按照一个画幅尺寸制作，因为在最后的短视频整合编辑中，画幅尺寸是统一的，所有素材资源无法单个进行调整，如果画幅多样，则可能会出现想要展示的教学内容被遮挡，观赏者无法理解教学内容的情况。

在图 2 中，视频功能区有静音、截取、镜头速度、分割、删除、滤镜、画面调节、美肤、旋转裁剪、变焦、倒放、复制、替换、原声增强等功能。初学者在制作视频时，常用工具为静音（消除杂音）、截取（将视频中多余和不理想的片段减掉）、镜头速度（视频播放加快或变慢）、原声增强（在原视频中直接进行讲解）。

在视频条间隔中有“＋”功能键（如图 4），点击“＋”功能键则会出现添加视频/照片、转场效果、转场素材等功能键，可根据需要添加视频或照片，转场效果就是两视频间的过渡效果，转场素材意为可添加的动图和文字模板，可根据自身需要进行增减。在视频制作完成后，点击右上角“下一步”，就可保存和发布视频资源素材。

图 1

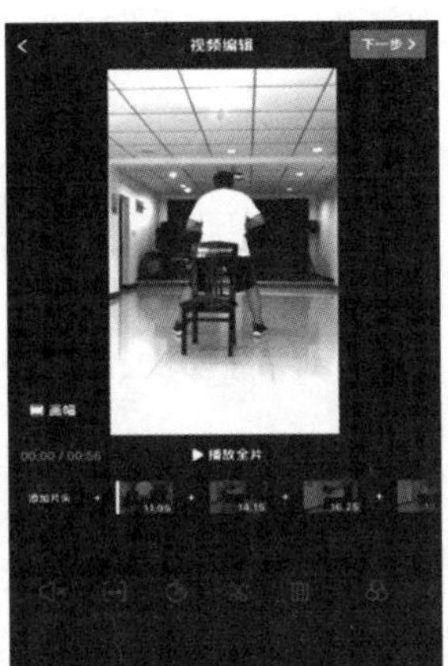

图 2

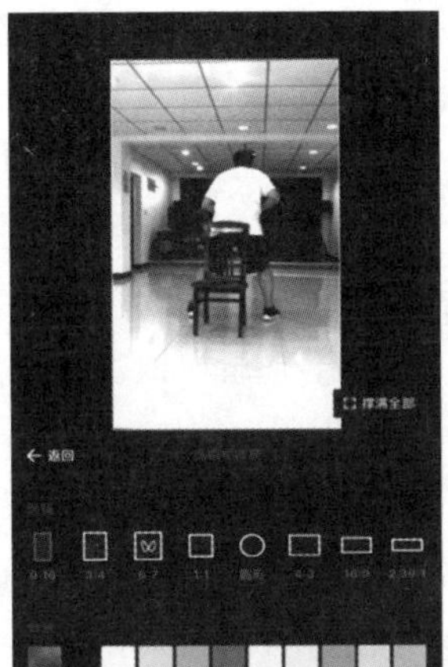

图 3

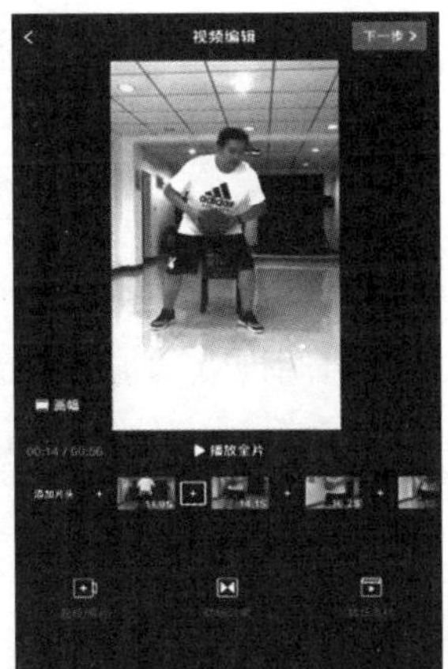

图 4

（二）音频制作

在图 2 底层最右侧的是音乐功能键，点击该功能键后，会出现视频条，视频条下方会出现“添加音乐”以及“添加录音”功能键（如图 5）。点击“添加音乐”，进入添加音乐界面（如图 6）。背景音乐的提取较为方便，有 Vue Vlog 软件自身已剪辑完整的各类型音乐，如舒缓板块、欢快板块、动感板块、Vlog 板块等。在制作小篮球转身教学微课视频时，考虑到篮球运动的节奏，通常会采用动感和欢快两个板块里的音乐。

除此之外，还可以从微信、QQ 中导入，或从录好的视频中提取，但从 iTunes 导入较为麻烦，涉及 iOS 系统的操作，在此略过。从微信、QQ 导入音频，在点击进入后有详细教程，可按步骤操作，从微信、QQ 导入的内容大致为各类型背景音乐，因此在此不再详细介绍如何找到音乐素材资源。

在这里详细讲解的是从视频中提取音频，该方式是制作视频时提取音频的最佳方式。先进行所需音频、视频的录取，把要载入的音频剪辑到最佳长度，然后点击提取即可。具体操作为：将想要说的内容准备好之后打开 iOS 系统自带的录屏功能，即上拉菜单里最左下角的双圆小圈（如图 9），将教学内容进行讲解，再次点击结束录取。需要说明的是录音功能虽然也可以进行音频的录制，但是在实际操作时因为对录音产生的音频没有直观印象，所以在剪辑上会比较费时费力，而从视频中提取还能朗读文字，下面将会在文字描述阶段进行讲解。

最后将准备好的音乐或背景点击“添加”插入（如图 7、图 8），将素材与视频条相适应，获得最佳的视频解说。

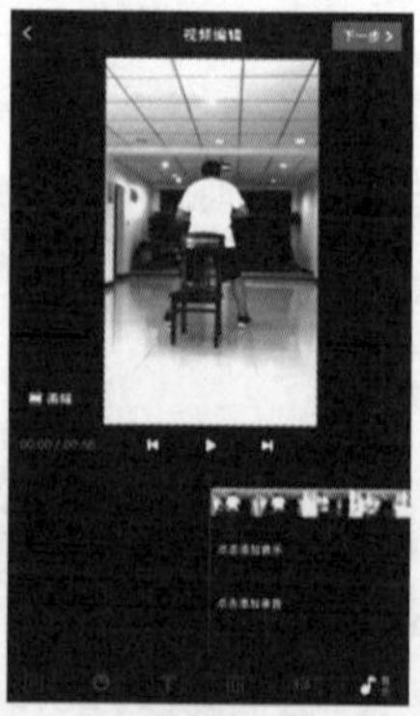
图 5

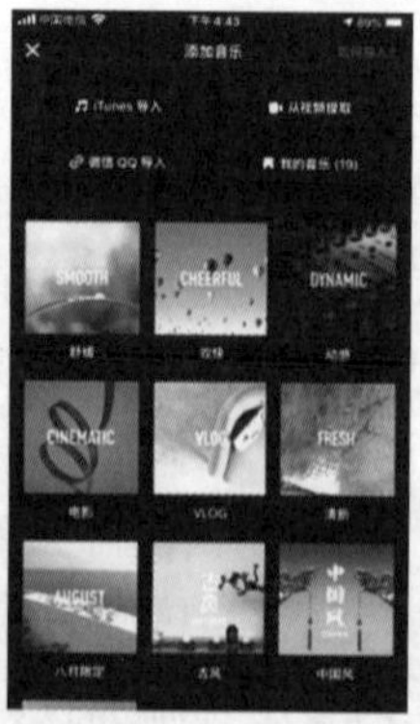
图 6

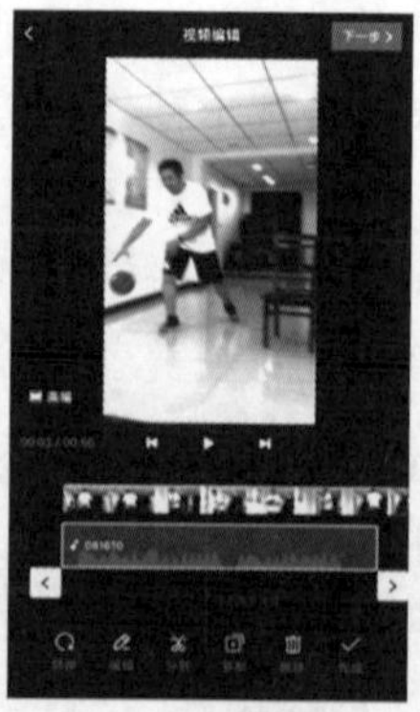
图 7

图 8

图 9

（三）教学文字描述

虽然信息技术的发展日新月异，信息展示手段也层出不穷，但是在教育教学领域，文字展示是必不可少的。在图 2 界面，底层编辑区有“文字”功能键，切换进去后会看到视频编辑中的文字编辑功能（如图 10），即大字、时间地点、标签、字幕。

大字是视频编辑中文字编辑的主要手段，也非常方便快捷（如图 11），只要双击添加文字即可，可放大缩小文字以及修改字体。若是空白字幕板，还可以进行标题和正文的编辑，直接打字即可。字体和展示效果各异，进行文字编辑时可以自行了解，添加所需效果。

时间地点功能比较简单，易于理解（如图 12），点击是“时间地点”，进入界面，选择需要的日期和地点，移动到适宜位置即可。

标签功能同样简单，易于理解（如图 13），添加效果和标签文字，移动到需要的位置即可。

字幕功能较为重要（如图 14），需长按屏幕，将字幕长度与剪辑的视频相对应。这里需着重说明，字幕编辑虽然简单，但是最好在所有素材资源整合之后再进行字幕编辑。这是 Vue Vlog 软件的小问题，即字幕条是字幕条、视频条是视频条，字幕可以移动，但不能跟随视频一起移动，导致后期加其他素材时容易发生字幕对不上视频的情况。

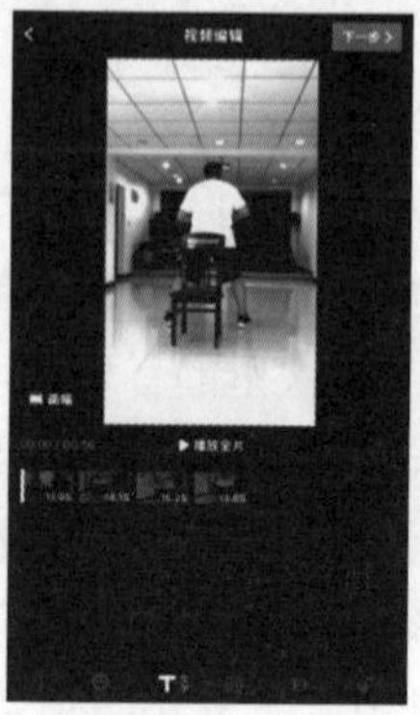
图 10

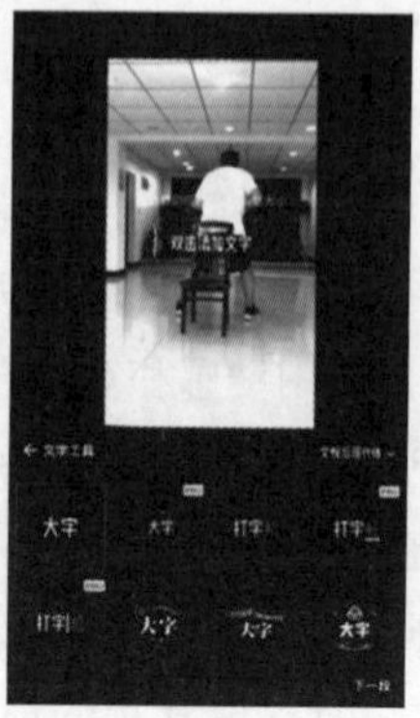
图 11

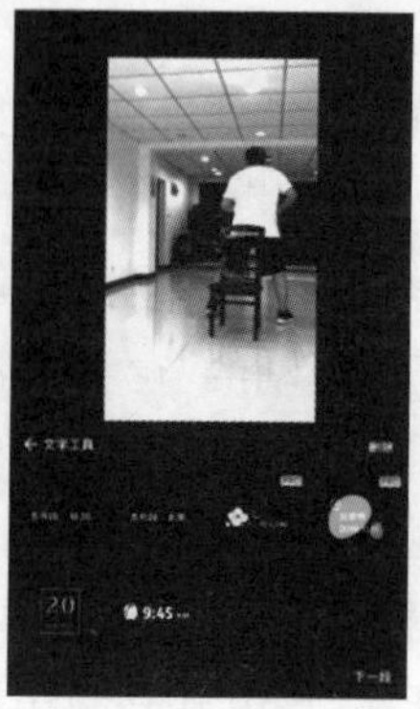
图 12

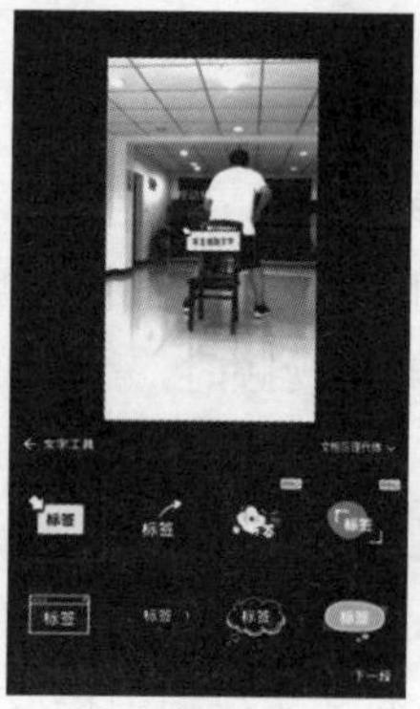
图 13

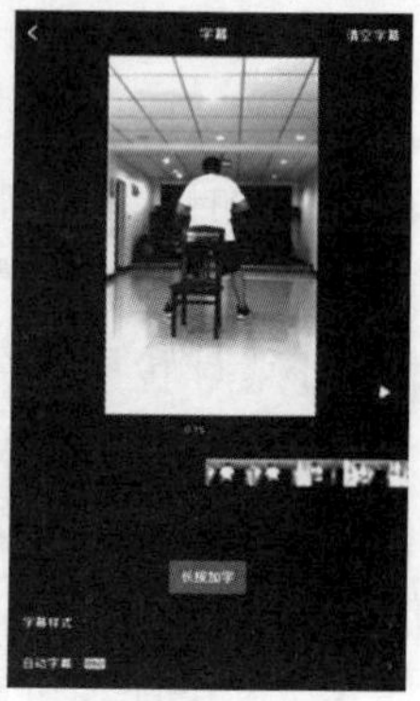
图 14

最后，笔者推荐文字朗读的功能应用，它不是 Vue Vlog 自带功能，需自己手动操作。在制作视频时因为会受到环境和客观因素的影响，比如所处环境较为嘈杂，某些教师普通话不标准或者处于生病期不能发声等等，所以可以采用 iOS 系统自带的朗读功能获取所需录音。首先，在“手机设置—辅助功能—朗读内容—声音—中文”中，选择需要的朗读声音。然后，回到大字界面（如图 11），在手机上拉菜单中选择“屏幕录制”后再次回到大字界面，双击文字界面，进入文字编辑界面，选择“全选—朗读”，朗读结束后上拉菜单里点击“屏幕录制”结束录屏。最后，回到图 2 视频编辑里截取视频长度，裁剪掉无用部分，然后从音频提取到所需文字模板，即可生成一段声文并茂的文字解说了。

（四）完整短视频（微课）制作

在将视频、音频、文字描述准备好之后，我们可以开始进行完整视频编辑。选择剪辑，进入图 1 选择界面，选择所需素材，按照顺序排列，再次说明，请选择合适的画幅，谨防视频完成后有些内容不可见，有些内容则过分放大。

首先，添加片头、片尾（如图 15、图 16），片头虽然只有六个主题可供选择，但每个主题选择的音乐不同，则片头的展示形式就不同，教师们可以自行尝试。片尾比较简单，一般插入自己学校的标识，再填上学校名和制作人即可。

其次，纯文字编辑模板，可插入自己的声音，也可用文字描述中的朗读截取功能。需要注意的是，调整纯文字模板时间，默认纯文字模板只有 1 秒时长，需根据录音和朗读内容自行调节。

再次，有些制作者不太会操作，制作其他素材时少了字幕或者音乐也可继续编辑，但是最好单个编辑，最后再集体汇总，这样安排可以减少排版的混乱。在底层编辑区还有边框和贴纸功能，可以锦上添花，有兴趣的教师们可以自行尝试。

最后，善于利用草稿箱（如图 17）。如果制作者确实没有完整思路或大纲，喜欢边做边改动，那么可以直接进入或者退出草稿箱，在此界面，想到什么就去做什么，可以单个视频制作，也可完整视频制作，方便快捷，还不用担心教学资源没被保存从而消失。

在所有资源整合编辑之后，点击“下一步”，就可以进行资源的保存和发布了。

图 15

图 16

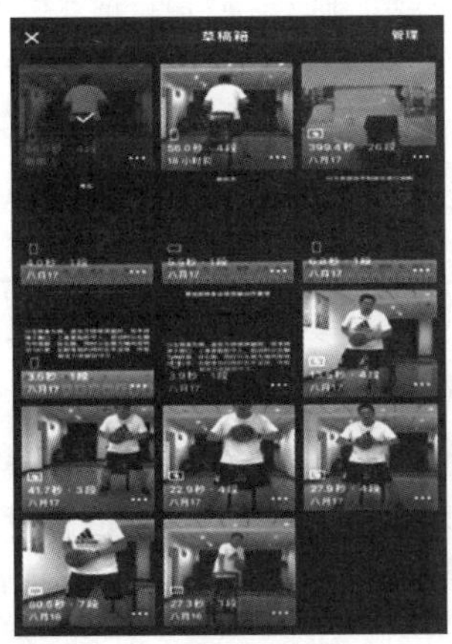

图 17

二、Vue Vlog 软件制作教学视频实际应用中产生的问题和解决办法

（一）产生的问题

1. PRO 是软件的收费素材资源，需要注册会员和交费后才能开通。如果不开通，那么保存和发布视频时则会移除 PRO 素材和效果。对于初学者来说，回头再找哪个地方用了什么效果无异于大海捞针，所以初学者一定要考虑是否需要开通会员。如果开通则无须考虑，如果不开通，则尽量不用

PRO效果和素材。

2. 如前所述，没有开通会员，在保存和发布视频时会出现一个瓶颈：只能发布3分钟以下的视频，3分钟以上的视频发布则不支持，而开通会员后支持3～10分钟的视频发布。但是无论开通与否，制作的视频都可以保存在手机上，再通过QQ、微信或者其他软件进行视频转移，就可以得到完整视频了。

3. 长时间运行软件会导致效果偏差。在整合视频时，需要大量时间去打磨视频的直观效果，因此制作者会积极尝试不同的效果和素材，包括贴纸和边框。但是在一段时间后，撤销的各类效果和现有效果会重合，导致视频剪辑混乱。这时候无须考虑，直接退出，系统会直接保存内容，然后再从草稿箱进入即可。

4. 没有文字朗读和识别功能，需要和手机录音、屏幕录制功能相结合。这无形中增加了制作者的成本，且需花费大量时间，还容易在视频、文字的音频排序中出错。因此，建议制作者前期将单个教学视频按顺序编辑好，到最后制作完整视频时插入即可。

（二）解决办法和注意事项

1. 发布前后要试看、试听。Vue Vlog软件虽然在剪辑中有视频完整播放流程，但是实际应用中会出现各种各样的漏洞，比如视频模糊、画幅未选对、音频与视频未对接、音频音量太小或文字描述朗读不完整等。因此，除了发布前自查，在发布后还要试看、试听，查找问题，观摩视频剪辑转换是否突兀，以达到较好的视频观看效果，让教授对象乐于接受。

2. 加强短视频（微课）教学形式多样化。在视频中除了解说性文字描述和教师亲自示范，还可以加入该教学资源在社会中的实际应用。比如笔者在制作教学视频时，剪辑了篮球转身技术在美国职业篮球联赛、中国职业篮球联赛、小学生比赛中应用的视频，供学习者学习，使其产生直观的动作技术概念，增强学习兴趣，对教学视频讲解性文字易于理解。

3. 合理运用短视频软件。每种信息化教学资源都有其优越性和局限性。在疫情影响下的停课不停学期间，短视频可以供学生居家练习。但是，在低风险地区，或者疫情结束后，学校授课还是得回到正轨上来。师生进行直面的交流，可以达到更好的沟通效果。即使做得再好的视频，也只是起辅助功能，可以引起教授对象的兴趣，却不能提供反馈。因此，复课后可在教室先观看，再到体育场上课。合理应用、相互结合、共同进步。

4. 要不断提高体育教师专业水平和能力。一直以来，体育教师被人为冠上“四肢发达头脑简单”“不爱学习”“神经大条”等标签。虽然信息化教学也应该是体育教师的基本功之一，但是真正的实际应用是少之又少，大部分教师依然习惯于直面学生。当面对镜头时，他们动作僵硬、解说磕巴、表情僵硬，导致专业水平无法正常发挥，影响短视频（微课）质量。所以体育教师也要与时俱进、热爱学习、不断创新，吸收先进的教育教学理念，磨炼基本功，为学生创造多种多样、有趣简单的教学形式。

以上是关于Vue Vlog软件在制作体育教学视频时的开发和应用，各位体育教师可以借鉴，并将其运用于开发其他体育教学资源项目中。

参考文献：

[1] 中华人民共和国教育部. 义务教育体育与健康课程标准：2011年版[S]. 北京：北京师范大学出版社，2011.

[2] 何丽婷. 微视频在中职体育教学中的运用[J]. 现代职业教育，2016(26)：350.

浅谈数据分析在提升初中历史教学质量中的应用

淮安市盱眙县第一中学　吴　杰

摘　要：教学质量的提升是教师孜孜以求的目标，课前备课、课堂教学、课后练习批改等方面的效果都是影响教学质量提升的因素。本文尝试通过数据分析了解学情、有针对性地备课，在课堂教学中引入数据，通过数据呈现、趋势分析和对比分析方式加深学生对知识点的理解；在课后练习批改过程中统计分析正答率等数据，进行总结反思，更好地指导备课和授课环节这三个方面来探讨数据分析在提升历史教学质量方面的应用。

关键词：数据分析　初中历史课堂　教学质量

教学质量提升的关键是课堂教学效果的高效，因此，增强课堂教学效果成为教育工作者一个长期研究的对象。笔者作为一线的初中历史老师，尝试过很多方法来增强历史教学质量。在众多的尝试过程中，笔者把目光重点转向了数据分析。

数据分析，顾名思义就是用一定的方法对收集到的数据进行处理，然后使用处理数据过程中得到的信息进行细致的研究和总结的过程。数据分析的结果可以成为人们作出判断和指导行动的依据。可见，数据分析是基于数据处理的一种测量方法，属于定量研究的范畴。唯有从数量变化中分析总结出精确的结论，才能为行为作出更好的指导和计划。研究表明，教师的行为影响着教学的效果，作为一线的初中历史老师，笔者想通过调整自己的教学行为来提高课堂教学效果，教学行为调整的依据则是从数据分析中得到的信息。为此，笔者进行了以下几个方面的尝试。

一、通过数据分析找准学情，有针对性地备课

找准学情才能使备课有针对性，才能使教学有效，所以了解学情是课堂教学效果提升的第一步。为了精准了解学情，笔者从学生的考试成绩、作业批改统计、课堂互动环节记录三个方面收集有效数据，并进行统计分析。

笔者所在的学校，包含历史科目的考试有期初学情测试、月诊断一、期中学情诊断、月诊断二和期末学情测试，每次诊断结束以后，这些数据都会放在教师群里供各科老师使用，因此这个数据很容易获得。得到数据以后，笔者主要对数据进行对比分析。

对比分析主要从三个方面入手：各班级总均分对比、各名次段均分对比以及学生对位分数对比。班级所有同学历史考试分数之和除以总人数就是班级历史总均分，通过这个数据对比可以很直观地了解所带班级与其他班级的差距，这个差距的分值越小越好，说明班级之间没有差距，特别是如果自己所教授的几个班级总体均分相差较大，则要重点关注滞后班级。滞后班级应该如何关注呢？可以从各名次段的均分对比分析中找到问题所在。笔者所在学校年级有1 200多人，年级按照所考察科目的总分前100名、前400名、前600名、前800名、前1 000名和全部学生给出名次段的均分，这个数据包括排

名都不对学生公布，仅作为老师分析数据使用。通过比对找出问题比较大的名次段，然后再通过对位分进行比对，找准学生。所谓的历史学科对位分就是按照总分排名各名次段的历史学科均分，比如月诊断考查了语文、数学、英语、物理、政治、历史、地理、生物八门课程，按照八门成绩总分从高到低排序，然后把前100名学生的历史成绩单独计算，为了减少极端值对平均数的影响，在计算对位分时，把总分前10名和总分第91到第100名的历史成绩去掉，再计算剩下80名同学的历史成绩均分，得到的分数就是前100名的历史对位分。笔者在比对的时候发现，如果某个总分排名在前100的同学，他的历史成绩低于前100名的对位分，那么这名同学的历史学习效果就要引起老师的重视。

通过对成绩的数据分析，笔者能找准班级的学情，明确每个名次段的学情，更能精准到个体学生，而了解学情以后才能更有目的地备课。为了更加全面地了解学情，笔者还在课堂交流环节和作业批改过程中收集数据，更加准确、有针对性地备课。

课堂交流环节的数据收集与分析主要有两个方面。一是收集班级学生举手回答问题的情况，这能明确哪种知识点突破的方法有效，进而指导备课，增强教学效果。方法主要是分析教师提问之后，学生举手的人数。比如，笔者在教授2018年部编版九年级历史下册第4课《日本明治维新》一课时，最初设计采用常规方法来突破明治维新的影响"日本明治维新成为日本历史上的重大转折点"这一知识点，就是在明治维新政治、军事、经济和社会生活四点措施讲完以后，从内容分析中引导学生理解。在后来的课堂提问中，统计了一下第一反应举手的同学竟不到班级人数的三分之一，这说明效果很不理想。课后笔者又进行了二次备课，重新设计这一环节。采用中考题材料突破，用的是"公元1866年，它还是一个相当于欧洲中世纪的民族，是一幅有田园风光的古香古色的漫画；到了公元1899年，它已经成了一个彻底西方化的民族，同最发达的欧洲列强处于同等水平，而且远远超过了俄国。——[英]H. G. 威尔斯《世界史纲》"这段材料，引导学生从材料中的"相当于欧洲中世纪的民族"到了公元1899年"成了彻底西方化的民族"，分析这两个时期的日本分别处于什么社会。学生结合在2018年部编版九年级历史上册第13课《西欧经济和社会的发展》一课知识可以得出"欧洲中世纪"指的是封建社会，而结合"公元1899年"为19世纪末期和"西方化的民族"在19世纪是资本主义社会这些前面学过的知识点，很快可以得出日本在1866年是封建社会，到了1899年则转变成了资本主义社会。据此再设问：什么事件促使日本由封建社会转变为资本主义社会？这一事件在日本历史上有何地位？这一事件的性质是什么？学生在深入思考这三个层层递进的问题后，很容易得出日本明治维新使日本由封建社会转变为资本主义社会这一史实，进而理解"日本明治维新成为日本历史上的重大转折点"，之后在提问环节，90%以上的学生都能积极举手要求回答。从这个数据分析中得出，利用材料引导学生参与分析是有效的教学方式，在以后备课中设计知识点的突破时，可以多采用将适合的材料引入教学的方法，引导学生参与分析。

二是结合学生在课堂交流过程中答案的精确程度，指导教师备课的精准性。比如，笔者在教授2018年部编版九年级历史下册第8课《第一次世界大战》一课时，当讲课进行到"一战"爆发时，设问"交战双方是谁?"对于这个问题，90%以上的学生能积极举手回答，有的学生直接喊出来"三国同盟、三国协约"，几乎所有同学都认为是这个答案，但显然这个答案是错误的，虽然书上指出了"俄、英、法等国也很快参战"，但是很多同学没能看清或者理解"等"字的含义，所有答不出来。这个信息告诉笔者要精心设计每一个教学环节，要精准，不能随意。为此，笔者重新进行了教学设计。用PPT投影图片(如图1)，让学生分析交战双方，开始心急的同学还会喊出"三国同盟、三国协约"，但是很快就质疑了自己的答案，并有了疑惑，这时候笔者引导学生总结出"一战"的交战双方"同盟国和协约国"，这样答案就精准了。

德国　奥匈帝国　意大利
奥斯曼帝国　保加利亚

英国　法国　俄国　塞尔维亚
意大利　比利时　日本

图1　第一次世界大战交战双方

作业批改环节的数据收集与分析主要是通过统计学生答题情况得出结论，从而指导习题讲评和其他授课环节的调整。比如《第二次工业革命》一课的练习案由 6 道选择题和 1 道含有 3 个小问题的材料题组成，笔者在批改时统计出来选择题第 1、2、3 题学生的正答率是 100%，第 4 题有 17 位同学选错，于是笔者把第 4 题做错的练习案挑了出来，仔细查看他们的答题过程。该题的题干是“某历史学家认为‘19 世纪 80 年代，世界交通领域里的一场革命源于一种新动力的发明’，这种‘新动力’应是(　　)”，选项“A. 蒸汽机　B. 内燃机　C. 电力　D. 飞机”。通过查看做题痕迹发现，这 17 位同学都没有完整地圈画出本题的关键词，本题的关键词是“19 世纪 80 年代”“交通领域”和“新动力”三处，属于没有找准找全关键词。得到这些信息以后，我在习题讲评时，第 1、2、3 题直接跳过去不讲，讲第 4 题时让学生再次审题，找准关键词，尤其是做错的同学很快自己就发现了问题，明白错在哪里。接下来，笔者在准备这个班级上课内容的时候，会注重培养学生找准关键信息的能力，从而达到增强课堂教学效果的目的。

二、将数据引入课堂教学，加深学生理解

笔者认为，通过数据分析找准学情、有针对性备课是提升历史教学质量的基础，而历史教学质量提升的关键是课堂教学的高效，让学生理解和记住所学的历史知识是提升历史课堂教学效果的最有效途径。笔者思考是否可以在历史课堂教学突破知识点时引入数据，用适合的方式呈现，进而引导学生进行分析并得出结论。通过让学生参与的方式达到增强历史课堂教学效果，从而实现提升历史教学质量的目的。为此，笔者在课堂教学中做了以下尝试：

(一) 直接用数据呈现，让学生切实感受

在历史课堂教学过程中，会有很多涉及战争的内容，在讲授战争危害的时候，引入数据比引入其他资料更能起到良好的效果。例如，在教授两次世界大战的影响时，引入下表(见表 1)，此为 2019 年四川乐山市历史中考题第 34 题材料一。

表 1　两次世界大战一览表

名称	时间	参战国家/个	卷入人口数/人	伤亡人数/人	经济损失/美元
一战	4 年多	30 多	15 亿	0.3 亿	3 300 多亿
二战	6 年多	60 多	20 亿	0.6 亿	4 万多亿

通过这个直观的数据表格，让学生讨论战争有哪些影响，学生很容易给出诸如“时间长”“参战国家多”“涉及人口多”“伤亡人数多”和“经济损失大”等直观的内容。笔者设问：“这些信息说明了什么？我们该怎么做？”，引导学生得出“两次世界大战给人类带来了巨大的损失，我们要珍爱和平，远离战争”的结论。

(二) 运用数据进行趋势分析，让学生感受变化

例如，在教授 2018 年部编版八年级历史下册第 11 课《为实现中国梦而努力奋斗》中经济建设取得重大成就时，结合了书上的 1978—2014 年国内生产总值的柱状图(如图 2)。通过这种柱状图展示，学生深刻地体会到 1978 年后，我国国内生产总值的巨大变化，从而理解改革开放对社会主义建设的巨大作用。

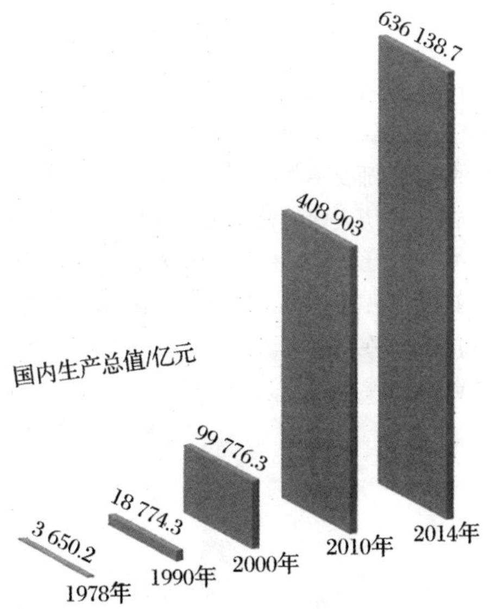

图 2　改革开放以来国内生产总值增长表

（三）运用数据对比，引导学生分析得出结论

运用数据让学生参与其中进行分析，充分调动学生的学习主动性，增强历史课堂的教学效果。笔者在教授2018年部编版九年级历史下册第8课《第一次世界大战》一课分析“一战”爆发的原因时，引入了三组数据进行对比分析（见表2）。

表2 19世纪末20世纪初列强实力对比变化一览表

国家	英	德	法	美
1870—1913年工业增长速度/%	1.3	4.6	1.9	8.1
1913年工业产量所占位置	3	2	4	1
1913年殖民地面积所占位置	1	4	2	5

学生分析这组数据时思考：① 这一时期主要资本主义国家经济发展趋势是什么？导致这种趋势出现的原因是什么？② 这一时期主要资本主义国家之间发展状况怎样？会产生什么样的影响？在引导学生分析1870—1913年工业增长速度的数据后，可以得出这一时期“欧洲主要国家的经济发展迅速”，对于这一时期欧洲国家经济发展迅速的原因，学生很容易想到是“两次工业革命的推动”。接着，引导学生分析1913年工业产量所占位置和1913年殖民地面积所占位置，可以发现工业产量所代表的经济实力和殖民地面积所代表的政治实力不相符，得出“资本主义国家经济实力与所占殖民地面积不成比例”这一结论，总结出“一战”的根本原因是“帝国主义国家之间经济、政治发展不平衡”，进而得出“后起帝国主义国家要求重新瓜分世界，帝国主义国家之间的矛盾必然会激化”这一影响。这一组数据很好地帮助学生理解了第一次世界大战的背景，增强了历史课堂教学效果，提升了教学质量。

三、课后分析练习案正答率，反思指导备课、授课

在备课和授课环节中引入数据分析，在很大程度上提升了教学效果。笔者每节课后及时总结上课时学生举手情况、回答正确率等数据，在批改练习的时候统计正答率数据，这样能从这些数据分析中找准有效信息，更好地指导备课和授课，提升历史教学质量。

自从把数据分析运用到备课和授课中，笔者对学情的把握更加准确，学生对所学内容的理解更加深刻，我深深地感受到了学生的变化，这更加坚定了自己借助数据分析提升初中历史教学质量的信心。

参考文献：

[1] 张怀梅.浅析教师教学行为对教学效果的影响[J]延安职业技术学院学报，1997(2)：72－73.

[2] 毛耀忠，张锐. 西方学情分析研究：源起、现状及走向[J]. 外国中小学教育，2017(7)：1－8.

[3] 罗秀英. 教师要不断揣摩教材[J]. 教育教学，2017(5)：293.

[4] 代洁. 初中历史课堂教学现状分析及对策研究：以岳麓区为例[D]. 长沙：湖南师范大学，2008.

[5] 周茵. 初中历史课堂提问艺术探讨[J]. 中学教学参考，2011(27)：83－84.

[6] 戴羽明. 挖掘历史教育的内在价值，提高课堂教学的有效性[J]. 历史教学(中学版)，2008(7)：38－40.

[7] 谭成. 浅议在初中数学中如何调动学生参与课堂教学的积极性[C]//2013年11月现代教育教学探索学术交流会论文集，2013.

甄别选用　成就精彩

——微视频在初中英语阅读教学中的运用与思考

泰州市姜堰区沈高学校　陈祝群

摘　要：通过观摩全区初中英语阅读竞赛课，笔者体悟微视频给英语阅读教学带来的便利，提出微视频在读前活跃课堂气氛、激发学生思维，读中调控课堂节奏、揭示材料寓意，读后深化文章主题、促成情感升华等诸多方面都具有积极意义。在教育信息化发展的大背景下，微视频技术对英语教学起到了积极的辅助作用。

关键词：微视频　初中英语　阅读教学　教育信息化

微视频是指教育教学过程中使用的形态多样、视频时间相对较短、内容针对性强、操作简便的一种视频形态。2018 年 4 月，教育部印发的《教育信息化 2.0 行动计划》提出，要坚持以信息技术与教育教学的融合创新为核心理念，而借助微视频进行初中学英语阅读教学正是大力实施教育信息化 2.0 行动计划的科学之举。初中生的英语水平较低，阅读能力有限，虽然初中英语阅读课的题材丰富多样，但单纯大量的文字阅读难免会令学生产生厌烦之感。微视频技术的合理运用，能有效弥补这一缺憾，因为微视频能够借助图像、声音等途径对学生视觉以及听觉形成强烈的冲击，充分激发学生的思维，从而有效促进多项课堂教育教学目标的达成。

2019 年 4 月，笔者有幸参加全区初中英语阅读竞赛课的观摩学习活动。活动共设 6 堂课，每堂课时长 45 分钟。按照这 6 堂课的展示顺序，文中分别以 L1、L2、L3、L4、L5、L6 表示。来自不同学校的教学能手们自定阅读主题、自主选材、自由教学设计。课堂上，教师们灵活运用 PPT、Flash 动画、微视频等多种技术手段辅助教学，尤其微视频技术的使用最令我印象深刻，因为每堂课都使用微视频，并且教师们创造性地将微视频运用在了不同的阅读教学环节之中。L1、L5、L6 运用微视频进行读前导入；L2、L4、L6 运用微视频进行读中引领；L3、L6 运用微视频进行读后拓展。可见，微视频技术已为很多教师所掌握，其受欢迎程度不言自喻。

一、微视频在初中英语阅读教学中的有效应用

（一）读前活跃课堂气氛，激发学生思维

巧妙的课前导入不仅能吸引学生的注意力，更能有效激发学生的求知欲望，从而有利于后续教学活动的顺利展开。相比传统的口头言语导入，用微视频进行读前导入能像磁石一样把学生牢牢地吸引住，并可有效激起他们思维的火花。此次观摩活动中，L1、L5 和 L6 都运用微视频进行了读前导入。L6 这节课的阅读主题是“To Save Others Means to Save Ourselves”，对于涉世未深的初中学生而言，这个主题稍显生僻一些。为了缓解课前的紧张气氛，教者先播放了一小段视屏，大体内容是：一辆汽车在行驶过程中突发险情，车内起火，乘客慌作一团。此时视频暂停，教者顺势抛出一个问题：“What may happen to the people on the bus?"。学生根据自己的生活经验积极大胆推测，并自觉运用已学语言知识进行表述："All the people will run wildly in all directions; Someone may try to jump out of the bus window; Some people may be trapped and scream on the bus; It's highly possible that many passengers lose their lives because of the heavy smoke."。原本紧张的课堂一下子活跃了起来，教者微笑着夸赞同学们的积极思考，并自然过渡到文本材料："Daniel was on the bus by accident that day. Let's read his report and find out the consequence（结果）together."。这样，教师成功地激发了同学们的探究欲望，顺利进入本课的后续学习环节。

（二）读中调控课堂节奏，揭示材料寓意

在"读中"环节，教者应当协助学生用科学的阅读策略来理解文本、获取信息，从而实现阅读技巧和阅读能力的提升。这次阅读课竞赛活动，有三堂课在读中环节使用微视频，分别是L2、L4和L6。L4这堂课的主题是了解英美餐桌礼仪。在紧张的文本阅读与信息获取环节后，教者播放了一小段微视频，为我们展示一场大型的聚餐活动场景。教师让同学们积极讨论，并以小组竞赛的形式指出视频中哪些行为不符合英国餐桌礼仪。如此，既调控了原本紧张的课堂节奏，又帮助学生进一步加深对西方餐桌礼仪的认识。而L2这堂课的读中活动，由于阅读材料的难度稍大，为了有效揭示文本主题，教者选用了一则幽默小短片，并配以简洁的英文字幕。借助这个短片，同学们在轻松缓和的课堂气氛中积极思维、大胆表达，并最终成功概括出本节课的阅读主题——"Never Try to Cover Mistakes, or Things Will Change for the Worse"。

（三）读后深化文章主题，促成情感升华

在读后环节，教师可以通过一系列活动来协助学生内化文本，促成情感的升华。L6这节课，教者确定的阅读主题是"Unity Wins while Separation Fails"。在完成既定的课堂阅读任务后，教者在读后环节给大家播放了一小段微视频，内容为2004年雅典奥运会主题曲《薪火相传》的MV。教者非常有心，在播放视频前，将整段歌词印发给全班学生，布置大家在观看完视频后，将最令他们感动、印象最深的词句写下或画下，并相互交换赏析。此举既深化了本课的主题，又促成了学生情感的升华，还提升了学生对美词美句的赏析能力。

可见，在初中英语阅读课中借助微视频进行教学，的确有利于各项活动的开展和多维教学目标的达成。但是，和任何现代技术一样，微视频技术只是服务于教学的一种手段，其使用目的是提升教育教学效果。本次活动中，各位选手都积极选用微视频技术来辅助教学，效果显著，但笔者深思后觉得个别视频资料的选用似乎欠缺思考，其合理性值得商榷。

二、微视频选用失当存在的问题

（一）概念不清，偏离既定阅读主题

L3在读后检测拓展环节选用电影*Titanic*中的经典片段，即Rose在木板上与Jack诀别的片段。虽然影片情节感人，但用在本堂课上似乎不太恰当。因为本课主题是"Great Love"，应是指人世间的大爱，同时，教者准备的两篇阅读文章也分别表达了伟人特蕾莎修女的博爱以及一位单身母亲对流浪孩童的无私的爱。然而，*Titanic*的视频片段大约只能表达情侣间的真挚情爱，好像不太贴合本节课的阅读主题。此外，教者布置的观后任务是要学生模仿视频配音。画面中Jack在冰冷的海水中瑟瑟发抖，言语断断续续，尽管音色纯正感人，但情感色调明显与本节课主题的关联性不强。为此，笔者建议教者或可选择与本课相关主题的一首诗歌或一个语言片段让学生吟诵，这样既能帮助学生充分理解阅读主题，还可促成学生情感的升华。

（二）耗时冗长，占据太多阅读时间

在初中英语阅读课堂选用微视频辅助教学是科学合理的，但前提是必须符合教学需要，并遵循课

2020年
全省电化教育馆（教育信息化中心）馆长（主任）会议

9月28—29日，2020年全省电化教育馆（教育信息化中心）馆长（主任）会议在宁召开。省教育厅一级巡视员洪流出席会议并讲话。

洪流充分肯定了全省电教系统在教育信息化事业改革发展特别是在新冠肺炎疫情期间保障“停课不停学、停课不停教”工作中发挥的重要作用，强调要认真贯彻落实党和国家对教育信息化的决策部署，积极顺应人工智能技术的发展潮流，推动人工智能技术与教育融合创新，以教育信息化支撑和引领教育现代化。要认真总结在线教育发展经验，在疫情常态防控条件下促进线上线下教育融合发展，推动教育理念和教育模式变革。他要求，面向“十四五”，全省电教系统要充分发挥优势，当好技术与教育之间的桥梁和纽带，服务教育改革发展大局。要聚焦重点难点持续发力，确保在优化信息化基础环境、扩大优质教育资源覆盖面、打造江苏教育信息化品牌、保障教育系统网络安全上取得新成效，系统谋划好“十四五”教育信息化发展。要强化廉政建设在内的队伍自身建设，打造高素质专业化干部队伍，为建设现代化教育强省、构建新时代教育信息化发展格局做出新的更大贡献。

会上，省电化教育馆（教育信息化中心）负责人作工作部署。各设区市电化教育馆（教育信息化中心）负责人参加会议并分别作交流发言。

1. 会议场景
2. 省教育厅一级巡视员洪流
3. 参会主要领导

扬州大学

扬州大学是江苏省人民政府和教育部共建高校，江苏省属重点综合性大学，江苏高水平大学，全国百强省属高校建设计划支持高校。近年来，扬州大学全力构建“智慧教育”生态，走出一套信息技术与人才培养、科学研究等深度融合和创新应用的“先手棋”。

学校持续优化网络环境，建成了统一认证、统一管理，多融合、全覆盖的一张网，实现 7 个校区互联互通、无线网全覆盖。建成高可用、高可靠、高安全的数据中心，建成 800 多平方米的高标准云数据中心机房，并采用主流 VMware 虚拟化技术，面向全校提供虚拟计算资源和存储资源。大力推行新型教学模式，建有省级大学生创新创业实践教育中心，国家级虚拟仿真实验教学中心 1 个，国家级示范性虚拟仿真实验项目 2 项以及多媒体教室 496 间，智慧教室、录播教室 100 多间。

共建共享优质课程资源。学校目前拥有 5000 多门网络课程，年建设 SPOC 等混合教学课程数 40 门以上，网络教学综合平台总访问量达 2.6 亿人次，日最高访问记录 8.6 万人次，最高课程访问量达 32 万人次。开放海量多样图书档案资源，中外文数据库达 120 余种。推广特色数字文化资源，设立教育部首批 20 家大学生网络文化工作室（江苏唯一），全国首家“海外惠侨工程中餐繁荣基地”开通“中餐繁荣网上课堂”，牵头建设“大运河文化带建设数据库”等。

大力推进智慧教学、智慧科研、智慧管理，建成基于物联网、VR、AR 等新技术的大型仪器开放共享平台、高邮现代农业科教示范园区生态智慧牧场等，实现了网络化、可视化、实时化管理。通过科研服务平台等大数据分析，对教师精准画像，精准推送科研资讯。

智慧学工实现了学生在校期间一条龙、不断线、全过程管理。从招生录取，到迎新报到、选课、请销假、评奖评优、重（辅）修、论文作业管理，直至毕业离校等大学期间日常事务，均实现了线上办理。学校还运用大数据分析等技术，对学生进行学业预警、行为预警、精准画像、精准补助等。“扬大智慧学工”入选 2019 年中国智慧城市案例集。

智慧后勤大大提高师生“幸福指数”。学校通过自主设计、合作开发，建成了服务监督、零星维修抢单、公寓管理、体检预约、水电查询缴费、餐饮服务、幼儿教育等 34 个业务系统，进一步提高服务师生的效率与质量。学校多次荣获国家级节约型公共机构示范单位、省高校后勤信息化融合新业态开拓奖等荣誉，受到了《中国教育报》《中国科学报》、江苏卫视、学习强国等媒体广泛报道。

①

②

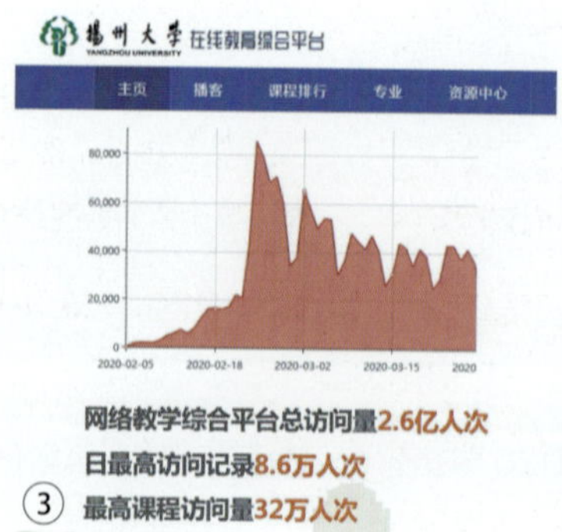

③

④

⑤

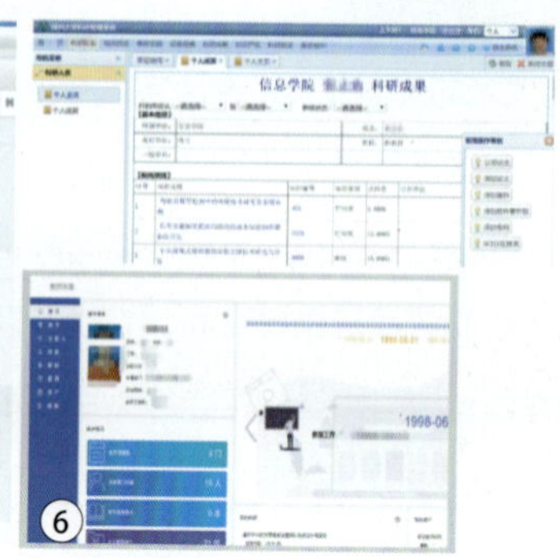

⑥

⑦

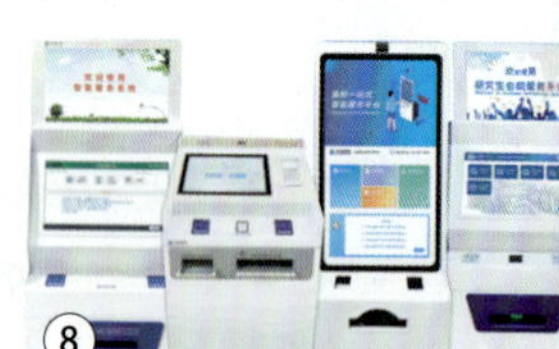

⑧

1、2. 智慧教室
3. 扬州大学在线教育综合平台
4. 大学生网络文化工作室
5. 大型仪器开放共享网络管理平台
6. 科研服务平台
7. 校园一卡通功能持续发展
8. 智能+自助服务

江苏省智慧校园示范校

南京师范大学附属中学新城初级中学怡康街分校

南京师范大学附属中学新城初级中学怡康街分校是由百年名校南京师大附中和建邺区教育局于 2014 年 6 月合作创办的一所公办性质的初级中学，与附中本部及新城集团兄弟学校实施科研一体化管理。

“十三五”期间学校重点打造智慧校园。目前学校已经初步实现无线网络全覆盖，具有机器人室、3D 打印室、STEM 创客室、数字化实验教室、录播教室、校园电视台等信息化装备，通过企业微信公众平台的使用，初步实现学校管理智能化，数字智能班牌的使用让学校安全管理、德育管理等具备智慧化。推进 BYOD 新教学模式的探究与应用，使得智慧课堂普及化、常态化。《智慧校园环境下个性化学习模式的构建及策略研究》《移动学习环境下互动反馈教学设计及实践研究》等两项课题获得中央电教馆课题立项，《数据驱动下的 ICT 与数学学习融合的设计研究》获得江苏省教研室第十二期课题立项。

学校在智慧校园建设中，其成果充分得到市区领导的肯定，并获得一些荣誉。学校荣获“南京市数字化校园”称号，2017 年被评选为南京市“智慧校园示范校”，获评教育部 2018 年度网络学习空间应用普及活动“优秀学校”，获 2020 年省级智慧校园示范校荣誉。近年来，师生在各项信息化竞赛中均获得较好成绩。

①

②

③

④

⑤

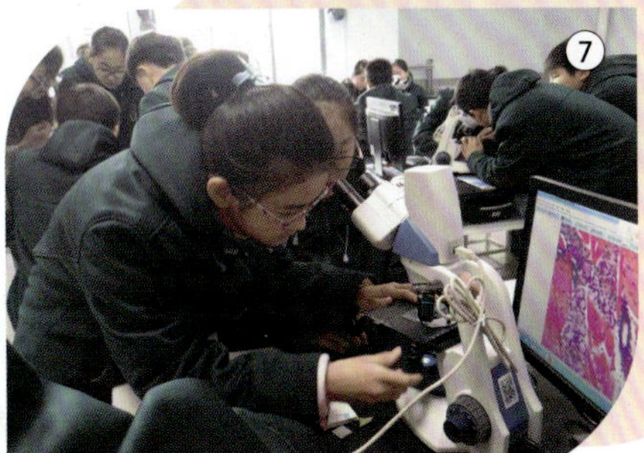
⑦

⑥

1. 数字化实验室
2. 多功能教室
3. 中央电教馆课题开题论证会
4. 平板教学培训
5. BYOD模式下物联创新课堂
6. 学生在物理课中运用数字化实验室设备做电功率实验
7. 学生在生物课堂上运用数码显微镜做实验

镇江市中华路小学

镇江市中华路小学在智慧校园创建过程中，围绕“以人为本，应用为上”的宗旨，更新现代化实施设备，做到每台装备有人管、有人用，直接服务教师教与学生的学，实现了电脑配置超省标，电子班牌全覆盖，光纤、无线网络、电视直播班班通，液晶显示屏、交互式一体机班班有，未来教室一键式录播，动漫创客室创意作品周周有，平板电脑人人会，新增超星阅读机生生爱。2017 年学校高分通过了镇江市首批智慧校园创建验收，2019 年创成“江苏省智慧校园示范校”。

学校成立了校长为组长，分管校长为副组长，信息教师和各学科骨干教师为骨干成员的“中华 e+”核心团队，通过团队开路、骨干引领、辐射带动的方式，引领全体教师在实训中学习、掌握自动录播、解铃笔记、大小屏互动等新技术，使他们迅速从“新手”成长为“熟手”，教师新媒体信息技术应用水平不断提高。

2017—2020 年，学校以省级信息课题《着眼未来 技术融合——指向学生学科核心素养的智慧课堂行动研究》的研究为抓手，积极开展信息技术支撑下的课堂教学改革，在未来教室成功举办市区学科教学与信息技术整合研讨课六届：语文学科着力于解铃笔记功能的使用，课上纸笔互动助力师生教与学；数学学科着力于平板电脑的使用，借助云课堂技术提高课堂教学效率。英语学科运用答题宝工具增进课堂互动，激发学生学习兴趣；美术学科利用大小屏的切换功能直观互评，运用奇奕画王软件，把传统的美术教学与现代信息技术相融合，学生创新能力得到提升。

学校以 V 屏为依托，通过 V 校平台将智慧管理、智慧教学、智慧服务融合在一起。尤其在学校德育工作中，利用电子 V 屏对学生进行智慧评价，建立了“最美班级评比”“中华之星评价”“单项表彰”三个层面的评价体系，教师通过 V 校平台既可以用手机或平板点对点对学生进行实时评价，也可以在 PC 端，对学生进行批量评价，最终借助大数据对学生进行综合评价。

作为国家级“中华诗教先进单位”，学校积极开发诗词歌赋课程，借助 V 校平台建立 V 屏诗词资源库，按年段每周向学生推送诗词。学生使用电子班牌、家长手机随时浏览诵读。教育资源与智慧平台的完美融合，促进了学校诗教特色的发展，学生在镇江市诗词大赛中多次获得一、二等奖。

随着智慧校园创建，学校师生信息技术运用水平普遍提高：1 名教师获江苏省首届智慧课堂创新教学大赛一等奖，近 10 名教师在“一师一优课、一课一名师”活动中获教育部、省级“优课”；近 50 名学生在全国、省、市机器人比赛、电脑制作等竞赛中获一、二等奖，其中 1 人获全国网页制作一等奖。

①

②

③

④

⑤

⑥

1. “解铃笔记”运用于语文教学
2. 美术学科运用奇奕画王软件教学
3. 校园广播电视台
4. 电子班牌
5. 平板电脑互动教学
6. 音乐学科教学

堂效果最优原则。因此，教者所选视频要尽量做到短小精悍。否则，视频片段偏多，用时过长，必然会占据太多宝贵的阅读时间，使得应有的阅读时长不够。课堂活动看似热闹，但华而不实，如此自然不利于学生阅读能力的培养。如 L6 这节课中，教者先后共播放了 3 小段微视频，笔者课后对其视频播放总时长作了精确统计，结果为 11 分 26 秒。细想，单单播放视频就用去了近 1/4 的课堂时间，这样的教学设计应该值得推敲。

（三）语言生涩，超出学生英语水平

此次活动中，教师们都做了充分准备，选用的视频资源也都是原汁原味的英文版本，这对提高学生的听说能力应是大有裨益的。但是语言材料首先要适当切合学生的实际水平，因为依据克拉申的理论，可理解性语言输入是语言习得的必要条件。如 L4 在读中环节播放的视频，旨在创设情境、唤起学生的情感共鸣，但教者所准备的视频语速偏快、词句生涩且没有字幕，结果，学生听得云里雾里，最后教者不得不转述，甚至用中文逐句翻译，如此，既耗费许多宝贵的课堂时间，也达不到发展学生语言能力的初衷。

在教育信息化发展的大背景下，微视频技术对英语教学起到了积极的辅助作用，这不仅符合我国教育信息化发展规划的阶段性目标，更贴合《教育信息化 2.0 行动计划》的基本原则。当然，教师在将微视频技术应用于课堂教学实践时，必须要综合考虑教学目标以及学生的实际水平，遵守“适时、适度、适量”的原则，如此方能真正发挥微视频技术在教育教学中的积极作用。

参考文献：

[1] 李佛招. 读前、读中、读后的英语阅读策略在初中英语教学中的应用[J]. 读与写(上，下旬)，2016(24)：165.
[2] 张春燕. 微视频教学在小学英语课堂中的应用研究[J]. 考试周刊，2014(95)：96－97.
[3] 张晓娟. 因为需要，所以精彩[J]. 小学教学参考(数学版)，2011(20)：39.
[4] 赵桂娟. 初中英语口语教学中的微视频应用[J]. 中国教育技术装备，2014(23)：105－106.
[5] 赵正红. 微视频教学资源在初中英语课堂教学中的应用研究[J]. 新课程导学，2014(36)：58.

信息中学习，翻转中提升

——教育信息化视域下翻转课堂在小学语文教学中的实践应用

常州市湖塘桥第二实验小学　陈雪娇

摘　要：在素质教育背景下，翻转课堂是一种新型的教学模式，颠覆了传统被动学习教学模式，得到了广泛应用。翻转课堂模式不仅能够突出学生的主体性，为学生提供自主学习平台，进而激发其学习兴趣，挖掘思维潜能，更能够遵循学生的个性学习需求创设教学活动，有效提升学习效率。在翻转课堂模式的引导下，真正将“被动做”转变成了“主动学”，实现了课程教学的革新，充分启发学生的多元智力潜能，真正实现以学生为主体，以教师为主导的高效课堂。

关键词：教育信息化　翻转课堂　小学语文教学　教学实效性

素质教育背景下，学生的主体性得到了尊重，传统教学模式已经不能适应学生个性化和全面化的发展需求。现阶段，教育信息化为教学模式的创新提供了新的契机，翻转课堂则在教育信息化背景下成为颠覆传统教学理念的一种新型的教学模式。翻转课堂教学模式更加突出学生主体性，更尊重学生的个性化发展需求；同时，借助翻转课堂教学模式还能够有效开发教学资源，实现教与学的协同改革。翻转课堂强调利用现代化信息技术将教学内容中的某个环节或者知识点进行课堂再现，“再现”是翻转课堂的基本特点，而新课程理念提出“教师应引导学生发展自主学习能力，使学生真正成为学习的主人”的要求，可见，翻转课堂模式是教育信息化的一种新型产物，更是符合新课改要求的一种新型教学模式。翻转课堂模式的应用给学生提供了自主学习的空间，更将语文知识的重难点化难为易、化繁为简，满足学生的个性化学习需求，进而让学生的语文学习兴趣更浓，使教学效率更高。

笔者从以下几方面探究借助翻转课堂激发学生学习兴趣，创新语文教学手段的有效途径。

一、课前翻转教学方式，微课激发学趣

传统语文课堂教学中，大部分教学模式都比较单一化，表现为老师讲、学生听和记。这种按部就班的教学方式忽略了学生的主体地位，且长时间的听讲会不可避免地导致一部分学生产生消极情绪，不能集中注意力，学习效率差，甚至出现厌学心理。借助翻转课堂理念将教学方式进行翻转，利用多媒体技术制作优质的微课视频，学生可以借助微课提前预习，也可以有针对性地复习巩固重难点知识。这样既能够满足学生的个性化和差异化学习需求，也能够转变以往沉闷的课堂氛围，给学生足够的新鲜感，进而激发语文学习兴趣。

比如，部编版三年级语文上册《大青树下的小学》这一课，其教学内容涉及的生字较多，还包括了有关少数民族的内容。为了加强学生对少数民族的了解，巩固对相关生字的记忆，更好地培养学生的文

化品质，教师在课前就发动学生搜集有关少数民族的资料。与此同时，教师还准备了具有云贵地区少数民族特色的音乐磁带和CD碟片。部分教师将相关音乐作为背景，仔细梳理了课文的主要内容和生字词，制作成微课的形式。在课堂伊始，教师通过微课帮助学生巩固课前预习效果，然后系统梳理自主学习的情况，重点剖析重难点内容。小学生对这种音乐、图片、文字、视频相结合的教学方式非常感兴趣，课堂学习的注意力更加集中。而对于教师而言，微课将教学内容集中化和系统化，节约了课堂教学时间，与此同时，这也更便于学生课后自主学习。因此，微课能够激发学生学习兴趣，提升课堂教学实效性。

二、课中翻转学习模式，引导合作探究

传统课堂多以教师为主、学生为辅，学生在课堂教学过程中多处于被动接受的状态，因而学生自主学习兴趣并不高，求知欲和探究热情也不强。在新课改背景下，教师除了转变教学模式，还需要转变学习模式，将传统教师主动、学生被动的学习方式进行翻转，构建新型的师生关系，以充分体现学生的主观能动性，培养学生自主参与、自主探究、自主创造和自主学习的能力。所以，借助翻转课堂可以构建平等、民主、自由的学习环境，引导学生自主合作探究，并激发学生的自主学习兴趣。

比如，部编版三年级语文下册《古诗三首》教学时，教师提前录制好一段教学视频，首先为学生介绍唐代的两位著名诗人——诗仙李白和诗圣杜甫，接下来重点介绍《绝句》的作者、创作背景和内容，随后向学生介绍了借助关键词进行古诗词赏析的学习方法。最后，在教学视频结束时留思考问题“自读古诗时，你看到诗中刻画了什么景象？为什么诗中不仅有春色还有气味呢，你是从哪些词句中感悟到的？诗句中小燕子在做什么？一对鸳鸯在做什么？为什么睡得香甜？”课堂上，学生首先在全班交流了小组赏析的结果。每个小组讨论的内容都不同，比如：一个小组讨论了这首诗主要刻画的景象，始终体现美好春色和气味的关键词是迟日江山（丽）和春风花草（香）。春天来了，日照时间长了，所以是迟日。从春风、燕子和泥融等关键词可以看出诗句描写的是春天。另一个小组讨论的问题是《绝句》中所描绘的景物，有春日、江山、春风、花草、泥、燕子、沙、鸳鸯，通过小组讨论，从诗句中分析了景物的样子，如（温暖）的春风和（火红）的花等等。借助关键词分析理解“迟日江山丽”的诗意，“沐浴在春光下的江山显得格外秀丽。”还有一个小组讨论了这首诗中出现的小动物，为什么会吸引小动物来？因为春天到了，小燕子在飞来飞去地衔泥筑巢，具体能够从“泥融飞燕子”这句中体现出来。在各小组讨论过程中，同学们各抒己见，能够以视频课件为索引，发现古诗词赏析的学习方法，进而有效提升自主学习的能力。教师更借助翻转课堂模式，引导学生自主合作探究，优化课堂教学实效。

三、课后转变评价观念，培养自学能力

传统课堂教学中的教学评价一般是教师对学生进行评价，评价形式主要为作业、考试或者课堂提问等方式。学生在评价中处于被动状态，且没有凸显出教学评价的公平、全面和综合性特点。翻转课堂模式下的课堂教学突出了学生的主体地位，因而教学评价也需要转变。那么，如何科学合理地开展评价呢？教师应激励学生开展自主评价和互相评价，利用教学评价培养学生对语文的学习信心，提升学生的语文素养。所以，激励自主评价、引导学生互评成为翻转课堂下教学评价的主要形式。

比如：课前阶段，可以实施前期评价，学生观看视频进行自学，教师可附加有关的课前练习题增强预习效果。学生自主学习并自我评价的方式，能够充分激发学生的学习兴趣。课中阶段，可以实施互相评价和自主评价，学生根据预习学习成果，合作交流学习，互相促进，并通过课中学习阶段的互动环节，展开自评和互评，寻找自己在自学中的不足，学习他人的有效学习方法。互评中学生对语文的学习信心凸显出来。在此环节，教师主要起到引导评价作用，激励学生进行自主评价，引导学生互相评价。课后阶段主要实施主观评价。教师针对学生在整个学习过程中的表现开展综合评价，总结学生的学习

效果与不足。以部编版三年语文下册《陶罐和铁罐》的内容为例：

课前设置预习附加练习题：

(1) 能够正确读写谦虚、傲慢、懦弱和代价等词语，并写出其近义词和反义词。

(2) 能够复述故事，并分角色朗读。

(3) 通过课文了解铁罐和陶罐的不同性格，读懂文章讲了什么道理。

(4) 默写补充课文内容“铁罐仗着坚硬，常常(　　)陶罐。若干年后，陶罐从废墟里被挖出来依旧(　　)，而铁罐却(　　)……

学生结合练习题评价自己的预习效果，并针对不足的地方加强学习。

课中阶段，学生以小组形式针对“从哪些句子可以概括出陶罐和铁罐的不同性格和结局”问题展开讨论，小组间进行互相评价，最后教师进行总结性评价。

课后阶段，通过课堂提问环节对学生的学习效果展开主观评价。不同学习环节中都突出了学生的主体性，利用翻转课堂模式设置相关的问题和任务，从而驱动学生自主学习和评价反馈。

课堂热闹起来，学生对课文的学习也更加投入，并逐渐掌握了语文学习的一些有效方法。

总之，翻转课堂模式能够适应新课改对课堂教学模式的革新要求，也能够适应小学生的认知规律和学习特点，同时为教育信息化的推进提供契机。借助翻转课堂能够突出学生在课堂教学中的主体性，而利用教学视频引导学生自主观察、认知、推理和反馈等，能够有效拓展学生语文学习思维。所以，在翻转课堂模式的引导下学生真正将“被动做”转变成了“主动学”，由此实现了课程教学的革新，充分启发了学生的多元智力潜能，让课堂真正变成了以学生为主体，以教师为主导的高效课堂。

参考文献：

[1] 严军卫. 论翻转课堂教学模式在小学语文阅读教学中的应用[C]//教师教育论坛(第五辑). 广西：广西写作学会教学研究专业委员会，2019：614－616.

[2] 杨美凤. 论翻转课堂教学模式在小学语文阅读教学中的应用[J]. 才智，2018(20)：142.

[3] 于涛. 翻转课堂教学模式在小学语文阅读教学中的应用分析[J]. 文化创新比较研究，2018，2(8)：175－176.

[4] 孙火丽. “翻转课堂”模式在小学语文教学中的实践与思考[J]. 学周刊，2017(36)：91－92.

趣味田径校本课程数字资源的开发与应用研究

南京市潭桥小学　周梦杰

摘　要：常态体育课往往只教学生单个或两个技术，而没有与整个项目运动或比赛有机联系，学生在课堂上失去激情，造成学生喜欢体育而不喜欢体育课的形势。校本课程的开发是新课程改革的必然趋势，优质的网络环境更为数字化体育校本课程提供了可能。本文以趣味田径校本教材为依托，以数字化资源为载体，建设可以共享的可视化教育资源，为学生的发展提供更大的空间。

关键词：数字资源　趣味田径　体育校本课程　开发应用

一、数字化体育校本课程资源开发的实际需要

在南京市体育优质课赛课观摩学习活动中，笔者第一次接触到现代远程教育和移动多媒体在体育课堂中的教学应用。教师利用生动的视频辅助技术动作的教学，然后采用“照镜子”游戏软件检测学生动作是否规范。那些精彩的片段和瞬间深深地吸引了笔者，让笔者激动不已。回到学校后，笔者一直在思考：是什么让我如此心潮澎湃？是赛课教师课堂上优质的信息教育资源的魅力，是教师利用信息资源上课的方式，是孩子们在教育信息资源中体会到的学习乐趣。基于南京市潭桥小学的校情，作为体育老师，我在思考能不能让我校体育教学也跟上时代潮流呢？

根据前期调研，小学体育课田径运动内容占比情况为：10%～20%（7～14 节）、20%～30%（14～21 节）、30%以上（21 节以上）。基于大数据，我校积极开发趣味田径校本教材。恰逢趣味田径处于推广和尝试阶段，优化趣味田径数字化教学资源配置，将使教育资源发挥出最大的效用，而且可以提高利用率并最大限度地满足学生在家课前预习和课后准确练习动作的需要。基于数字化的体育校本课程资源的开发是为教育教学服务的，我们体育组合力探索数字化的趣味田径校本教材的可操作性。

目前，在我校智慧校园创建成功的背景下，日常会务信息、课件、电子教案、电子图书、后勤管理已经非常信息化、智能化。但是体育课多在室外活动，很多有助于课堂的多媒体素材，在常规情况下很难在体育课堂上发挥作用。在常态课的教学中不难发现，体育课准备活动时，播放音乐带领学生活动关节，课堂效果非常好，在跳绳练习时，给学生加入节奏鲜明的音乐伴奏，比老师多次讲解还要高效。因此，笔者相信数字化体育课程资源的应用将在教育中发挥出更为直接的作用。

二、网络化环境下数字化趣味田径课程开发的前提条件

现实和梦想总是有差距的，工作中难免遇到问题和困惑。在开发数字化趣味田径课程时，我们遇到了很多现实的问题：专业技术人员的不足（如分镜头、剪辑）、时间不足（除了研究校本教材，还要完成体育教学任务）、专业设备不足（学校仅有 2 台单反相机和 1 台 DV 机）等等。这些问题像一座座大山

压着我们，但我们不放弃，努力前行。

数字化教育资源涉及面广，开发数字化趣味田径校本课程首先离不开经济支持和技术支持，还有专家团队的支持，因为教师专业方面的知识结构和能力层次以及教师的信息化教学能力是趣味田径校本课程开发的前提条件。我们的优势就在于年轻、能动性强，有更多的精力把学校发展和资源发展以及个人专业成长发展相结合。其次是对教材的定位，在全民健身的理念下，家长、学生、社会人员都可以通过学习数字化趣味田径课程了解其项目规则和每一项技术的动作要领。最后要有合作的精品化推广平台，我们学校长期与校园广播电视台合作，能够有效地让孩子们、家长们以及社会人员知道这个项目。

三、数字化趣味田径校本教材的稿本开发

在新课程改革的背景下，我们在校本课程开发和实施工作中摸索出了一些经验，趣味田径校本课程的实验版纸质稿已经形成，但是缺乏专家团队的把关，专业性上还有待考察，这是目前亟待解决的重要问题。当然，我们团队也在探讨合理的教学实施策略，逐步完善趣味田径校本教材中一些项目的练习方法。

（一）“鱼雷”项目的多种练习法

1. 场地要求：起点端距离横绳 5 米，横绳高度为 2 米，距离远端目标区域为 3 米。

2. 拓展方法：(1) 用折叠垫围成区域，用“鱼雷”掷准；(2) 进行抛接游戏；(3) 进行不同姿势的投掷。

（二）速度“绳梯”的花式玩法

1. 场地要求：用少儿趣味田径速度绳梯器材摆放场地，速度绳梯每格 50 厘米，共用 9 条线画出 9 格，两端距离为 9.5 米，起点端标志桶距离速度绳梯第一条标线为 2.5 米，左后一条标志线距离远端标志桶为 2.5 米。

2. 拓展方法：(1) 并脚连续跳完绳梯；(2) 横向小滑步；(3) 前前后后；(4) 进进出出；(5) 并步小跳接小碎步；(6) 前后交叉步；(7) 蝎子摆尾。

（三）跨栏跑的“变身”

1. 场地设置：

年级	总距离	起跑至第一栏的距离	栏间距	栏高	最后一栏至远端标志杆的距离	栏架设置
一年级 二年级	40 米	11 米	6 米	30 厘米 （最底层）	11 米	4 个
三年级 四年级	40 米	11 米	6 米	50 厘米 （中间层）	11 米	4 个
五年级 六年级	40 米	10.5 米	6.50 米	60 厘米 （最高层）	10 米	4 个

2. 拓展方法：(1) 把跨栏放倒，放置 4 个，锻炼跨越的宽度；(2) 在跨栏前面加适当长度的垫子，帮助学生掌握跑跨节奏；(3) 把跨栏架拆开，摆放成绳梯状，锻炼步幅和步频。

（四）儿童标枪的巧用

1. 场地要求：场地宽 4 米，长不少于 45 米，起掷线后留有 5 米长的助跑道和 5 米长的准备道，落地区宽 4 米，长不短于 35 米。在重量上一、二年级为 100 克，三至六年级均为 300 克。

2. 拓展方法：(1) 原地曲臂投掷；(2) 走三步投掷；(3) 走五步投掷；(4) 交叉步投掷；(5) 5 米助跑

道投掷；(6) 自制标枪投掷。

(五) 十字跳的妙用

1. 场地与规则：十字跳由 5 个正方形成"十"字形摆放，正方形的边长为 50 厘米。中间为"0"即预备出发位，根据人体运动习惯依次标示数字，前面为"1"，后面为"2"，左面为"3"，右面为"4"。

2. 拓展方法：(1) 拼接十字跳垫进行"跳房子"游戏；(2) 将十字跳垫组成一个没有盖子的盒子作为移动的"百宝箱"，手持皮球进行投掷；(3) 在十字跳垫中间放置 3 个软式跨栏架充当障碍物，学生侧向跳跃。

四、数字化趣味田径校本课程的实践应用

(一) 数字微课的探索——知识技能模仿期

在网络环境下，将多媒体技术与课堂教学相结合之后，多媒体的应用使原来难以解释清楚的问题变得简单了，并且激发了学生的学习兴趣，引导他们主动寻求解决问题的办法，这实现了课堂"引导"和"学练"的最佳组合，优化了课堂教学模式。对于趣味田径中跑、跳、投的各个项目，我们会将学习的目标、重难点以及多样化应用上传网站，供学生查阅，以适应预习和复习的需要。数字化微课教学策略是通过体验、感知、练习、体感评价来运行的，在微课后安排学生自主填写成绩登记表，记录学生的一路成长与进步，同时通过体感评价环节来纠错，让学生清楚自己的动作与正确动作的差距在哪里，鼓励学生自我导向、自我激励、自我监控。对于老师来说，拍摄录像教学，在电脑前不断地剪辑、编辑，何尝不是一次再次学习的过程呢？在本阶段，学生的学习处于模仿期，对于知识和技能的掌握还处在认知阶段。

(二) 微信平台推送——技能实践迁移融合期

依靠信息技术辅助课堂教学打破了知识和技能框架的局限，激活学生的创新思维。学生在趣味田径数字微课中收获的知识在这个阶段可以有效进行迁移融合，同时，我们也借助学校公众号平台推送多样的学练方法，辅助学生进行实践应用。

(三) 校园直播——应用生成创造期

将信息技术引入每个需要的角落。调研发现，我校水平三的学生创造力强，自由创作的时候比水平一的学生还要天马行空。趣味田径器材除了标准器材，还有自制器材。对这群有创意的孩子，鼓励他们自主设计、巧妙选材，将破损的趣味田径器材通过校园直播的方式进行修补教学，或者利用生活中的废旧物品自制趣味田径器材，弥补学校器材短缺和损耗大的问题。

网络环境下，信息技术的发展使远距离教育成为可能，学生学习的空间变得更加宽广。趣味田径的数字微课能够给课后练习的孩子们或者偏远山区以及乡村学校的孩子们以适合的指导，促进他们健康、全面发展。学生在家利用移动终端就可以明确正确的动作，顺利参与自己喜欢的运动，更重要的是，这可以培养学生的自理能力，让他们通过"体感评价"自主学练，努力达到个人计划目标。数字化趣味田径校本课程的开发与应用，加快孩子们对新鲜事物的适应，帮助他们把自己周围的事物联系起来理解，调动他们积极学习的兴趣，把学到的内容应用于实践中，让体育课堂教学的手段更加多方位、多层次，也为学生创造了一个探索式、开放的学习环境。

参考文献：

[1] 谢超. 校本课程资源的网络化建设策略[J]. 合肥师范学院学报，2008(6)：61－64.

[2] 李建耀，黄晓梅. 浅析基于网络的研究型校本课程设计原则[J]. 教育信息化(学术版)，2006(11)：73－74.

[3] 李宗应. 网络化环境下校本课程开发的前提与对策研究[J]. 新课程研究(下旬刊)，2013(12)：35－37.

[4] 孙建国. 网络背景下的学生自主学习[D]. 上海：上海师范大学，2005.

数字化学习环境改善数学实验效能的实践研究

常州市五星实验小学 吴 玮

摘 要:“动手做”是苏教版小学数学教材中的一个特色栏目,它倡导学生在动手实践、自主探索、合作交流等数学实验的操作过程中体验数学知识,但是在实际教学实践的过程中,却常常存在教师替代严重、教学浮于表面、个性化学习难以保障等问题。为了让“动手做”能进一步促进学生的个性化学习、提高数学实验活动的效能、深化学生的数学思考,笔者尝试运用数字化学习的方式,展开实践研究。

关键词:数字化学习 “动手做” 数学实验

“动手做”是苏教版小学数学教材中的一个特色栏目,它倡导学生在动手实践、自主探索与合作交流等数学实验的操作过程中体验数学知识。这一栏目的设置很好地体现了新课标提出的“使学生获得基本的数学活动经验”这一理念。但是在实际教学实践的过程中,却常常存在着不少问题:教师替代严重,“动手做”操作内容较多带来的组织难度往往让教师倾向于简单处理,用教师的操作演示替代学生的实践,“动手做”流于形式;教学浮于表面,常常出现“只动手,不动脑”的情况,学生活动中的思维过程缺失,“动手做”的价值大打折扣;个性化学习难以保障,“动手做”内容的开放性和多样性让教师觉得难以把控,对学习的推进与指导倾向于采用“统一”“量产”的方式,难以实现个性化的干预、指导。

为了让“动手做”能进一步促进学生的个性化学习,提高数学实验活动的效能,深化学生的数学思考,笔者尝试运用数字化学习的方式,以三年级上册第三单元长方形和正方形第45页“动手做”内容四连方拼图为载体,展开了实践研究。

一、利用新技术构建个性化学习环境

在课堂学习的过程中,因为学生的理解水平各不相同,他们个体的学习速度也是不同的。部分学生在跟随课堂学习节奏的过程中,仍然需要得到辅助。在数字化技术应用的背景下,这类学生的学习方式也变得更加丰富:老师可以提供学习锦囊,为思考遇到困难的同学给予点拨;可以制作微课,让学生根据自己的思维方式随时暂停、快进、重复;可以制作个性化的学案,让学生尝试自学。教师可以在课堂中借助不同技术调节每一位学生的学习进度与需求,真正做到关注到每一位学生。

教学片段:认识二连方、三连方

师:今天我们用正方形来玩一个拼图游戏。(出示小正方形,左右拼在一起)像这样两个小正方形边与边完全重合地拼在一起形成的图形被称为二连方。那上下拼(“日”字形拼法)是不是二连方呢?

生$_1$:这两个正方形边与边完全重合,也是一个二连方。

生$_2$:通过旋转可以发现这两个二连方是一样的。

师:所以二连方只有一种形状。

师：刚才我们将两个小正方形拼在一起，认识了二连方。接下来我们认识三连方。想一想，三连方可以怎么拼？先在平板上自学，再打开锦囊看看你想对了吗？

自学单：

1. 判断：三连方是由 3 个相同的正方形边与边完全重合拼成的图形。（　　）

2. 想一想：三连方有几种形状呢？试着拼一拼。

3. 填一填：我觉得三连方一共有（　　）种不同的形状。

学生根据自学单独立自学，提交后可以查看视频锦囊（动态演示旋转后可以完全重合），然后根据锦囊自己调整完善操作。

出示学生资源（见图 1）：

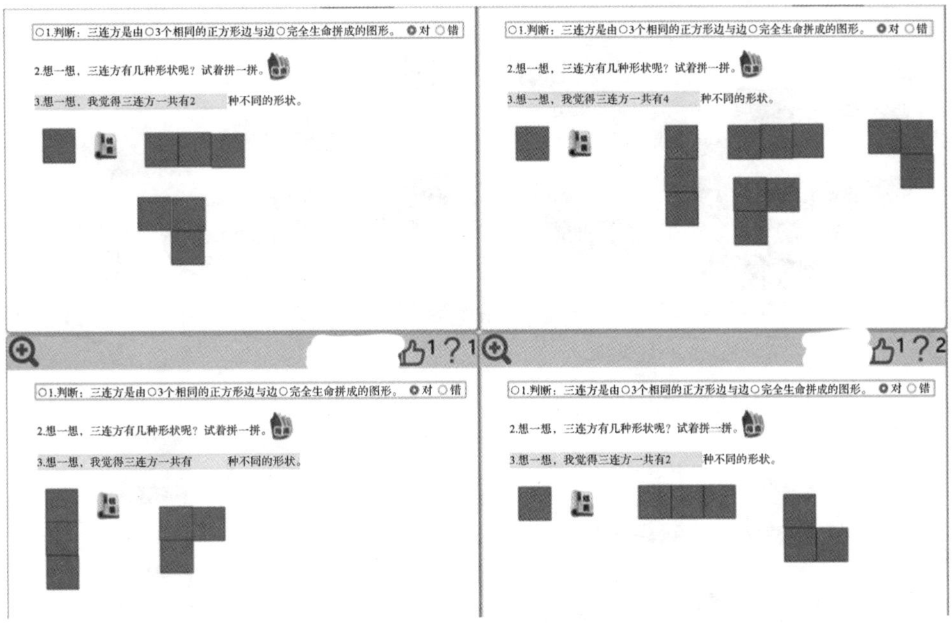

图 1　学生资源 I

师：通过自学，你们对三连方有了哪些了解？

生：三连方一共有两种情况。有些图形通过旋转可以发现它们都是同一种形状。

设计意图：本段教学是让学生在明确了二连方的含义后，借助数字化学案自主探究三连方的含义，探究的过程中，学生可以拖动任意多个正方形一边拼图一边思考，这充分给予学生试错的空间。学生提交后可以查看视频锦囊，可以根据自身需求重复观看，也可以暂停思考，满足了不同学生的个性化需求，也为下一阶段数学实验的有效开展提供了坚实的保障。

二、利用工具软件提升探究活动效能

新技术的应用可以帮助教师实现传统教学无法或较难达成的探索状态，不仅体现了技术应用的不可替代性，而且激发了学生的学习兴趣。在新技术的支持下，数学实验的操作活动变得简单而方便。本节课的操作，学生需要准备多张正方形纸片、不同形状的四连方等，而且往往因为准备的素材有限，学生能够进行的“动手做”次数也有限，大大制约了学生思维的开放性。借助实现图形拼摆的工具软件，师生不仅免去了前期大量的材料准备工作，而且可以根据需求复制出任意多个需要的图形，不存在素材受限的问题，充分保障了学生数学活动的开展。

数字化工具的另一个显著的优势是学生的操作过程变得更加方便，学生用纸片拼图是相对困难的，学生不易拼、拼不好，也很难对图形拼的过程有直观的感受。借助数字化的技术，学生的拼图动作可以变得很容易，还可以根据学生的想法自动吸附网格，让学生的拼图过程变得更方便，而且拼出的图形变得更规整，能够更好地帮助学生进行深入的数学思考。

教学片段：认识四连方

师：那么四连方有几种形状呢？想一想，试着在平板上拼一拼，看看你找到了几种。

探究活动单：

1. 想一想：四连方有几种不同的形状呢？试着拼一拼。

2. 填一填：我觉得四连方一共有（　　）种不同的形状。

学生自主尝试并和同桌交流自己的想法。

出示学生资源（如图2）：

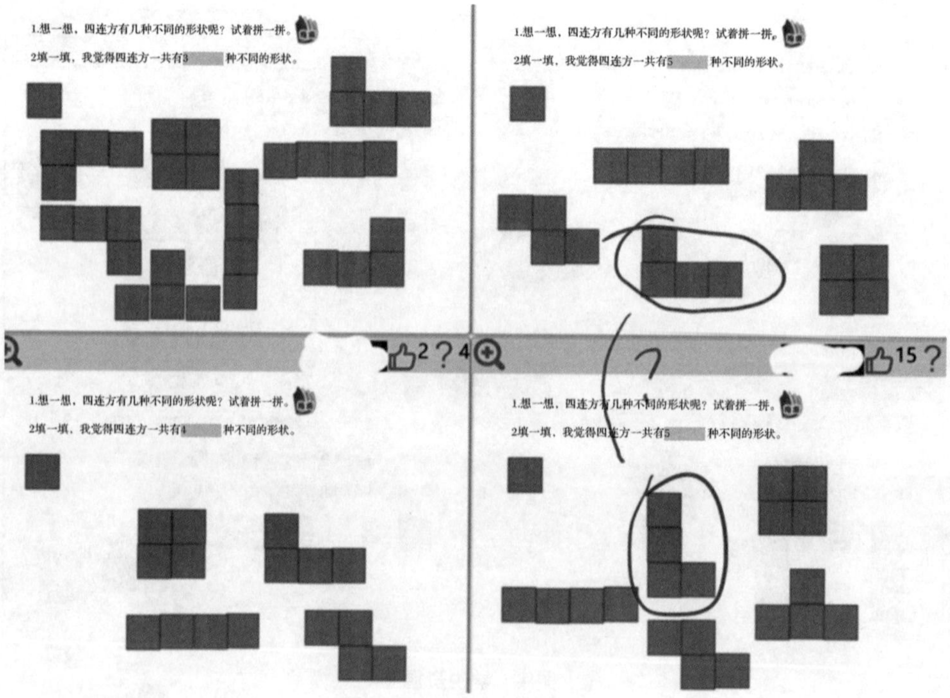

图2　学生资源Ⅱ

师：看一看，这些形状你也拼出来了吗？你能给它们取个名字吗？

生$_1$：我拼出了"一"字形、"田"字形、"L"形、"Z"形、"T"形。

生$_2$：我拼出的"L"形有两种不同的情况。

师：（指两种"L"形四连方）一起来看，这两个图形形状相同吗？

生$_1$：不相同，我发现旋转之后不能完全重合。

生$_2$：我发现需要翻转之后它们才能重合。

师：所以四连方一共有7种不同的形状。（板书出示）

设计意图：借助数字化学习工具，学生动手操作变得方便而快捷，学生在平板上可以方便地进行互动分享，这为丰富的数学探究实验提供了保障。学生在认识三连方的基础上自主探究四连方的形状，并发现一些四连方虽然看起来相似，但是通过旋转不能完全重合。

三、利用数据统计提供精准学情分析

数学实验中，对学生实验结果的量化分析是十分重要的环节。运用学生的资源进行对比交流，可以让学生对知识有更深一步的认识。以往对资源的选择往往是由教师进行把控，资源的选择多数基于教师的经验判断，学生对资源的价值感受是不明确的。借助数字化平台的数据统计功能，学生可以即时看见其他同学的完成情况，教师可以根据学情有针对性地选择资源进行高效的互动交流，利用数据科学地引导学生的学习。

教学片段：选择一种四连方拼正方形

师：今天我们运用这样 5 种四连方来设计游戏，你能选择一种四连方，尝试拼成如下正方形吗？

生$_1$：我觉得“一”字形和“田”字形一定能拼成正方形。

生$_2$：我觉得有的四连方可能不能拼成正方形。

学生自主尝试，并判断能否拼成正方形。

探究活动单(如图 3)：

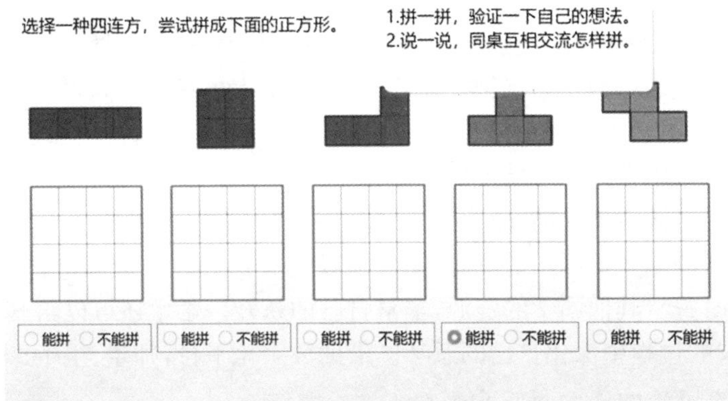

图 3　探究活动单

出示学生资源(见图 4)：

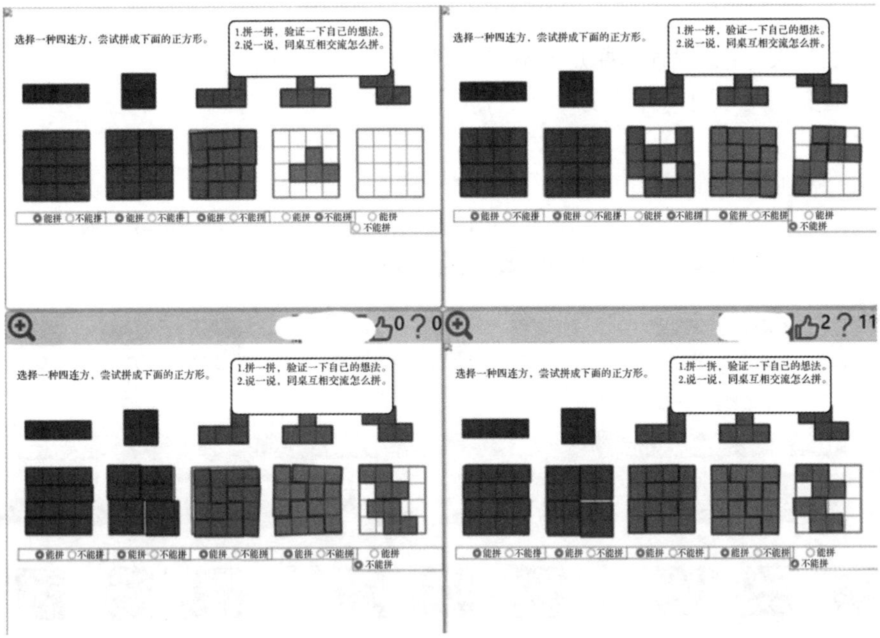

图 4　学生资源Ⅲ

师：我们先来看一看每种四连方同学们都能用来拼成正方形吗？用“一”字形和“田”字形，所有同学都拼成正方形了。怎样拼的？

生：只要平移就可以拼成正方形。

师：用“L”形和“T”形有少部分同学没有拼成功。谁来介绍你是怎么拼的？

生：“L”形和“T”形不仅要平移，还要通过旋转才能拼在一起。

师：我们点开选择不能拼的，你能帮帮他吗？

学生完善错误资源。

师：用“Z”形所有同学都没有拼成正方形，真的不能拼吗？

生：我试了很多方法，要不就是凸出来，要不就有重叠，不能拼出规则的边。

设计意图：学生“动手做”经历了猜想、操作、得出结论的过程，学生在活动的过程中深度思考并形成可视化的思维过程。利用平台的统计功能实时统计数据，让学生直观地看到不同图形拼成功的情况，让学生认识到图形的平移、旋转两种基本操作。利用数据找到错误资源供学生辨析。

四、利用互动平台促进课堂的深度交流

在传统教学中，教师一般通过巡视捕捉预设的学生资源，但是“动手做”教学中，学生的资源往往是多样的、开放的，这也导致教师很难精确把控需要的资源，学生也只能与同桌交流再等待老师的集中评议，资源的交流相对低效。如本节课运用四连方拼成正方形和长方形，拼法都是十分多样的，学生也需要通过观察不同的拼法来丰富对图形特征的感知。

利用数字化平台的资源收集功能，学生完成活动后点“提交”，全班的学习资源便汇聚在一起。教师可以通过自己的终端浏览全班同学的资源，高效地筛选有针对性的资源进行评议。同时，学生也可以点击“互助”功能实时查看其他同学的资源，丰富自己的认知。学生还可以给其他同学的资源“点赞”或“送问”，在主动评议的过程中深化自己的思考。借助数字化平台，师生、生生、人机得以高效互动。

教学片段：选择不同的四连方拼正方形

师：刚才“Z”形大家都没拼出来，如果要你给它找一个朋友一起拼成正方形，你会选择哪一个？怎么拼？

生$_1$：我想选择“L”形或“T”形，它们都可以运用图形特点补全空缺。

生$_2$：“一”字形和“田”字形肯定不行，它们无法补上“Z”形的空缺。

师：你们的观察很仔细，试着选择几种不同的四连方，你还能拼成下面的正方形吗？拼完之后，可以点“互助”，看看其他同学是怎样拼的，给他们“点赞”或“送问”。

学生独立尝试。

出示学生资源（如图5）：

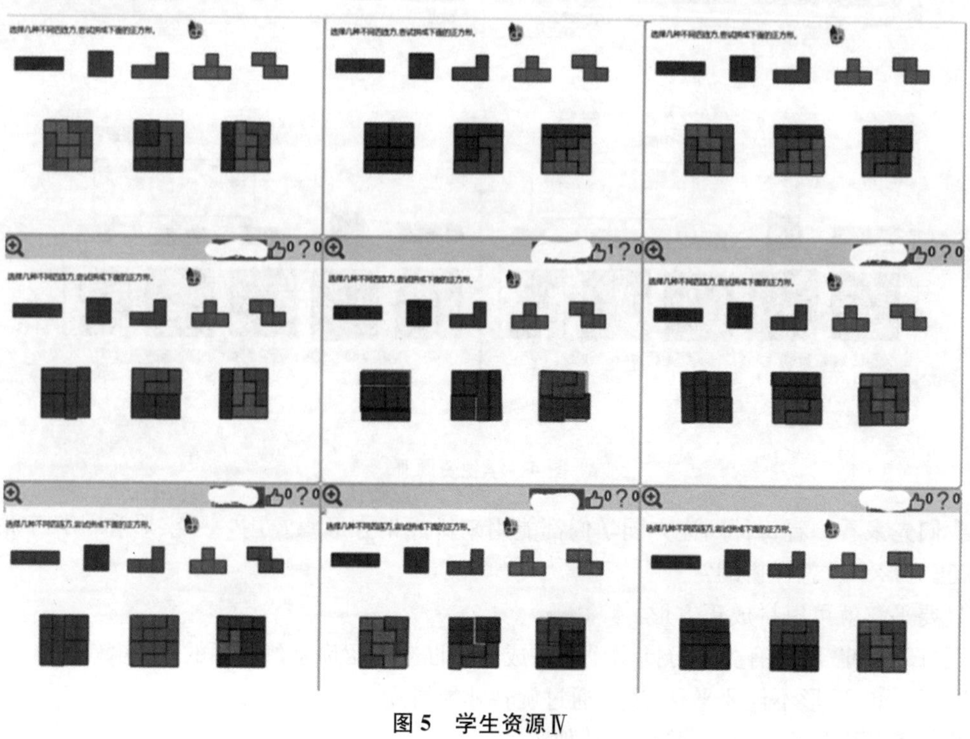

图5 学生资源Ⅳ

师：观察同学们拼的情况，你有什么体会？

生$_1$：可以用“一”字形或“田”字形拼成长方形，再拼成正方形。

生$_2$：两个“L”形可以先拼成长方形，再拼成正方形。

生$_3$：我发现“L”形和“Z”形搭配在一起和两个“T”形搭配在一起是一样的。

生$_4$：“一”字形和“L”形也可以拼成这样的形状。

师：你们的观察真仔细，我们在用四连方拼图形的时候，需要观察图形特征，将适合的四连方组合在一起，拼成正方形。

设计意图：学生运用之前学习的图形变换的经验，通过观察选择合适的四连方拼图。通过平台的互动功能，学生能够更全面地获取学习的资源，在“点赞”“送问”过程中感受拼图方式的多样性。教师通过平台可以方便地选择资源呈现，通过对比观察让学生的体验更加充分。

小学数学数字化学习是一种全新的学习生态环境的构建，是对传统教学的扬长补短，实现了理念与实践、技术与方式、评价与应用的“无缝对接”。借助新技术的支持，学生的学习体验能得到不断丰富，学习效能也可得以提高，“动手做”内容的教学价值也得以充分体现，让学生在“动手做”的学习中充分享受个性化的学习体验。

参考文献：

[1] 蒋敏杰. 小学数学数字化学习的价值分析与实践探索[J]. 小学数学教育，2018(24)：63－65.

[2] 潘小福. 小学数学数字化学习的认识、问题及建议[J]. 小学数学教育，2018(24)：60－62.

关于初中学校推进"泰微课"资源建设与应用策略的思考与实践

泰州市高港实验学校　黄　健

摘　要:一所学校科学合理地做好"泰微课"资源的建设与应用工作,必将使现有教学内容及模式出现崭新的变化,有助于提高学生个体的学习质量和效率,有助于提升教师的专业素养。文章介绍了本校管理人员保持推进"泰微课"资源建设与应用工作的压力、亲和力、动力、张力、潜力的策略以及若干方法措施,有助于推动学校现代化、信息化的建设水平再上新台阶,有助于建构学生的个性化、信息化的学习方式。

关键词:泰微课　信息化　资源建设　应用策略

"泰微课"是泰州市基于微视频学习资源促进中小学学生数字化学习的一项信息化应用项目,也是泰州市推进教育转型升级"163"行动计划中教育质量提升工程的重点开发项目。"泰微课"通过课程开发的方法,借助信息化的手段,有效扩大了优质资源的覆盖面,具备高度的"互联网+"特征,能对教育产生深远的裂变效应。可以预见,在不远的将来,"泰微课"资源必将冲击现有的课前预习、课堂教学、课后辅导,使其内容及模式出现崭新的变化,极大地提高学生个体的学习质量和学习效率,有助于推动基础教育的优质均衡发展。

一所学校,如果抓好了"泰微课"资源的建设和应用工作,不仅将转变学生的学习方式,提升其学习效率,还将极大地提升教师的信息化课程开发能力、执行能力,提升学校信息化、数字化教育教学的品质。那么,究竟应该如何科学合理地推进"泰微课"资源的建设与应用工作,让教师乐于做、勤于用,让学生乐于学、有效学,让家长积极主动配合呢?我认为,作为管理人员,在学校推进"泰微课"资源建设与应用工作时,除了要建章立制、健全管理网络、考核评比、保持推进工作的压力外,更重要的是还要想方设法保持推进工作的亲和力、持久力、动力、张力、合力等等,同时及时化解推进工作的阻力,才能科学、合理、高效地推进好"泰微课"资源的建设和应用工作,使学校的现代化、信息化建设再上新台阶,使学生的个性化、信息化学习落到实处。

一、保持推进"泰微课"资源建设与应用工作的压力

(一)组建"泰微课"制作与应用领导小组

学校组建了以校长为组长,以分管校长、年级组长为副组长,以教导处、教科研处、电教处主要负责人为成员的"泰微课"领导小组,明确每个部门每个人的工作职责、任务目标以及考核要求,确保与"泰微课"有关的工作,事先有计划、事中有落实、事后有总结,教师遇到疑难基本能得到及时解决。

(二)制订推进"泰微课"制作与应用的年度专项工作计划

在专项计划中明确利用"泰微课"成长学生、成就教师、发展学校的指导思想,明确构建学生自主个

性化学习、提升课堂教学效率以及课后辅导效率的任务，明确培训、教科研、课题研究、督查考核的系列办法举措，拟定各部门、各年级组的每月工作重点和任务。

（三）制定鼓励"泰微课"制作与应用的系列考核制度

提出文明班级优秀班主任评比中提交"泰微课"资料的数量要求；提出教师备课、上课，作业布置、检查中涉及"泰微课"的数量要求；作出在优质课评比基本功比赛中没有"泰微课"一票否决的规定；在年度奖励性绩效考核中规定给予"泰微课"制作应用先进教师的奖励额度；在职称评审、评先评优以及骨干教师评选中明确对"泰微课"制作应用先进教师倾斜权重。

二、增强推进"泰微课"资源建设与应用工作的亲和力

（一）做好宣传推广工作

对于广大老师、学生和家长来说，"泰微课"是一项新生事物，需要大力宣传、积极推广、重点培训。对于教师，可以利用寒暑假集中培训、专题研讨会、微信群、QQ群、学校网站、学校微信公众号等途径，宣讲"泰微课"课程的优势和意义、制作"泰微课"资源的方法、应用"泰微课"资源的流程，使全体教师知道"泰微课"是什么、为什么、怎么办。

（二）抓好校本教研工作

例如，举办专项"泰微课"业务评比活动，评选并分享优质资源，选出制作应用的先进典型；再如，开展专题研讨会，交流教师制作微视频、编写"泰微课"学案的做法及心得，点评一些实践应用案例；还可以组织积极分子上使用"泰微课"进行课堂教学的实验课和研究课，积累课前、课中、课后使用"泰微课"资源的经验，在部分学科开展基于"泰微课"教学模式构建的研究和总结。

（三）及时释疑解难

学校发通知、搞活动、提要求，都要站在老师的立场上，将心比心，紧扣疑难关键之处，告知操作流程、规范要领。学校还可以将班主任、教研（备课）组长以及部分积极性高的教师集中起来进行重点培训，使他们个个成为小专家，再去指导其他老师。学校还要组建"泰微课"资源建设与应用的技术骨干团队，及时解决教师在制作资源、应用资源方面存在的疑难。

三、增强推进"泰微课"资源建设与应用工作的动力

（一）统一认识，先抓制作再推应用

如果教师在制作微视频资源过程中经历过反复地修改脚本、课件、语音录制的煎熬，那么他就一定有能力去选择更优质的、更适合的"泰微课"资源推荐给学生，而且知道在教学过程中如何更恰当地利用好这些资源。所以，如果教师制作"泰微课"资源的水平提高了，那么他们推荐、应用"泰微课"资源的自觉性和主动性也就提高了，学校推进"泰微课"资源建设与应用的工作也就有了强大的动力。

（二）点面结合培训，提升教师制作资源的水平

学校要耐心细致地做好制作微视频资源的培训活动。比如利用专题教科研活动、学校网站、QQ群、微信群、教学圈等场合和途径，向教师讲解并示范"泰微课"制作工具的下载安装方法，以及微视频技术规范、讲稿脚本撰写、课件制作、手写板等的使用方法。先全面培训，再一对一、手把手地教，直至教师弄懂并学会为止。

（三）组建资源制作校本专家组，团队合作互助

制作微视频资源时，有人善于编写循循善诱的讲稿，有人善于制作生动形象的课件，有人善于绘声绘色地朗读。如果单兵作战，微视频可能由于存在种种问题而难以受到学生青睐。学校可以聘请校内外具有不同特长的人，组成校级专家组，去帮助教师解决在制作微视频资源时遇到的种种困难。

四、提升推进“泰微课”资源建设与应用工作的张力

（一）经常使用，树立学生对“泰微课”的正确认知

学生具有天然的向师性，模仿力极强。如果教师能经常在课堂上播放“泰微课”资源，经常向学生推荐“泰微课”资源，学生就会认为“泰微课”资源是提升成绩、发展核心素养的好东西。所以，教师的应用和推荐是提高学生“泰微课”注册数、点击量的突破口。只有学生真正使用起“泰微课”，个性化学习、针对性提升才能落实，学校推进“泰微课”资源的应用才会有源源不断的张力。

（二）制定规范，引导教师课上高效应用

学校首先要确定好课堂使用“泰微课”资源的基本规范：第一，要求教师备课前浏览优选网站上与教学内容有关的微视频。第二，要求教师在编写导学案时在恰当的环节插入优选的“泰微课”资源的二维码，提前印发，引导学生预习，其中重要的微视频资源还可以编写配套问题，让学生观看之后思考。第三，制作课件时，在对应教学环节插入有关微视频资源的链接或视频。第四，在课堂教学中播放“泰微课”视频时，或合理暂停，或适时追问，或重复播放，观看后及时检测，促进学生深入理解。第五，课后要求学生再次观看其他相关“泰微课”微视频资源，强化记忆、深化理解。学校可以结合本校自身的课堂教学模式、课堂教学文化，构建基于“泰微课”的现代化课堂教学范式，提升学校课堂教学的有效性。

（三）拓展时空，利用教学圈做好“泰微课”资源推荐工作

首先，做好学校“泰微课”2.0教学圈的建设工作，指导、说明、介绍相关电脑、手机软件的下载、安装、使用方法，让班主任、任课教师和学生家长都学会使用教学圈；其次，任课教师及时在教学圈里推荐优秀微视频资源、“泰微课”学案、“泰微课”习题等等；最后，利用教学圈的签收功能检查学生观看的情况，要求学生撰写观看微视频的笔记，检查观看的质量。

五、发展推进“泰微课”资源建设与应用工作的潜力

（一）深化理论实践研究，引领应用发展新方向

学校将“泰微课”的应用纳入教科研工作计划，积极组织相关课题申报，在专家的引领下组织教师开展相关研究，倡导加强课程资源与课堂教学的渗透和衔接，推动“泰微课”优质资源的扩容建设和精准推送。组织开展“泰微课”应用优秀论文、典型案例评选等活动，为“泰微课”应用实践提供理论基础和科学依据。

（二）深化试点探索，创新“泰微课”应用模式

开展“泰微课”教学模式展示、优秀教学设计和优质课评比等活动，可以在部分学科试点，开展先行探索和实践研究。在备课准备、课堂教学、自主学习、个性化学习等方面改革和创新，为在全校推广范例和经验，提炼有价值、可借鉴、可推广的有效应用模式。

（三）开展研究展示活动，促进信息素养提升

学校邀请专家开设微视频的专题讲座，定期组织优质资源制作分享和实践应用案例点评活动，开展信息技术能力全员培训，选派骨干教师代表赴外地考察学习，汲取前沿的新技术、新应用和新理念。

六、推进“泰微课”资源的建设与应用工作的意义和前景

（一）提升学生自学效率

“泰微课”视频资源紧扣疑点、难点、重点，短小精干，针对性强；视频资源通过图片、动画视频呈现内容，形象直观生动；视频资源可以随时反复观看，拓宽学习时空；视频资源配有习题及解答，便于检测学习效果；视频资源数量庞大，能满足个性化学习需求，学生利用“泰微课”资源进行课前预习、课后复

习的效率大大提升。

（二）提高课堂教学效率

教师课上应用好“泰微课”资源，第一，能激发学生的学习兴趣。例如，新课引入环节播放“泰微课”微视频，能较好地激发学生的学习兴趣，发挥很好的认知定向作用。第二，能破解学生知识建构的障碍。播放知识建构的“泰微课”微视频时，通过老师暂停播放，配以师生互动讨论和习题训练，破解了学生重点、难点知识建构的障碍，让学生更容易听懂练会。第三，能拓宽学生的眼界。课堂上播放与科技前沿有关的“泰微课”微视频，能丰富学生的直观感受，拓宽学生的眼界，让知识建立在更扎实的基础上。第四，能减轻教师上课负担。由于“泰微课”微视频资源中有语音讲解，可以减少教师课堂上语言表述的工作量，让教师腾出精力去关注学生的接受情况。第五，能减轻学生课堂记录的负担。“泰微课”可以重复播放，学生课前、课后可以反复观看，不必再担心课堂记录记不下来。

（三）个性推送，革新教学方式

学校引导教师借助“泰微课”学习平台，挖掘教育教学行为大数据，及时准确了解每位学生各学科的学业状况和存在的问题，生成学生学习的成长档案，生成个性化错题本，推送个性化作业，提供个性化指导，实现学生的个性化学习和过程性评价，建构个性化的精准学习模式。

“泰微课”方兴未艾，前景广阔，创造出了基于“互联网＋”的未来教学新天地，可以在学校教学质量提升中，教师专业素质提升中，学生智能化、个性化学习模式建构中发挥更大的作用。

混龄携手在线课堂　共度云端疫情时光

江苏省省级机关第一幼儿园　王　婷

摘　要:疫情改变了幼儿园孩子们的常规节奏,宅在家里无处可去的幼儿其身心发展上的变化均需要教师及家长关注。我们通过在线教学,向家中有3~6岁幼儿的家庭送达了家庭教育指导课程,带着家长和孩子们一起玩转漫长假期,有效利用在线媒介,和家长一起共同呵护幼儿的成长。

关键词:在线教学　混龄互动　云端约会

2020年年初因为受疫情的影响,幼儿园的孩子们迎来了超长寒假,在漫长的假期里,如何不出门也能快乐且有意义?"停课不停学"在线课堂,通过网络向家中有3~6岁幼儿的家庭送达了家庭教育指导课程。宅在家里的疫情生活在学习和玩乐方面虽有不便,但是我们混龄班通过线上课堂、云端约会、温情视频连线等丰富的线上模式,开启了孩子、家长、教师三方共同参与的疫情生活中的课程——"云端'疫'起玩",带着家长和孩子们一起玩转寒假。

一、二月初的第一次"云端约会"

当我们第一次通过网络视频连线时,随着屏幕中一个个头像的亮起,孩子们通过屏幕看到了久违的同学和老师,不能出门的烦恼暂时被抛却脑后,取而代之的是被视频连线这样的形式所吸引。老师暖场主持,孩子们透过屏幕开始叽叽喳喳地聊起了天,聊过年趣事、聊疫情中的生活变化。4~6岁的哥哥姐姐对疫情有很多问题想要知道,能根据相关热点视频说说自己的想法,3~4岁的弟弟妹妹话不多,但是好奇地盯着屏幕左看右看,仔细听着哥哥姐姐们在聊什么,不时打断一下哥哥姐姐问个"为什么"。接着,孩子们的问题越来越多:"为什么要戴口罩?""为什么我们不能下楼去玩滑梯?""为什么会有这个病毒?"等等。有些问题4~6岁的哥哥姐姐如果知道就会争抢着回答,有些问题不知道时大家就一起问老师。老师解答了个别问题后,把剩余问题又抛给孩子们,要求大家等线上课堂结束后一起想办法弄清楚。这样就把孩子和家长的积极性调动了起来,大家争先恐后地留下自己的问题,期待下次云端约会有同学来答疑。

二、"你问我答"记者会

就着上次留下来的话题,孩子们和家长们都积极行动了起来,有些家庭下载了相关科普小视频,有些家庭收集了相关图片,还有些家庭自制了简单图文海报。经过充分的准备,我们迎来了第二次"云端约会",家长们为其取名为"你问我答记者会"。在这次的视频连线中,话题很有针对性,大家都聚焦在自己关心的疫情问题上开展问答,有些弟弟妹妹对病毒有害怕恐惧的情绪,在哥哥姐姐们稚嫩却生动的答疑过程中得到了安抚。3~4岁的乐乐妈妈提问说,孩子无法坚持做到用防疫洗手七步法来洗手怎么办?孩子们纷纷出谋划策,有的说在网上打印洗手步骤图贴在水龙头旁,有的说每次让爸爸妈妈陪在旁边洗,5~6岁的妞妞姐姐提出要是乐乐坚持七步法洗手,自己就画一张漂亮的"公主开学图"送给乐乐，乐乐于是跳下椅子就要去洗手，原来在幼儿园里乐乐最喜欢妞妞姐姐画的漂亮公主了。混龄的团体就是一个小型社会，孩子们年龄相仿，同伴相处之间有着兄弟姐妹般的感情，所以哥哥姐姐的解答或者约定比成人的疫情教育更容易让小伙伴接受。而对于大孩子而言，虽然在答疑过程中有卡顿的情况需要家长协助，但是能把自己知道的疫情常识通过视频、图片的形式讲出来让别人理解，这也是一种锻炼和成长。

三、疫情故事会

峰峰爸爸在班级群里分享了峰峰讲的绘本《病毒和小贪》的视频，缘由是上次"你问我答记者会"上峰峰不太好意思发言，但看了同伴们的精彩答疑后，他也想露一手，于是在家里练习说讲《病毒和小贪》的绘本故事，在爸爸的配乐剪辑后，峰峰觉得很满意，想分享给同学和老师。一石激起千层浪，其他孩子和家长也纷纷效仿，我们的"疫情故事会"由此应运而生，家长也开始积极参与进来，和孩子一起讨论选什么故事、需要怎样的配乐。一个个故事小达人轮流登场，哥哥姐姐们带着《新型冠状病毒预防绘本》《带花冠的病毒你为什么那么坏》《不怕，不怕，我不怕病毒》《我是小战士》等疫情故事和大家互动。讲述故事的大孩子认真投入，聆听故事的小孩子用心倾听，听着听着，弟弟妹妹们也开始有了讲述的欲望，最初是从简短的儿歌开始，慢慢地能讲短小故事。就这样，在"疫情故事会"中混龄互动，彼此收获的不光是疫情知识，更多的是良好的阅读、聆听、表达习惯。

四、疫情游乐会

区教育局的"e学校"每天都有小、中、大班三个年龄段的家庭教育指导课程，里面有很多有趣的亲子游戏、创意手工等活动，3～6岁的孩子会观看相应的活动。在班级视频连线中，孩子们谈论自己近期学到的游戏时不免对其他年龄段的游戏也感兴趣，老师就借此契机开启了"疫情游乐会"，给想展示的孩子和家长提供一个平台，让他们把"e学校"学到的亲子游戏或者他们自己觉得好玩的亲子游戏在班级群跟不同年龄段的小伙伴及家长分享。当幕后观众和当幕前主演的感受是不同的，在他们从观众变为主演的过程中充分调动了大家的积极性，这样班级群里的游戏自然而然变得更多，乐趣也是翻倍。

五、春种之旅

春暖花开，疫情也逐渐好转，一次温情连线中，有孩子提到植树节要跟着妈妈的单位去六合种树，她的话语引发了孩子们热烈的兴趣。有孩子回忆起去年我们在种植园地种的土豆，有孩子念叨起我们曾经水培的豌豆苗，还有孩子念起了"春种一粒豆，……"顺应孩子们的兴趣，我们开启了一段"春种之旅"。我们先开始"我想种什么?"的种植小调查，然后孩子们根据种植内容自由结对分成不同的小组——青蒜组、小麦组、土豆组、豌豆组，各自建立小群。5～6岁的孩子种植经验和知识比较全面，能在小组中充当小小领衔人的身份，带领着3～5岁的弟弟妹妹一起做种植计划，如需要哪些材料，商量是土培还是水培等等。大孩子把自己积累的种植经验通过小组互动的形式介绍给小些的孩子，弟弟妹妹尝试着实践哥哥姐姐说的办法，期待能像哥哥姐姐一样能干。在交往过程中的协商、讨论，让混龄伙伴间彼此有了更为丰富的情感体验。

疫情无情人有情，虽然孩子们无法见面一起游戏，但是我们惊喜地发现，在混龄线上互动中，大孩子们和小孩子们可以自然而然地玩起来，社会性交往能力和情感能力也得到了显著提高，大家携手期盼疫去春来。

参考文献：

[1] 中华人民共和国教育部. 3～6岁儿童学习与发展指南[M]. 北京：首都师范大学出版社，2012.

累着、乐着、成长着

——记音乐剧《手机时代》N次音效制作

南京市溧水实验幼儿园　经桂芳

摘　要：笔者通过自己的一次亲身经历，对教育信息化有了全新的认识。使用 Camtasia Studio、魔影工厂等制作软件并经历一次次的调整与修改，使得自身的教育信息化水平得到了较大提高，也体验到了教育信息化的魅力。

关键词：教育信息化　Camtasia Studio　魔影工厂　GIF　QQ 音乐　音效制作

教育信息化，这曾经是让自己望而却步的名词。幸运的是，在 2019 年的市教育信息化征文比赛中，我所撰写的论文《我与教育信息化一路同行》荣获南京市一等奖。当园领导让我谈获奖经验时，我想到最多的是“真实”二字，因为里面的故事反应的都是我在摸索教育信息化过程中的点点滴滴。初次的尝试便让我获得含金量如此高的奖项，这让我获得了巨大的信心，不禁发现原来信息技术并非我们想象的那么难，无论你的计算机水平如何，只要你愿意去学、去研究，其实都能学会。

在平时的工作中，我也逐渐体会到教育信息化给自己工作带来的方便，早操、律动音乐可以“无缝”连接、课件视频任意转换……2018 年幼儿园年会中，我用 Camtasia Studio、魔影工厂等软件为教师们原创的音乐剧《手机时代》制作的音效获得了最佳音乐奖和最佳作品奖。其间一次又一次的调整与修改中，我与年轻教师相互切磋、交流，不仅自身的教育信息化应用水平得到较大提高，也让年轻教师们感受到了教育信息化的魅力，更重要的是我享受到了挑战之后获得成功的那份愉悦。

原创小品《手机时代》开始时仅仅是纯语言的表演，未免太单调了，如果能配上音乐、图片作为背景就更精彩了，可是这样的音效谁会做呢？作为负责人，我毅然决定自己担负起这次音效背景的制作任务！虽然自己内心仍忐忑，不过既然已经接下了这个任务，就必须不折不扣地完成！

一、图片下载出新招，音效动态又可爱

由于是小品，台词多，背景图片的选择比较烦琐。静态的图片有点呆板，怎么样才能找到动态的图片呢？在经过学习研究后了解到，GIF 格式的图片符合要求，可要在搜索引擎里找到合适的图片可谓是大海捞针。经过一番长时间的挑选，我终于找到了合适又满意的图片（如图 1 所示）。我不禁感叹网络的万能，竟然每句台词都能找到相匹配的图片，这让整个背景都变得灵动起来。

图 1　图片

二、Camtasia Studio 软件是法宝，诸多奥秘顶呱呱

谈起 Camtasia Studio 软件，真心要为它点赞！这款软件是 TechSmith 旗下一款专门录制屏幕动作的工具，它能在任何颜色模式下轻松地记录屏幕动作，包括影像、音效、鼠标移动轨迹、解说声音等等。另外，它还具有即时播放和编辑压缩的功能，可对视频片段进行剪接、添加转场效果。它输出的文件格式很多，包括 MP4、AVI、WMV、M4V、CAMV、MOV、RM、GIF 动画等多种常见格式，是制作视频演示的绝佳工具。TechSmith 还专门对 Codec 进行开发，研究开发了一套压缩编码算法，叫作"TSCC"（TechSmith Screen Capture Codec），专门用于对动态影像的编码！

与简单易用的 DemoCreator 相比，Camtasia Studio 显得更为专业，可控性更高，支持输出的格式也多，尤其是它的编辑功能，可以编辑音频、缩放局部画面、插图、设置过渡效果及画中画效果等等，很有特色，且支持录制 PowerPoint。这个法宝，它的无缝剪辑音乐对接功能可以十分精确。小品开始前需播放一段关于手机的介绍，为了达到理想效果，经摸索，我发现 Camtasia Studio 软件的录播功能，不仅可以即录即播，还能将所录视频自动分成音轨和视频。这时我就可以根据需要进行调整和编辑啦！

三、手机录音转格式，"魔影工厂"来帮忙

为了让年会现场音响效果更好，我们决定将整个台词录下来，然后表演时对口型就可以了。但手机录音都是 M4A 格式，而 Camtasia Studio 支持的是 MP3 格式，这时就可用软件"魔影工厂"来帮忙。该软件是一款性能卓越的免费视频格式转换器，是全世界享有盛誉的 WinAVI 视频转换器的升级版，专为国人开发，更加贴近中国人的使用习惯。

它支持绝大多数流行的视频格式，如 AVI、MPEG/1/2/4、RM、RMVB、WMV、VCD/SVCD、DAT、VOB、MOV、MP4、MKV、ASF、FLV 等。我们可以随心所欲地在各种视频格式之间互相转换，转换的过程中还可以随意对视频文件进行裁剪、编辑，更可批量转换多个文件，让我们轻松摆脱无意义的重复劳动。魔影工厂的极速转换一直引领视频转换技术的潮流，速度完美超越其他同类产品。有了它，所有录音一键便轻松搞定。

四、初次合成问题多，多次修改成正果

问题一：没有留空白的时间给老师做动作

图片、音乐、台词录音、视频已经万事俱备，用 Camtasia Studio 进行了合成。原以为大功告成的我让老师们合着音效试排一遍时，问题出现了：在制作时只注意到无缝连接，竟然没有考虑到留任何空白的时间让老师做动作。

怎么办？只能重新制作！于是，老师们一边现场表演，我一边掐好留白的时间，然而问题并没有结束。

问题二：留白的地方太突然，有点冷场

当老师再次表演时，留白的时间虽然合适了，但是从有台词、音乐到突然间安静下来做动作，感觉特别突然。于是，我反复观看春节联欢晚会的小品节目，发现他们在做动作的时候会有一个渐强或渐弱的音乐过渡，可是这个该怎么弄呢？我反复查看 Camtasia Studio 使用指南，发现里面的"奥秘"真多，只需调节音量渐强或渐弱即可。于是，我在 QQ 音乐上找了一些匹配的音乐，截取合适的选段并插入留白的地方，整个音效自然多了。

问题三：视频尺寸没有调，播放的视频显得太小

在电脑上反复播放观看之后，一切都合心意。然而，在彩排的时候，当视频在舞台的大电子显示屏幕上播放时，问题又来了：整个视频显示尺寸较小！而晚上就要正式表演了，我心急如焚，问题到底出

在哪里呢？我马不停蹄地来到区广播电视局找专业的朋友来帮忙，原来在制作视频时还要对视频的分辨率进行调整。Camtasia Studio 共有五种视频分辨率——1 280×720、854×480、1 024×768、640×480、1 600×900 可供选择。我们在制作视频时，一般要选择 1 280×720 的分辨率。不过，令我骄傲的是，当朋友完整地看完整个音效视频时，开玩笑地对我说："你们幼儿园老师真是全才，如果个个都像你这样，那我们没饭吃了！"

功夫不负有心人，当晚的音效和老师们的表演非常成功，台下掌声不断、呐喊声不断。在最后的评选中，我们的节目荣获了最佳音乐奖和最佳作品奖。

图 2　演出场景

回顾整个制作的过程，我虽对视频多次修改与调整，有时甚至废寝忘食，但是在这个过程中收获了很多，不仅自身的信息化应用水平有了质的飞跃，同时我执着、追求完美、敢于挑战的精神赢得了所有老师的称赞，更为所有的年轻老师树立了榜样，让他们感受到"教育信息化"不是宏观的、模糊的，而是能在工作点滴中呈现和落实。此后，在市、区级的微课比赛中我园教师参与率逐渐提高，我也会经常与他们一起交流、一起探讨，不断学习一些新型的软件的使用方法，例如抖音视频的剪辑、照片视频的合成等，这可能就是所谓的"教学相长"吧！

实践教育信息化，一路走来，累并快乐着，同时也享受专业成长的那份欣慰与自豪！

浅谈信息化手段在初中数学练习设计中的应用

无锡市钱桥中学　鲍明丽

摘　要：本文以初中数学练习为研究对象，基于传统教学在数学练习设计中存在的层次性差、模式单一和缺乏开放性等问题，利用网络学习平台、新媒体和计算机技术等信息化手段，应用于数学练习的设计中，使练习更加有效，从而增加学生轻松学、轻松练的效果，提高学生应用数学能力和探究合作能力。

关键词：初中数学　信息化　练习设计

2011年，我国新课程标准指出：要把信息技术作为学生学习数学和解决问题的强有力的工具。在国际教育化大会上，教育部副部长提出：通过信息技术促进育人方式的创新。教育信息化成为现代教育的趋势，信息技术成为教育改革的催化剂，更多的信息技术被运用到教育教学中，数学教育也不例外。练习是数学学习的核心，很多的教师却忽视了对练习的信息化改革，重视将信息技术运用到课堂教学中，却忽视数学练习与信息技术的结合，导致数学练习出现很多弊病，学生的能力得不到充分的发展。

教师应该通过对初中数学练习的研究，将信息化手段应用到初中数学练习设计中，让数学练习设计搭上信息化的快车，使得信息化环境下初中数学练习设计的有效性得到提升，探索提高学生应用数学能力和探究合作能力的有效解决方案，让学生乐于学习数学，乐于练习数学，从而提升学生数学学习的核心素养。

传统的初中数学练习在设计过程中存在缺乏层次性、多样性和开放性等问题。基于教育科学理论，在信息化环境下，将信息技术与练习设计有效结合起来，可以采取以下策略来弥补传统练习的不足。

一、利用网络学习平台，加强练习层次性

由于学生思维发展水平和能力存在着一定差异性，在数学学习的过程中，为了更好地满足每位学生的学习需求，教师应该清楚学生的最近发展区，在数学练习的设计中提供不同层次的“自助餐”，让学生自主选择，使学生的能力得到充分发展。

当今信息化时代，网络学习平台如雨后春笋般涌出，可借助网络学习平台，通过移动互联网技术，将学生、老师、家长三者联合起来，一起参与到教学过程中，为孩子提供最具个性的学习内容和最有趣的学习应用，为老师提供最便捷的教学工具和最全面的分析报告，为家长提供方便及时的孩子学习情况。

笔者借助“一起作业网”这一网络学习平台（如图1所示），在中小学教材同步作业的基础上，将练习的题目分为基础题、中档难度题和难度题，教师在布置练习时只需在页面上进行选择适合学生学习

情况的练习，点击选入作业栏中，学生便可自主选择适合自己做的习题。在教师选择完练习后，系统自动显示预计完成的时间，这样可以控制学生练习的时长。除此之外，“一起作业网”网络学习平台还提供与教学进度一样的教辅用书，同样有三种类型的习题，学生只需登录此网站，无须再到书店里挑选教辅用书，更不用花大量的时间去挑选和研究书籍，直接点击选择收入囊中，自主选择练习“自助餐”，使自己的能力得到充分的发展。

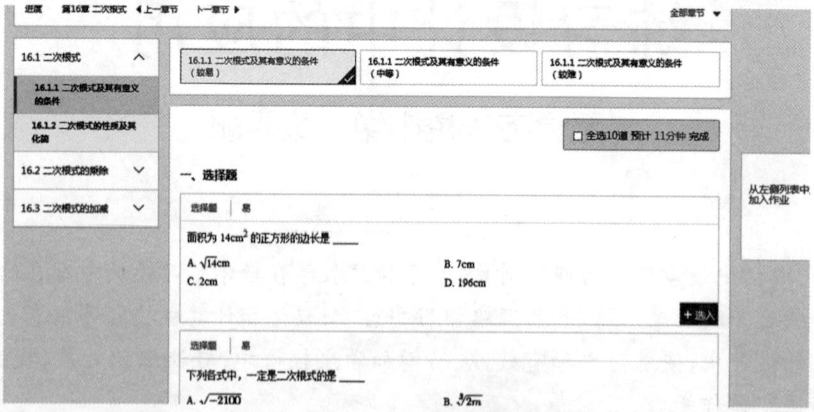

图 1 “一起作业网”布置作业功能

学生提交完练习，教师进行检查。教师可以选择“按学生查看”，查看个人练习的正确率情况，也可以选择“按题目查看”，查看哪道习题学生错误率高（如图 2 所示）。通过全方位的检查，教师课后可以布置类似的习题，对知识掌握欠缺的学生进行更进一步的巩固。

图 2 “一起作业网”检查作业功能

二、借助新媒体平台，加强练习多样性

单一的练习模式、机械的运算容易使学生疲劳，缺乏学习的积极性。如果想要设计的练习更加有效，能更好地调动学生的积极性，教师则需注意加强练习的多样性。笔者参考前人对练习多样性的探究，结合数学本身的特点，将多样化练习从表达形式、呈现方式、题型这三个方面来分类。

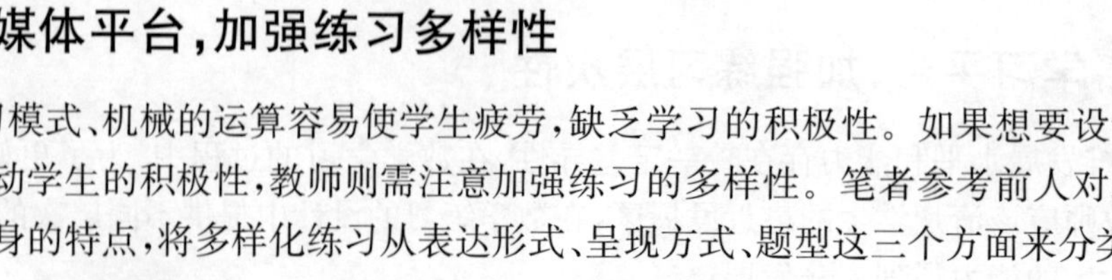

图 3 练习多样化类型

随着新媒体技术的不断发展和人们生活水平的提高，微博、微信和QQ等新媒体进入校园。教师通过新媒体平台分享练习题目和教辅资料，用图像、动画、视频等表达形式来替代枯燥的文字练习，更多地设计具有探究性和合作性的练习。学生借助新媒体进行讨论、探究，以数学小论文、调查报告等方式进行成果展示，找到适合自己的学习方法，使学习素质和修养得到更大的提升。

如，勾股定理的学习一直是十分重要的课题，学生要充分掌握这一定理，必须了解它的历史来源、证明方法和熟练掌握定理的应用。

教师用Flash动画的形式将课堂上讲过的勾股定理证明方法分享给学生，学生可以在线观看和学习。学生进行小组内分工合作，网上搜索相关信息，通过微信群、QQ群等新媒体平台分享学习资料并交流探索，用数学小论文进行成果展示。

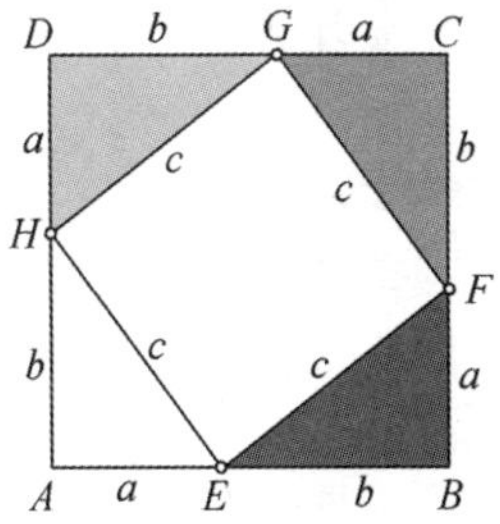

图4　学生成果展示

三、引入专业绘图软件，注重练习的开放性

传统的封闭性习题涉及的知识点单一，条件和结论都十分明确，学生通过模仿例题的解法，一般都能获得结论。如此下去，学生的创造力会下降，学生的潜能得不到充分开发。数学练习的开放性体现在两个方面：一是数学练习的开放性体现在练习的内容上，如题型有不定型开放题、多向型开放题、多余型开放题等；二是数学练习的开放性体现在练习形式上，将信息化手段运用到开放性练习的设计中来，如利用几何画板、Flash等绘图软件，引导学生自主思考和探究。

例题：证明连接任意四边形 $ABCD$ 各边的中点 E、F、G、H 四点所形成的四边形是平行四边形。若四边形 $EFGH$ 是菱形，原四边形满足什么关系？

教师要求学生在几何画板上画出图形，并试一试将这个图形任意变化，所得出的结论会有变化吗？学生通过鼠标任意拉动图形，从图形的变化中可以发现不变量与变量，四边形 $ABCD$ 在"变"，四边形 $EFGH$ 是平行四边形是"不变"的。学生通过这一过程，体会到题中的"任意"两字的含义，较之纸上不动的图形，学生的思维得到更进一步发散。学生通过几何画板这一多媒体技术进行探究，运用中位线定理进一步证明，若四边形 $EFGH$ 是菱形，利用几何画板，只需保证对角线相等，很快便得出的四边形 $ABCD$ 是等腰梯形、矩形和正方形，从而得出"对角线相等的任意四边形，连接它四边的中点所得的四边形是菱形"这一规律。

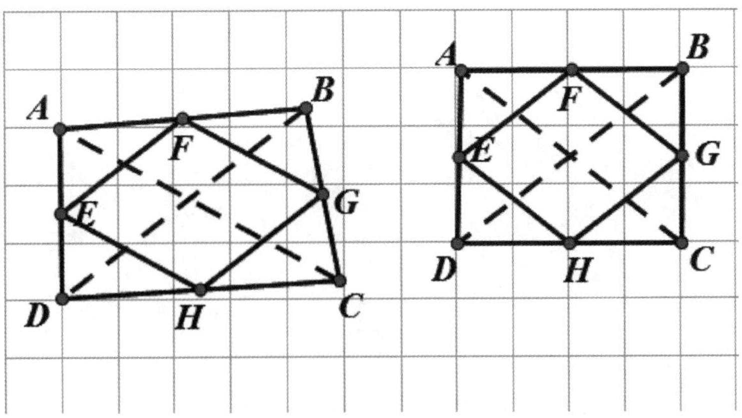

图5　学生用几何画板绘制图形

教学要适应信息化时代的发展，练习也要做出相应的调整。通过调查研究发现，传统练习普遍在层次性、多样性和开发性等方面存在弊端。在信息化环境下，如何消除这些弊端？采用相应的信息化技术对练习的层次性、多样化和开放性等方面做出有效的调整，对学生的发展具有举足轻重的作用。

师生学会借助网络学习平台，增加练习的层次性，使每个学生都能得到充分的发展；利用新媒体技术如微博、微信等，增加练习的多样性，调动学生学习的积极性，增强合作探究的能力；尝试让学生使用专业绘图软件来增加练习的开放性，提高学生的创造力。通过这些信息化手段来加强练习的分层性设计、多样性设计和开放性设计，使每位学生乐于学、乐于练，从而提高学生学习的兴趣，增强学生的创新精神，提升学生的数学核心素养。

参考文献：

[1] 崔红梅. 浅谈课堂教学如何适应新课程的需要[J]. 中国校外教育(中旬)，2011(8)：74.

[2] 杜占元. 教育部副部长与代表、专家对话：融合信息技术　创新育人方式[EB/OL]. (2016-03-14)，[2016-05-02]. http://learning. sohu. com/20160314/n440339266. shtml.

[3] 一起作业家长通下载|一起作业家长通手机版下载[EB/OL]. [2016-05-01]. http://www. pc6. com/iphone/192379. html.

[4] 毕丽萍. “微时代”的数学“微作业”设计[J]. 教学与管理(理论版)，2015(12)：104－106.

[5] 刘瑞华. 对网络环境下初中数学发展性作业的设计与思考[J]. 语数外学习(初中版中旬)，2013(8)：15.

[6] 楼国营. 几何画板开放题开放式教学[J]. 教学月刊(中学版)，2002(4)：39－41.

[7] 储霞. 精于心，巧于思：浅谈初中数学练习设计[J]. 课程教育研究，2012(32)：127.

[8] 潘杰如. 浅谈信息化环境下初中数学函数教学的策略[J]. 数理化学习，2014(9)：48.

从思维方法层面浅谈新课标背景下高中信息技术教学设计

宝应县安宜高级中学　周恒武

摘　要：新课标背景下，本文提出对高中学生学习中出现的问题因材施教，从思维方法层面进行指导，给学生留出自我学习、反思和教育的空间，不断提升他们的思维能力和学习水平。

关键词：高中信息技术　教学设计　思维型课堂教学

教育部于2017年颁发新修订的普通高中课程标准，阐述普通高中课程育什么人、如何育人，以满足中国2035年基本实现现代化的人才需求。有了新课标、新高考，教学怎么创新？如何建构能够培养时代新人、面向未来的教学系统？这是新时代教学创新的重大课题。在运用思维型课堂教学理论的时候，如何发现学生学习中的思维问题，做到有的放矢、因材施教？针对学生具体思维问题进行指导，给学生留出自我学习、反思和教育的空间，学生才有机会不断提升自己的思维能力和水平。

一、以核心素养为纲的单元设计

新修订的课程标准之一是以学科核心素养为纲。学科核心素养是指学生经过学科学习而逐步形成的正确价值观念、必备品格与关键能力。新课标以学科核心素养为纲，建立了课程目标、内容标准与学业质量标准的素养目标体系，旗帜鲜明地纠正当前普遍存在的“高分低能、有分无德、唯分是图”等偏失，描绘“学科育什么人”的图像，提出“学科怎样育人”的路径。

新课标要求教师超越内容标准，摒弃以知识点为单位确定教学目标，立足学科学业质量要求，依据教材内容和学情，理清内容标准，自上而下、从抽象到具体地规划学期、单元乃至课时目标，一致性地连接“想得到(理想的目标)”“看得到(可望的目标)”与“做得到(可及的目标)”，以提升学科育人质量。新的教学目标再也不是人们熟知的双向细目表以及据此确定的知识点，如“了解”“记住”“理解”“简单应用”等，而是学生学习一段时间之后，在特定情境中以何种观念和品格，能否正确运用所学的学科知识和方法解决问题或完成任务，如语言建构与应用、史料实证、地理实践力、生命观念、科学探究、运动能力、创意表现等。简言之，新目标就是学生“在什么情境下运用什么知识能做什么事(关键能力)，是否持续地做事(必备品格)，是否正确地做成事(价值观念)”。做事是新目标的宗旨，是新教学的关键，是新评价的焦点，是素养推论的直接依据。

目标变化，教学设计必须变革。长期以来，我们的教学都是按课时分配知识点的，因此老师会把一个知识点、技能或小主题等作为一个单位设计教学，甚至将一篇课文分为两个课时单位而设计两份教案，很大程度上导致目标窄化、细化、浅化与孤化，直接影响学科育人、课程育人的效果。新目标要求老师的教学设计单位从“一个一个知识点”转向“在什么情境下运用什么知识解决什么问题或完成什么任务”。这样一个教学设计单位，用课程的话语来说，就是单元。

课程单元本身即一种课程，包含关键的课程要素，如目标、内容、实施与评价等。课程单元是一个课程单位、学习单位，它不是内容单位、学习素材，也不是知识点或知识图谱。语文教材中常见的单元如果只是“一个主题加三四篇课文”，这至多算是内容单元或学习材料单元，不是这里所说的课程单元。课程单元指以学科核心素养为目标，以“大任务、大观念、大问题、大项目”的名义来组织或将需要学习的知识、技能、问题、情境、活动、评价等结构化，使之成为完整的学习故事或事件。“大”意味着一个课程单元只有一个核心任务，这是针对当前课堂教学中任务或活动太小、过多、琐碎等问题而言。

从课程的视角看，一个完整的单元设计至少包括六个要素：单元名称与课时、学习目标、评价任务、学习过程、练习与检测以及学后反思。这六个要素构成一个相对独立而完整的教学或学习单位，也是一个完整的学习或课程事件。课程单元设计超越了内容即知识点本身，涉及该内容的完整习得；超越了知识点的习得或目标的掌握，关注知识在特定情境中的应用；超越了单个知识点的孤立思维，强调在特定情境中解决问题或完成任务时所需知识的关联性。

二、“四个台阶”步步“逼”学生暴露出自己的思维问题

结合以上的分析，我根据学生掌握学习情况的不同程度，按照深度学习和学习金字塔理论，将课程单元学习分为四个台阶，一步步“逼”学生暴露出自己的思维问题。

（一）听懂

我在课堂教学中首先要求学生听得懂。什么才是听得懂？检测的方法就是现场复述。如果学生课堂教学中认为自己听懂了，就可以举手，我从中抽取几名学生，让其复述。如果没有听懂却装懂举手的，我汇聚学生的意见进行惩戒，一般就是增加该类型题目的训练；而没有举手还没懂的学生则以个别辅导为主，个别辅导的“师父”一般是班级里成绩比较好的学生，“师父”实在解决不了的问题，我再帮着解决，并将共性的问题张贴在教室里，以供学生备查。

实践发现：学生在复述中常会不知不觉暴露出自己的思维问题，这些思维问题激发了学生的热烈讨论，我也将这些思维问题汇总，对学生的思维问题和思维能力进行第一次的诊断和分析。

（二）会做

这主要针对课堂教学结束后学生的课堂作业和家庭作业。学生常常课上听得懂，课后却不会做了，这就说明学生在思维某方面的训练还没有夯实，运用某知识点解决某种问题的思维路径还没有得到强化和巩固，这时候我给学生建议的方法就是找同类型的题目进行“变式训练”，这就好比练拳一样，师父把架势教给徒弟了，但是还需要徒弟进行重复练习才能做到位。

一般我会要求学生自己找同类型题目，或者在班级里进行“考考你”竞赛，让学生互相找同类型的题目进行训练，让学生暴露出来的思维问题尽快得到解决，此所谓“学而时习之”，学习后尽快巩固练习，方法就是“变式重复”。

实践发现：学生在作业中暴露出来的思维问题，要比“听得懂”环节暴露出来的问题深刻，我在作业批改的过程中，为了让学生暴露做错题背后的思维问题，要求学生在订正时，写出当时做题时的想法，然后再订正，这样我就可以通过学生对自己做题过程的分析发现学生的思维问题，从而能够有针对性地培养学生的思维能力。

（三）会讲

这是针对学习中综合性比较强、思维能力要求比较高的题目。一般课堂上，我会给学生一定的时间做题，然后到学生中间去巡查，将巡查中发现的具有典型思维问题的学生请到黑板前讲做题的过程，学生在讲的时候就会慢慢发现自己存在的思维问题。如果学生自己不知道，我会请其他学生帮忙，当然在这过程中我会鼓励讲题目的学生，表扬他敢于面对自己存在的问题，敢于做同学们的“镜子”，让同学们今后不再犯同样的错误。如果是习题讲评课，我会让学生讲错的比较典型的思维问题，学生讲完后，请其他学生点评，而我则选择关键的思维问题进行重点强调。

实践发现:学生从自己学到自己讲,从做学生转变成做“小先生”,学习兴趣得到充分激发,凡是讲过错题的学生对错题的印象都很深刻,一般都不会忘,今后出现类似题目时错的概率也就少多了。我在学生讲的过程中,整理和反思学生存在的思维问题,以及针对学生出现的思维问题进行教学调整,从而为后面的教学奠定基础。

(四)会编

这是对学生提出的更高的要求,也是对学生思维训练成果的检测。我在结束一个章节的学习之后,一般会先给出例题,然后请学生根据自己总结出来的知识点进行编题,要求学生做到在编好的题目旁边,写出考察的知识点以及可能会做错的地方和原因。当然,这样的训练不可能一蹴而就,我一般先用填空的方法,将题目中一些关键条件空在那里,然后问学生:“如果你出题,你认为要解决这个问题,这个地方需要什么条件?”或者反过来,先出示完整的答题过程,然后让学生反过来去编题目。我也鼓励学生在做题的时候,有意遮掉一部分已知条件,自己猜一猜。第四步对思维能力要求比较高,并不要求所有学生都能达到,一般根据学生思维发展水平选择能够应对的学生进行训练。

实践发现,这种运用逆向思维,让学生站到教师角度训练学生的方法,对培养学生灵活运用、迁移知识点等高阶思维能力具有重要作用。我也在这个过程中不断收集学生编的题目,并将学生编的题目汇总,题目后面写上学生的名字,然后统一测试,学生做着自己编的题目,别有一番滋味在心头,学习兴趣也更加浓厚了。

综上,“听懂—会做—会讲—会编”,层层递进,思维能力要求步步提升,四个台阶暴露学生思维能力的过程,也是教师担当教练做好“脚手架”的过程。当教师退居学生身后,针对学生具体思维问题进行指导时,恰恰给学生留出了自我学习、反思和教育的空间,学生才有机会不断提升自己的思维能力和水平。

参考文献:

[1] 崔允漷. 关于《新课标新高考如何建构“新教学”》的最新观点[N]. 中国教育报,2019-9-25.

[2] 中华人民共和国教育部. 普通高中信息技术课程标准(2017 年版解读)[M]. 北京:高等教育出版社,2017.

移动学习让品德课绽放缤纷之花

——数字化学习背景下的小学品社学科差异化教学策略研究初探

南京市滨江小学　张瑞如

摘　要：伴随着移动计算技术和无线通信技术的快速发展，移动学习的教学模式正越来越多地进入人们的视野，甚至在部分地区、学校已经成为一种教学常态。移动学习的模式已经体现出许多优势，很多专家与教师也认为这种模式将会为进一步实现教育教学的变革提供巨大的助力。作为一种全新的教学模式，利用好移动学习的教学模式，能够更好地帮助教师的教学实现信息化的发展。

关键词：移动学习　多屏互动技术

一、引言

所谓差异化教学，首先就是需要承认学生存在的客观差异，并在此基础上分析不同学生的特点，包括学习能力、兴趣爱好以及性格特点等，根据分析的结果对学生进行因材施教。20世纪80年代加德纳提出多元智能理论以来，广大的教师已经普遍接受和认同了这种理论，各个学科的教学课程标准中也把实现这一理论作为要求提出。随后，许多专家和老师提出一系列实现差异化教学的方法，如分层作业、分层教学、异步教学、分类教学等等，但在真正实施的过程中，教师还是面临了不少的困难，比如在实施分层作业与分层教学时，教师必须要考虑在如何实现有效的分层同时，还要站在新课标三维目标中的“情感与价值观”的角度，客观分析会不会因为将学生分成A、B、C三等导致伤害部分学生的情感。比如在实施分类教学的过程中，如何提供足够的资源，让不同类的学生都能够获得相应的知识内容。这些问题如果不能有效得到解决，差异化教学就很难落到实处。教师在实施的过程中也会手足无措，难以推进。那么，如何才可以更好地实现差异化教学呢？移动学习模式给出了一种答案。

移动学习(mobile learning)是一种在移动设备帮助下进行的学习，移动学习所使用的移动计算设备必须能够有效地呈现学习内容，并且提供教师与学习者之间的双向交流。作为一种全新的模式，它具有以下几个优势：学习方式灵活多变；学习理念高效先进；精致阅读和专业课程；学习效果完全掌握。南京市滨江小学自2013年参加南京市移动学习项目的研究伊始，就把研究的重点放在“如何利用移动学习模式更好地实现差异化的教学”这一目标上。

二、利用移动学习，让学生更好地实现自主学习

想要实现教学的差异化，首先就要了解不同学生的特点，以及他们更想要的是什么，再根据不同学

生的情况，设计相应的教学内容，让学生自主地进行学习。理论上，教师在课堂内的每一个教学环节的设计都应该关注学生的差异。不过，真正想要实现，尤其是在大班教学中，一个教师往往要面对四五十名学生，确实非常困难。在以往的课堂上，因为各种因素的制约，往往只能由教师根据经验来判断每个学生需要的是什么。这种判断在很多时候都未必准确，所以对于学生而言，教学的效果也会受到影响。

那么在利用移动学习模式后，能不能在一定程度上实现学生更有效的自主学习呢？笔者认为是可以的。在教师进行教学内容设计的时候，差异可以体现在以下几个方面：

（一）在教师对学生的具体要求上体现差异

在做练习时，对不同的学生有不同的要求。比如可以让学生选择自己能做的，或者想做的题，也可以让学生在时间允许的情况下想做几题就做几题。但在传统课堂中，这样的做法会使教师面临一个问题，如何快速地对学生做题情况进行判断、反馈和汇总。而移动学习模式就能很好地解决这个问题。以笔者执教的小学四年级《怎样到达目的地》一课为例，笔者在教学平台上布置练习，这些练习在设计时就刻意体现出差异性，有难有易，学生在规定的时间内自行选择适合自己的练习并完成，通过系统自动判定对错，迅速将结果反馈到教师手上。这样，教师就可以在很短的时间内了解刚刚的练习环节中，哪些学生选择哪些题目来做，他们的正确率是怎样的，哪些题目出现的问题最多，进而可以根据现场的情况快速调整下面的教学内容。对于学生而言，固定时间的练习，不同层次的学生都能根据自己情况得到有效的锻炼。那些学习相对优秀的同学不会因为题目难度小或数量少出现很快做完练习就无事可做的现象，同时那些相对落后的同学也可以选择一些相对容易的题目进行练习，达到一定的学习效果。

（二）在探索解决问题的方法上体现差异

在解决问题时，对学习有困难的学生要重视行为操作，多用实物与直观的教学方式，而对于较优秀的学生要有一定的抽象度。同时，对于优秀的学生要讲究解决问题的多样化，强调选择最优化的方法，还要注意解决问题的速度和灵活性。对于学习有困难的同学，更应该关注和掌握一般的、普遍适用的方法，只要能解决问题就行。再以笔者执教的小学四年级《怎样和他联系》一课为例，本课中，学生需要了解从古至今通信方式的发展历程，并了解不同时期通信方式的特点与现代通信方式具备的优势，学会判断不同的形势选择最合适的通信方式与人联系。在以往的课堂上，经过学习，不同层次的学生会选择不同方式来解决问题，但老师没有办法了解到所有学生的学习情况，更不可能根据学生的学习情况来进行一对一的辅导。但在这节移动学习课上，教师可以事先准备电子书以及微课，详细地介绍不同通信方式的特点，让学生根据自己的喜好来点选观看的学习内容，在有限的时间内充分了解这些通信方式的特点。在学生选择不同通信方式与人联系的时候，教师同时也准备了若干种教学方案，供能力较弱的同学来参考。而那些学习情况较好的同学则可以依靠自己的学习经验来完成这项学习任务。由于有了移动终端的辅助，不同学生的学习效果都得到一定的提升。

三、利用移动学习，让学生更好地实现合作学习

合作学习是实现教学差异化的另外一条有效途径。对于合作学习而言，学生的差异不再是问题，而是资源。合作学习一般有两种需求：一种情况是完成一项学习任务或者解决一个学习中遇到的问题，仅仅依靠个体学生的力量是很难完成的，或者是需要很多的时间才能完成；另一种情况则是不同的个体有着自己不同的想法、观点和解决策略，这就需要通过合作来分享经验、化解分歧，找到大家共同认同的解决方案。很显然，后一种合作学习的需求正是因为学生本身存在着差异才变得有价值和意义。学生的差异可能是源于各自生活经验的不同、思维方式的不同、知识储备的不同，这种差异是无时不在的，而我们的教学不是为了消除这些差异，而是应该在承认这种差异的前提下，通过合作学习，促

使不同的学生在各项学习中获得不同的发展。

但是在传统的课堂上，我们受时间和空间的限制，学生合作学习的模式往往只能是前后左右的小组合作学习，学生很难跳出这个固定的学习小组，可是利用移动学习的模式，合作学习的时间跨度和空间维度就得到了非常大的拓宽。比如笔者在执教小学五年级《中山陵前》一课时，在课前准备了大量的学习资源，让学生通过 PAD 等移动终端自学，初步了解中山陵；然后，再让学生自由组成小组，分别利用假期走访中山陵，利用移动终端拍下照片或视频，在课堂上进行交流。这种合作学习充分尊重学生的个性差异，利用网络让他们可以在课堂上、课堂外都能进行交流和合作，这样，学生们就有足够的时间来充分表达自己的意见，更好地体现差异化教学的优势。

四、移动学习让老师在实现差异化教学的过程中拥有更多的方法和策略

教师实现差异化教学主要有四种方法与策略：教学目标多元化、教学过程多元化、教学方法多元化、教学评价多元化。利用移动学习模式，让教师在具体执教的过程中拥有更多有效的手段和更丰富的选择。

（一）移动学习课堂中多元化教学目标的实现

教学目标是对教学效果的预设，但学生自身存在的差异性，也就决定其发展程度必然不一样。所以，有经验的教师一定会在设计课堂教学目标时考虑到学生存在的差异性问题，对不同的学生设置更适合他们的目标。不过，以往的教学中教师更多是根据自己的经验来判断学生具备的学习水平，这种主观的判断有的时候是不够准确的。利用移动学习模式，教师可以课前让学生利用移动终端进行一些预习或者是练习，并且可以非常方便快捷地获得学生自学情况的汇总。根据这个数据的统计分析，可以更有效地判断出目前班级学生整体状况以及个别学生的情况，这样就可以更准确有效地进行多元化教学目标的预设。

（二）移动学习课堂中多元化教学过程的实现

以往的课堂，教学的主体基本是教师，教师通过研读文本，再把认为重要的知识与内容传授给学生。这样的教学模式与研究式教学、讨论式教学、对话式教学是相违背的。如今教育界普遍开始尝试"反转课堂"的教学模式，也就是所谓的"先学后教，以学定教"，从根本上"反转"了课堂上学生原本处于的被动地位，从形式上也"反转"了传统课堂的结构与教学过程。利用移动学习模式，很好地践行了"反转课堂"的教学模式，让学生更好、更近地接触文本，并从中获取他们想要获得的知识。

（三）移动学习课堂中多元化教学方法的实现

随着信息技术的发展，如今的课堂上，大部分教师都会使用多媒体技术来使他们的课堂显得更加丰富多彩，各种图片、音频、视频等资源的出现确实大大提升了课堂教学的效果。比如笔者在教授小学四年级《媒体连着你我他》一课时，让学生们借助手中的平板电脑，直接体验了当下多媒体的信息传播形式，让学生更深刻地理解了教学内容。有效的教学方法必然会使学生受益，使教师受益。

（四）移动学习课堂中多元化教学评价的实现

要实现教学的差异化，还需要有效的评价方法来督促教学。如今，很多的老师已经知道在课堂上要让更多的学生参与到教学评价中来。但由于时间、环境等因素的制约，参与评价或者被评价的学生往往只是一部分。利用移动学习的模式，这种情况就会被扭转。比如笔者在教授四年级《逛商场》一课时，先让学生在平板电脑上汇报自己在逛商场时的见闻，然后上传到教学平台上，每个学生都可以看到其他同学的经历，利用讨论版的功能进行评价。这样，参与评价与被评价的学生范围就从个别人扩展到整个班级。不仅如此，家长在课后登录平台，也可以参与到评价中来，这样，每个学生都有机会感受到成功的喜悦，从而激发他们的学习兴趣，更自主、更有选择地去学习。

五、总结

差异教学需要构建个性化教学体系。差异性发展的理念需要相应的教学支撑体系，有了相应的教学支撑体系，其才有可能从理念转化为教学生产力。实现差异化教学，应该是教师们共同的追求，同时作为一种全新的教学模式，移动学习会成为日后教学模式变革的发展方向之一。不可否认的是，移动学习基于种种原因，自身也存在许多的问题，开展这样的教学课更需要一定的外部环境与条件。相信伴随着信息技术的不断发展，技术推动教育变革是大势所趋，虽然实现差异化教学的方法与途径是多种多样的，但利用移动学习的教学模式是其中一个很好的选择。

参考文献：

[1] 李海霞. 差异教学与教学的差异化[J]. 锦州医学院学报(社会科学版)，2005(4)：54 - 56.

[2] 丁兴富，Keegan D. 从远程学习到电子学习再到移动学习[J]. 开放教育研究，2000(5)：6 - 10.

[3] 张速. 差异发展离不开差异教学[J]. 四川教育，2003(5)：27 - 28.

图书在版编目(CIP)数据

江苏教育信息化研究. 2020 / 江苏省电化教育馆，江苏省教育信息化中心编著. — 南京 ：东南大学出版社，2020.12

ISBN 978-7-5641-9320-1

Ⅰ.①江… Ⅱ.①江… ②江… Ⅲ.①教育工作-信息化-研究-江苏-2020 Ⅳ.①G527.53

中国版本图书馆 CIP 数据核字(2020)第 257911 号

江苏教育信息化研究. 2020

Jiangsu Jiaoyu Xinxihua Yanjiu. 2020

编　　著	江苏省电化教育馆，江苏省教育信息化中心
出版发行	东南大学出版社
社　　址	南京市四牌楼 2 号(邮编：210096)
出 版 人	江建中
责任编辑	褚　蔚
经　　销	全国各地新华书店
印　　刷	南京工大印务有限公司
开　　本	889 mm×1194 mm　1/16
总 印 张	12.75
总 字 数	445 千字
版　　次	2020 年 12 月第 1 版
印　　次	2020 年 12 月第 1 次印刷
书　　号	ISBN 978-7-5641-9320-1
总 定 价	45.00 元(共 3 册)

本社图书若有印装质量问题，请直接与营销部联系。电话：025-83791830

联系邮箱：bjb@jse.edu.cn
联系热线：025-83752121/83752122
网络支持：http://www.jse.edu.cn/

ISBN 978-7-5641-9320-1
9 787564 193201 >
定价：45.00 元（共 3 册）

2020/5

江苏教育信息化研究

创新教育

JIANGSU EDUCATION INFORMATIZATION

江苏省电化教育馆　江苏省教育信息化中心　编著

东南大学出版社
SOUTHEAST UNIVERSITY PRESS
·南京·

目录 contents

理　论

实　践

目录 contents

案 例

基于 STEM 教育的机器人社团培养计算思维的策略研究

淮安市金湖县外国语学校　左延金

摘　要:本文首先提出机器人社团活动过程中所遇到的困惑,然后进行理论分析,提出基于计算思维的机器人社团活动策略,从而解决如何思考、讨论什么、按何种方式开展初中机器人社团活动的问题,培养学生的计算思维。

关键词:计算思维　STEM 教育　策略研究

一、问题的提出

淮安市金湖县外国语学校组织了机器人社团,学生自行报名参与。经过几年的实践,发现存在一些问题:① 学生参与机器人社团,初期兴趣都很浓,表现积极,也学会了做一些作品。随着时间的推移,慢慢地就有了差别,有的学生还是认真学习,而有的学生则明显不想学了,突然间就没了兴趣。究竟是什么原因导致这一现象的产生? ② 在社团活动过程中,如果教师不演示、讲解,有些学生就无所适从,小组交流也不知道讲什么,流于形式。社团慢慢地变成了少数学生钻研、多数学生成看客的课堂。社团是学生的组织,应该由学生参与其中,积极活动,可为什么"放手"让学生做,慢慢就变成少数学生钻研、多数学生"放弃"呢? 如果询问那些"不会做"的学生,问他们如何使用判断语句的控件、如何控制小车转动等一些具体的技术问题,这些学生是可以回答的。可为什么让他们按要求动手操作机器人的项目时就困难了呢?

二、问题的分析

上述问题产生的原因可以归纳为三个方面:① 社团活动过于程序化,忽略了"概念的学习";② 社团活动过于关注技术,忽略了"人的思考";③ 社团活动过于关注实践成果,忽视了"思想的领悟"。这些都是活动过程中缺少计算思维的培养导致的。

计算思维由周以真教授于 2006 年 3 月首次提出,其定义是运用计算机科学的基础概念进行问题求解、系统设计以及人类行为理解等涵盖计算机科学之广度的一系列思维活动。其核心思想是要学会像计算机科学家那样思考,其外在表现是概念化而非程序化、思考而非掌握技能、领悟思想而非造物。

学习是什么? 建构主义理论关于学习的假设是:知识是学习者在试图理解其经验的意义时建构出来的。因此,机器人社团活动中的学生学习,要让学生理解其经验的意义。学生一开始参与社团也许是冲着"机器人社团"这个名称来的,但要让学生真正对机器人社团活动感兴趣,则需要不断地激发和培养学生的兴趣。学生是自愿参加社团活动的,学习基础差距较大,有的学生学习能力很强,而有的学生学习能力还需要进一步培养。在学生的探究过程中,教师应当帮助学生逐步掌握探究的方法。如何激发和培养学生对机器人社团的兴趣,让学生多一些成就感、少一些挫折感呢? 基于计算思维的活动是解决上述问题的良好途径。计算思维经过“嵌入”“转化”“仿真”的环节，将机器人社团活动过程中遇到的困难重新阐述成一个已知问题。在计算思维的指引下，机器人社团活动中存在的“不想学”“不会学”的问题得到解决。

三、基于STEM教育的机器人社团培养计算思维的策略

在机器人社团活动过程中，需要以“人的需求”为中心创设真实的问题情境，以学生参与为主要的活动形式，教师需要帮助学生掌握相关知识和技能。在具体的实施过程中该如何去做呢？

（一）架好问题支架，关注“人的思考”，实现基于计算思维的“嵌入”

问题支架是学生思考的框架，在建构主义的教学方法中，问题支架是与合作学习相配套的。在机器人社团活动中，实现计算思维中的“嵌入”，就需要架好问题支架。问题支架是学生思考的工具，学生在活动中进行“人的思考”。在机器人社团活动中学生所应掌握的问题支架是什么呢？下面以机器人社团活动中的“循迹”为例，谈谈具体的做法。

该活动使用的是Qbot小车，软件使用的是WeMake 2.1版，这是一款基于Scratch 2.0的软件，可以直接切换到Arduino模式，Arduino IDE使用的是1.65版的。活动要实现的目标是：当开启小车后，小车沿着黑线行走。目标的实现需要用到左、右两个巡线传感器，学生首先需要了解巡线传感器的原理，即这两个巡线传感器为什么可以识别黑线，然后根据两个巡线传感器判断的结果调整小车的行驶路径，从而实现Qbot小车始终沿着黑线走。

方案一：

(1) 创设情境：打开Qbot小车，让其沿着弯曲的黑线行驶。

(2) 分析问题：要实现小车沿着黑线行驶，需要什么工具呢？（巡线传感器）怎样实现巡线的效果呢？（当左侧巡线传感器在黑线内、右侧巡线传感器在黑线外的时候小车左转；当左侧巡线传感器在黑线外、右侧巡线传感器在黑线内的时候小车右转；否则小车前行）

(3) 用WeMake中的控件实现上述功能，学生实践、小组合作。

(4) 调试设备，比一比效果。

方案二：

(1) 创设情境：打开Qbot小车，开始的时候直行，遇到弯曲的黑线则沿着黑线行驶。

(2) 问题支架一：① 开始的时候直行，怎么突然走成弯曲的路线了？（遇到弯曲的黑线）② 为什么遇到黑线就可以改变路线？Qbot小车是如何知道下面有黑线的？（让知识面宽的学生多说。如果学生没有接触过相关知识，则介绍发送红外线探头的功能，并指出这就是巡线传感器）

实验：找出WeMake中与这个巡线传感器相关的模块，用简单的程序读出这个传感器现在的数据，并显示出来。（用车灯、显示屏都可以，让学生发挥创造力）

(3) 问题支架二：巡线传感器可以判断小车是否在黑线上，可为什么需要两个巡线传感器呢？一个不可以吗？（想象一下，如果一个盲人手里拿着一根拐棍在盘山公路上行走，怎样才能不掉下去？）将学生的想法画成流程图。

实验：想象一下，这个Qbot小车就是一个盲人，左、右两个巡线传感器就是手里的左、右两根拐杖，通过编程实现小车沿着黑线走。

对比上述两个方案，它们都创设了问题情境，学生开始时都很感兴趣，并学习了相关的机器人编程知识，但最终效果却不一样。如果使用方案一，学生虽然很快就能让小车沿着黑线走，却无法体会探究的乐趣；方案二则是针对情境中的问题，首先架设“问题支架”，需要的时间较长，讨论的时间也长，在此过程中学生充分体验探索乐趣，在做的过程中学习机器人编程的相关知识，真正实现了计算思维的培养。

（二）重视模式识别学习，进行概念化，实现计算思维中的“转化”

当学生在社团活动中掌握了基本的方法和技能后，就可以进行复杂的探究。有些情境中的问题看起来复杂，其实就是一些旧问题的组合。如何在这些纷杂的问题中找出已经掌握的和需要探究的问题呢？这就需要模式识别学习。模式识别学习是指学生对特定的内部或外部刺激模式进行辨认和判断，把握产生式的条件项，对要学习的概念进行概括化和分化两种心理机制。下面以机器人社团活动中的“自动泊车”为例，谈一谈具体的做法。

让 Qbot 小车实现自动泊车，实际上就是运用小车尾部的两个巡线传感器判断黑线的位置。这里的车库是用黑色胶带做的“U”形区域。小车以一个角度进入车库，遇到黑线就停止。在 Qbot 小车上，后面的这两个传感器叫边缘传感器，其在本质上还是红外传感器，原理与巡线传感器一样。对于这些已经学过的类似概念的项目，全新的讲解当然不合适，运用“模式识别学习”就可以有效地将边缘传感器的概念纳入知识体系中。具体的教学环节如下：

(1) 情境创设：演示 Qbot 小车倒车入库。讨论用黑线做成的车库，前面学过什么模块可以检测黑线？动手做一做。学生发现用前面的巡线传感器进行倒车时，车身已经压在黑线上，就像汽车倒车时撞在墙上，这个操作显然不对。

(2) 问题支架：① 怎样才能让小车不压在黑线上呢？（检测到黑线就停）② 观察 Qbot 小车，有没有实现这一功能的传感器硬件？

实验：找到与检测尾部传感器硬件相配套的模块，通过编程验证你的判断。学生实验后知道，这是边缘传感器。

(3) 模式识别学习一：边缘传感器与巡线传感器的相同之处是什么？（都是红外传感器）为什么要设置这两种不同的传感器呢？（巡线传感器用来判断是否在黑线上，边缘传感器则是判断是否碰到黑线）为什么需要两个边缘传感器？（与巡线传感器需要两个的原理类似）

实验：用边缘传感器模块实现倒车效果。

(4) 模式识别学习二：① 为什么有的小车正好倒在黑线的车库里，而有的则是斜着停的？（学生多次实验后发现，如果小车初始位置在正前方就是正的，如果小车初始位置是斜的就斜着入库，很显然，这不符合自动泊车的要求）② 使用巡线传感器进行循迹行驶的时候可以不断调整小车，使用边缘传感器自动泊车又该如何调整小车呢？

实验：用边缘传感器模块实现正向的自动泊车和斜着的自动泊车，想一想：如果用一个程序实现该怎么做？

在上述过程中，首先进行问题支架架设，“遇到黑线就做出反应”的问题在前面学过，用巡线传感器就可以解决，学生在这里遇到类似的问题自然会想到如何运用。当学生运用后，发现小车会有一部分停在黑线上，这与“自动泊车”的想法不符。在观察小车的硬件后发现有另一对传感器可用，即边缘传感器。接下来进行第一次模式识别学习，将边缘传感器与巡线传感器进行对比，从而知道两者的原理一样，都是用红外线检测，但区别是什么暂时还没有发现。于是，让学生在实验中找到 WeMake 软件相对应的模块后，进行再一次的实验泊车，这时出现两种情况：一种情况是开始小车放得很正，平稳地倒在黑线内，另一种情况是小车开始放得很随意，小车是斜着进入黑线框内的，并且部分压在黑线上。这时，进行第二次模式识别学习，将“泊车”的动作与“循迹”的动作对比，找出其共同点，即都是根据传感器所获得的数据调整小车，区别只是一个要压线而另一个不要压线。这样就在新的“边缘传感器”与旧的“巡线传感器”之间形成了一个概念体系，学生在操作过程中，学会了不同传感器的用法。

（三）开展基于 STEM 教育的项目，领悟思想，实现计算思维中的“仿真”

STEM 教育的核心是整合，学生参与、项目学习、团队合作整合起来就是像工程师那样做项目，体验工程师的思维方式。也就是说，所做的项目必须是基于真实的问题情境，在此基础上用工程思维的方式进行需求分析、项目设计等。比如"循迹"是自动驾驶的原型,"自动泊车"是汽车入库的原型,"物体跟踪"则是以后无人汽车自动组队的原型。虽然机器人社团中的项目没有真实生活中的那么复杂,但一定要按工程思维的方式进行操作。具体做法如下:

(1) 组建项目团队:在机器人社团的活动过程中,将学生按不同的能力分组,组成相应的团队。团队中有需求分析师、代码工程师、项目检验师等,让学生各司其职、各展所长。

(2) 形成项目文本:让学生将项目过程中进行发生的讨论、分析等形成电子文本,在项目顺利完成后或遇到困难时,对相应的文本进行经验总结,形成系统化的学习。

(3) 团队交流与展示:当各团队的项目完成后,要进行交流讨论,从而进一步加深对项目的理解。在向其他团队介绍的过程中,学生可以进一步厘清自己的思路,这也是一种有效的学习。

(4) 新项目依托旧项目:新项目尽量"嵌入"旧项目,在原有项目基础上延伸。比如,"自动泊车"项目在"循迹"项目的基础上进行,从而形成一个项目体系,如同软件中的版本升级。

基于计算思维的机器人社团活动,是基于真实问题情境的学习,是学生自主参与的项目学习。架好问题支架、重视模式识别学习、开展基于 STEM 教育的项目这三个策略,主要解决如何思考、讨论什么、按何种方式开展小组合作的问题,也是计算思维中"嵌入""转化""仿真"的方法。通过这三种策略,让学生在社团活动中真正参与其中,体验到实践的乐趣,从而有效实现计算思维的培养。

参考文献:

[1] 张伟. 基于机器人教学培养初中生计算思维的作用探究[J]. 课程教育研究,2019(30):159-160.

[2] 王琦,管秀,王文秋. 中小学生计算思维能力的培养策略[J]. 科教导刊(下旬),2019(7):82-83.

[3] 李丰叶,刘晓东. 例谈面向计算思维的小学信息技术教学策略:以《认识机器人》一课为例[J]. 中国信息技术教育,2019(Z4):60-63.

[4] 莫雷. 教育心理学[M]. 北京:教育科学出版社,2011.

[5] 周迎春. 让学生体验工程师的思维方式:例谈基于项目的 STEM 课程实施[J]. 中小学信息技术教育,2019(1):57-60.

基于 STEAM 理念的农村小学“生态 C-STEAM”课程研究

扬中市兴隆中心小学　朱　飞

摘　要：随着教育优质均衡的发展，农村小学步入现代化发展进程。兴隆中心小学常年致力于农村小学生态课程体系的探究和优化，通过将 STEAM 课程理念与生态主题相结合，构建了“生态 C-STEAM”课程体系。本文以兴小“生态 C-STEAM”课程为例，对基于 STEAM 理念的农村小学生态创新课程进行研究，以期成为国内农村小学可行性创新思维培养课程范例，为农村小学生思维保守、缺少创新意识等现状提供改善途径。

关键词：“生态 C-STEAM”课程　数字化种植园　创新思维能力

随着教育优质均衡的发展，农村小学步入现代化发展进程。兴隆中心小学（以下简称“兴小”）一直致力于新生态教育理念的实践和探究，构建了具有生态特色的创新课程体系。为了进一步促进学生知识体系的完善，学校还构建了生态主题整合课程，捕捉学科之间的“渗透点”和“留白点”。课程虽然实现了学生在知识层面和探究层面创新能力的初步发展，却一直没有上升到创新思维构建的层面。通过专家指导，我们接触到 C-STEAM 课程概念。STEAM 是从 STEM 演变而来的，是集 Science（科学）、Technology（技术）、Engineering（工程）、Arts（艺术）、Mathematics（数学）于一体的综合教育。“C”为创新的首字母，C-STEAM 是 STEAM 课程与创新能力的融合，是一项通过多学科的融合，助推学生创新思维能力发展的综合课程。基于此，学校明确了研究方向，开启了基于 STEAM 理念的农村小学“生态 C-STEAM”课程研究，旨在通过项目研究在众多孤立的学科中建立一个新的生态桥梁，助推农村小学生创新思维能力发展。

一、形成“生态 C-STEAM”课程特色文化

课题研究小组致力于课程文化打造，通过物型文化、团队文化，全面营造课程氛围，让学生在潜移默化中更好地感受“生态 C-STEAM”课程魅力。

（一）打造“生态 C-STEAM”物型文化

通过打造以生态数字化种植园为主体，以生态教育馆、雨水循环系统、专题体验区为辅助的“生态 C-STEAM”立体物型文化，为“生态 C-STEAM”课程的建设与发展提供研究场所。

数字化种植园：采用云技术实现种植基地数据的采集、分析和存储，实时监控并记录植物的环境状态和生长情况，为学生创造了更加良好的探究和体验环境，使植物种植成为学生乐于劳动、乐于发现、乐于探究、乐于创新的载体。在种植与研究中，不断拓展“生态 C-STEAM”课程的内容和范围，促进“生态 C-STEAM”课程的校本化、特色化发展。

生态教育馆：面积约 450 平方米，含有生态地球、生态危机、生态文明三个主题展馆。馆藏通过声光影电等现代化的科技手段呈现在学生眼前，帮助学生系统了解生态知识，为“生态 C-STEAM”课程的开展提供了知识库。同时，还开展河豚踩吧、垃圾分类、汽车尾气排放、浇灌智慧树等体验活动，让学生切身体验环保行动。

雨水循环系统：通过毛刷、活性炭等组成的净化系统净化收集的雨水，流入校园中庭的水池中，用于动物养殖和植被灌溉，并为学生提供研究素材。水的主题研究也是“生态 C-STEAM”课程的重要组成部

分，建立微型雨水循环系统帮助学生直观感受生态科技的魅力，为学生了解水、研究水、创新水提供了依据。

专题体验区：根据各种不同的“生态 C-STEAM”课程设置专题体验区，如太阳能发电系统、变废为宝室、科学探究室等等。专题体验区为学生的创新研究提供了保障，让学生在不同的体验区内都可以通过动手、动脑，合作体验探究和创造的乐趣。

（二）厚植“生态 C-STEAM”团队文化

在兴小团队建设文化的基础上，集合学校骨干力量，以“创新”为团队的建设核心，构建“生态 C-STEAM”课程建设微团队。团队成员由校长直接领导，包括各分管校长、行政骨干、多学科教师，共同参与课程建设与实施。组织成员定期开展培训学习和研讨，将 C-STEAM 课程文化融入团队中。团队成员年轻有活力，拥有敢于创新、乐于创新的精神，在种植园中、在“生态 C-STEAM”课堂上、在课程设计中都有他们的身影。

二、构建“生态 C-STEAM”特色课程体系

课题研究的重点内容是构建“生态 C-STEAM”课程体系，通过该课程体系，为农村小学生提供创新思维发展的依托，为农村小学的 STEAM 课程发展提供保障。通过前期“生态 C-STEAM”活动的开展，结合过往经验，课题小组确定了校本“生态 C-STEAM”课程，主要包括以下几个方面。

（一）“生态 C-STEAM”基础课程

早期，由于师生从未接触过 C-STEAM 课程，首先必须进行概念普及。在教师层面，邀请专家对 C-STEAM 的课程理念进行指导；在学生层面，开设 C-STEAM 基础课程，组建 C-STEAM 社团，每周固定周五下午为社团活动时间，分配专门教师，根据配套教材开展教学。以 C-STEAM 基础课程为根本，在点滴的课时教学中，逐步引导学生、感染教师形成创新思维，为项目研究的进一步实施奠定思想基础。

（二）“生态 C-STEAM”特色课程

“生态 C-STEAM”课程项目的关键是实现生态与 C-STEAM 的有机融合，而这个融合，不能支离原有的课程体系，更不能进行简单的块面添加。在融合过程中，容易形成内容和形式上浮于表面的“假象融合”，更容易形成看看“热闹”，其实学生什么都没学到的“假象课程”。于是，兴小从国家课程入手，通过课程主题融合，保证了“生态 C-STEAM”课程的国标基础；从校本课程入手，通过创新微课程，保证了“生态 C-STEAM”课程的校本基础；从特色种植课程入手，通过高科技手段，保证了“生态 C-STEAM”课程的研究基础。这样层层递进的课程建设，找准了生态与 C-STEAM 课程的融合点，逐步渗透，实现了课程间的真融合、真优化。

1. 主题整合课程。为了实现“生态 C-STEAM”课程与学科课程的融合，更为了充分调动学校多元课程资源，课题组充分利用各学科的教学资源，探究“生态 C-STEAM”课程与国家课程内容的有机融合。首先，在国家课程中找出与生态相关的主题，对学科知识进行提炼、重组和拓展，融合科学、语文、英语、音乐、美术等多元学科文化，通过发现问题、学科探究、创新解决的思路，开展主题整合教学。比如，水的主题整合课，通过《水》《雾凇》这两篇语文课程重点文章，引导学生体会水的不同形态之美，通过英语绘本《水》了解水的不同形态和文化，激发学生发现问题：水从哪里来？有哪些形态？水资源怎么分布？我们可以自己改变其形态吗？可以实现简单的水质优化吗？等等。然后通过多学科解决问题：通过数学统计，制作节水前后用水统计表，探究水源的分布；通过信息技术设计统计图，形成研究数据。在发现问题、探究问题后，再通过科学课、美术课等课程，了解雾气的形成，动手制作雾、霜，发明水净化系统，制作水资源海报等等，从而解决发现的问题。在这样一个发现问题、探究问题、解决问题的过程中，学生了解了水的由来，探究了水的形态，形成了水资源保护及利用的创新提案。通过一个个或大或小的主题整合，将创新思维的概念融入学科教学中，不仅实现了“生态 C-STEAM”课程与国家课程的融合，还实现了不同学科间的知识重组，帮助学生形成创新思维，逐步将知识整合上升为思维整合。

2. 创新微研究课程。创新微课程以原有的校本课程为基础，充实课程内容，拓宽课程范围，实现“生态 C-STEAM”课程与校本课程的顺利融合。比如，课题组在原有的创新微课程基础上，按年级围绕生态主题确定了研究的子主题：一年级种子、二年级土壤、三年级森林、四年级空气、五年级水、六年级垃圾减量。学生全员参与，各年级每月围绕研究主题，通过实验、问卷、考察等多种形式展开创新研

究，记录自己的研究过程和研究收获，并通过辩论会、交流会等形式提出解决方案。

3. 数字化种植课程。为保证“生态 C-STEAM”课程长期探究和深层探究，兴小打造了数字化种植园，以种植园为基础，通过数字化种植课程，为学生营造了一个模拟生态场，保证了课程的深层次发展。为了保证探究过程学生的参与度和真实性，在基础建设完备的前提下，师生合作动手改造了种植园。从土壤贫瘠到土壤改善，从植物育苗到植物生长，从灌溉难题到多样灌溉……师生们不断进行着探索。比如，土壤主题研究课程：土壤，你怎么才能好起来？兴小种植园的土壤原本都是建筑垃圾堆积而成，土壤贫瘠，植物存活率低。面对这样的问题，孩子们展开研究，发现问题：① 土壤中建筑垃圾多；② 土壤成分混乱，不利于植物生长；③ 土壤生态系统破坏程度高。通过采样、实验、查询等方式，孩子们研究问题原因，提出多套个性化解决方案，实践方案可行性，最终落实最佳方案，改善了土壤环境。数字化种植园成为“生态 C-STEAM”课程模拟演练的好场地，为源源不断的研究创新提供了基础。

三、搭建“生态 C-STEAM”课程活动平台

为了提高学生参与课程的积极性，针对小学生的年龄特点，我们将“生态 C-STEAM”课程文化融入创新活动中，让孩子们在快乐中提升创新思维能力。围绕生态创新主体，我们开展了生态科技创想节、生态实践主题体验、生态种植主题节等多项活动，为学生搭建了创新平台。在生态科技创想节中，孩子们可以发挥创新思维，设计变废为宝的作品，解决科学问题；在生态实践主题体验中，孩子们可以走进自来水厂、红森林、生态园，探究那里无穷的奥秘；在生态种植主题节中，孩子们可以探究种子问题，解决浇灌难题，创新艺术盆栽……借助“生态 C-STEAM”课程活动平台，让“生态 C-STEAM”创新活动成为兴小孩子们乐于创新、展示创新的舞台。

四、形成“生态 C-STEAM”课程评价机制

课题团队研究设计“小绿娃生态之旅”手册，将其作为“生态 C-STEAM”课程评价机制的媒体，通过研究积分的形式，形成过程性评价。以班级小组为评价单位，以班级为评价整体，以研究数据平台数据、实践过程为评价依据，以自主管理委员为评委，形成学生、教师、家长志愿者、专家为评委的自主管理委员会，形成过程化、科学化、严谨化的评价机制。

五、关于课程研究的思考与展望

在“生态 C-STEAM”课程研究过程中，一些现象也引起了我们的思考，主要是参与项目实施的部分教师研究、开发、把控课程的能力还有待提升。为了更好地解决这些问题，下一阶段，我们将重点围绕以下四个方面进行自主研究和完善。

（一）进一步优化“生态 C-STEAM”物型文化

在原有基础上，将物型文化和课程实施相结合，拓展物型文化的广度和深度，形成浓郁的“生态 C-STEAM”课程氛围。

（二）最大化利用生态体验中心

充分利用学校已经建成的数字化种植园，进一步整理和设计配套的“生态 C-STEAM”课程，将其打造成为师生实践能力提升的重要平台，实现其功能使用的最大化，培育一批可持续发展的“生态 C-STEAM”小营员。

（三）科学实施“生态 C-STEAM”课程体系

邀请专家进一步完善“生态 C-STEAM”课程体系，指导师生开展相应主题的过程性研究，完善课程架构。

（四）多元化实施生态评价机制

我们将在课程建设的基础上，进一步探究并形成“生态 C-STEAM”课程评价机制。

以上就是基于 STEAM 理念的农村小学生态创新课程研究的一些简要论述，旨在通过将国外 STEAM 课程与校本特色有机融合，形成国内农村小学可行性创新思维培养课程范例，为农村小学生思维保守、缺少创新意识等现状提供改善途径。

信息化背景下，幼儿园开展STEAM项目的策略研究

盐城市大丰区幼儿园　姜月玲

摘　要：中国幼儿教育界普遍关注STEAM教育。《幼儿园教育指导纲要（试行）》明确指出，幼儿园教师组织的教育活动要充分挖掘和利用各领域内部及各领域之间的内在联系，对课程内容进行合理的、有效的整合。笔者结合“情境教学法”，针对本幼儿园正在开展的STEAM项目中的问题，展开调查与研究，从小、中、大班幼儿的年龄特点、行为方式、与同伴交往方式等方面进行分析，总结出方式方法，为教师有效指导幼儿进行STEAM项目活动提供帮助。

关键词：STEAM项目活动　情境教学　3～6岁幼儿　策略研究

《幼儿园教育指导纲要（试行）》明确指出，幼儿园教师组织的教育活动要充分挖掘和利用各领域内部及各领域之间的内在联系，对课程内容进行合理、有效的整合。这与STEAM教育观不谋而合。秉承“全人教育”的办学理念，我园（盐城市大丰区幼儿园）从小班开始就致力于幼儿STEAM精神的培养与发展，结合李吉林教授的“情境教学法”，从小班出发，在充分了解幼儿年龄特点的基础上，在《3～6岁儿童学习与发展指南》的指引下，教师适时扮演鹰架的角色，激发幼儿好奇心与探索欲，提高幼儿发现问题、解决问题的能力。

一、教师在指导幼儿实施STEAM项目过程中遇到的问题

（一）缺乏敏锐的STEAM意识

幼儿的问题千千万，是不是只要是幼儿提出的问题都可以作为STEAM活动实施的背景呢？当然不是。研究发现，在开展STEAM活动时，教师缺乏STEAM意识，在幼儿你一言我一语地说出自己感兴趣的问题时，教师的普遍做法是进行投票，当投票的结果不尽如人意时，为了早点儿进入下一步，教师通常根据自己的主观判断“帮助”幼儿选择一个问题作为项目来源。在活动进程中会出现种种问题，比如没有材料，幼儿的前期经验与能力不足，无法解决问题，需要合作的时候幼儿各自为营等，最终活动以失败告终，或者在老师的指派下完成。

（二）忽视STEAM项目中的重要环节

解决问题是一个复杂的过程，需要用到各个方面的知识。STEAM项目强调活动中的工程与技术环节，但是部分教师为了提高效率，忽视这一环节，每当幼儿遇到难题时，教师直接告诉幼儿方法，剥夺了幼儿不断尝试与发现的过程，幼儿在这样的活动中难以形成工程思维。

（三）未能把握幼儿教育的基本属性

STEAM项目活动需要建立在幼儿已有活动的基础上。教师一味追求问题的生活化与真实性，忽视幼儿的年龄特点和活动基础，致使幼儿对活动丧失兴趣。3～6岁幼儿的活动以游戏为主，教师应以游戏为依托，帮助幼儿确定合适的STEAM活动。

（四）不恰当的问题来源

在活动中，只有幼儿真正感兴趣的问题，才能被他们主动接受，不然只是简单的机械操作。不同年龄阶段的幼儿有着截然不同的问题，小班幼儿喜欢发生在生活中的问题；中班幼儿开始对假想游戏感兴趣，问题也多来源于角色游戏；大班幼儿则更多地关注富有挑战性的问题。如果教师把握不住幼儿问题的真正来源，在提炼 STEAM 项目时往往会产生偏差。“问题”是 STEAM 项目的起点，恰当的问题来源才能产生有趣的项目活动。

二、创设教育情境，激发探究欲望

情境教学就是从情与境、情与辞、情与理、情与全面发展的辩证关系出发，创设典型的场景，激起儿童热烈的情绪，把情感活动和认知活动结合起来所创建的一种教学模式。通过情境教学，促进儿童发展的五要素：① 以培养兴趣为前提，诱发主动性；② 以指导观察为基础，强化感受性；③ 以发展思维为核心，着眼创造性；④ 以激发情感为动因，渗透教育性；⑤ 以训练语言为手段，贯穿实践性。

幼儿园的 STEAM 项目以幼儿的众多真实问题为核心，经过幼儿不断地讨论与筛选，最终确定项目组。但是 3～6 岁的幼儿对周围的事物充满了好奇，特别是大班的幼儿，几乎每个孩子都有自己的想法，并且愿意将自己的问题作为实施的方向。当幼儿争执不下时，教师根据幼儿提出的问题，利用情境教学法，创设一个幼儿感兴趣的情境，然后请幼儿分析自己的问题与方案可否持续探究，思考其他人的想法会不会更好，最后请自己的问题被保留下来的幼儿分别阐述自己的想法。

三、利用教学情境，开展 STEAM 教育

（一）根据幼儿年龄特点选择教学情境

维果斯基的“最近发展区”理论认为，教学必须要考虑儿童已达到的水平并要走在儿童发展的前面。儿童的发展有两种水平：一种是儿童现有的发展水平；另一种是在有指导的情况下，借助成人的帮助可以达到的水平，或是借助于他人的启发、帮助可以达到的较高水平。这两种水平之间的差距就是“最近发展区”。因此，教学应当先了解儿童的实际发展水平和可能达到的水平，以确定儿童的最近发展区。教学应当走在儿童现有发展水平的前面，从而带动儿童的发展。基于“最近发展区”理论，教师应为小、中、大班不同年龄阶段的幼儿创设不一样的情境。

小班幼儿以具体形象思维为主，思维具有不可逆转性，很难获得守恒概念；小班幼儿行为具有随意性，注意力维持时间较短，对自己生活中熟悉的事物最感兴趣，容易被新鲜的事物所吸引，从而放弃正在进行的事情。因此，在小班实行 STEAM 项目，应从日常生活入手，以操作简单的材料为主，采取及时发现、及时解决的教学方法。比如利用幼儿家中经常出现的情境“打电话”，教师提出“模型电话机不能使对方听到声音，怎么办”，由此产生小班的 STEAM 项目“神奇的电话机”。教师利用传声筒的原理，一步步引导幼儿利用塑料软管、塑料听筒和接头等材料，三三两两合作拼接出可以听到声音的电话机（见图 1），根据幼儿的兴趣逐渐由 2 个人打电话，发展成 3 个人、4 个人、5 个人（见图 2）。

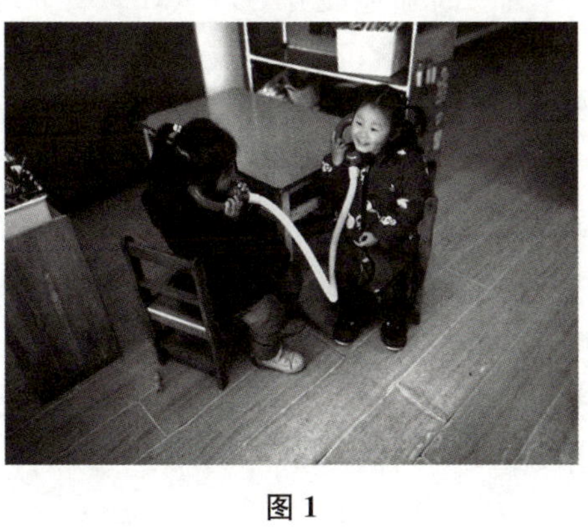

图 1

图 2

中班幼儿的合作能力逐渐增强，手指精细动作开始发展，比如夹豆子、拿筷子，同时他们对各种乐器声音充满了好奇。由此教师利用情境“森林音乐家”，请幼儿合作，帮助森林的小动物制作乐器。在这样的情境触发下，孩子们又进行了制作乐器的 STEAM 项目，经过简单的分工、设计之后，就开始动手制作了(见图 3、图 4)。

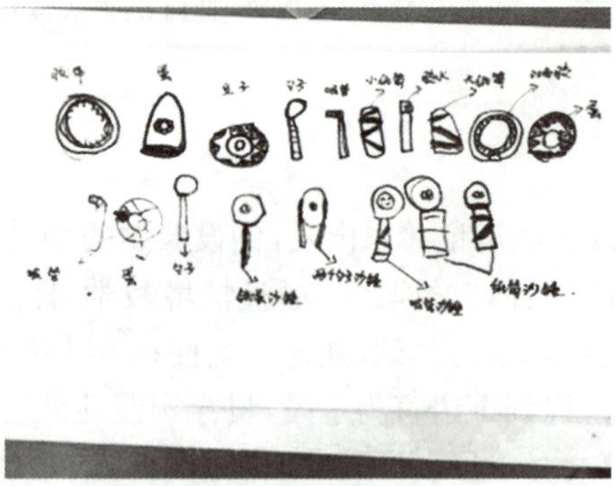

图 3

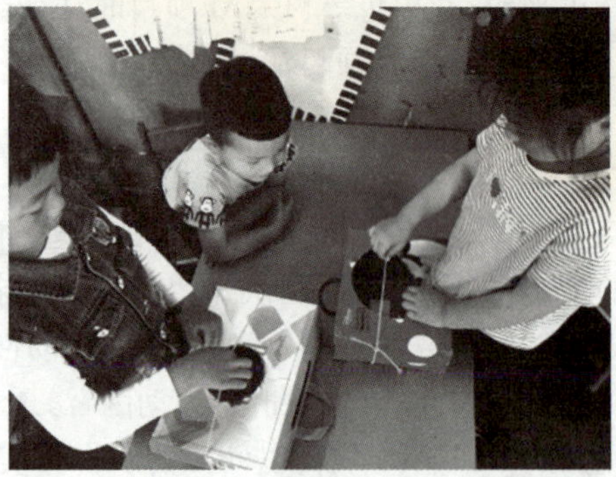

图 4

大班幼儿的思维更加开阔，想法更加大胆，他们不满足于在室内做项目，更想将 STEAM 项目延伸到室外，教师可以帮助大班幼儿将想法变为现实。大班幼儿已经能够理解传播的含义了，在此基础上，教师设置情境“我们怎么将楼上的声音传播到楼下呢”，在问题激发下，孩子们有了这样的 STEAM 项目(见图 5、图 6)。

图 5

图 6

(二) 在日常情境中开展 STEAM 教育

当有些孩子表示课程活动特别有趣时，教师要抓住时机随时随地展开 STEAM 教育。增加精心所选的材料可以扩展幼儿 STEAM 学习机会，让孩子们把科学、数学、工程和技术纳入他们的创造性活动之中，促进高层次思维发展。比如在“娃娃家”中，孩子发现家里没有小床，怎么办呢？孩子们找来大大小小的泡沫箱、纸箱，在一次又一次的比较大小与测量方位中，最终选择了大小合适、相对结实的纸箱做小床。后来他们发现纸箱做的小床只能布娃娃睡，小朋友一睡就坏了。于是，孩子们观察了自己午睡的小床与纸箱做的小床，发现自己的小床是木头做的，比较结实；纸箱做的小床承受不了他们的重量。从此以后，纸箱小床只属于布娃娃，孩子们再也不坐上去了。项目活动既涉及了比较大小、承重量，又涉及方位的选择，STEAM 领域中科学与数学的内容就这样被整合到“娃娃家”的小床中。

四、依托情境教学,坚持发现学习法

（一）情境教学法的运用

“情境教学法”为幼儿提供教学情境,帮助幼儿借助情境更好地理解语言、社会、数学等知识,为学习者提供一个在最近发展区内的鹰架,使学习者的行为达到一个更高的水平。例如,如果一个孩子要数到10,在最高鹰架的水平,教师抓住儿童的手指,和儿童一起大声地数,并掰着儿童的手指数,当儿童跟着教师行动时,教师承担了几乎所有的数数责任。此后,教师逐渐地减少对儿童的帮助,这就像一所建筑的鹰架,当墙壁能够竖立承重时就把鹰架逐渐拆掉一样,当儿童数数时,教师不再和他一起数,而是帮助他一起掰手指。最后,教师既不再与孩子一起数数,也不再掰着儿童的手指,而是让儿童自己独立行为,这就像将鹰架完全拆除一样。有效的“情境教学”必须发生在儿童的最近发展区之内,即独立行为水平和帮助行为水平之间。

（二）STEAM 中的情境鹰架

同样地,在 STEAM 项目开展尤其是小班 STEAM 项目实施过程中,情境鹰架就显得尤为重要。小班的幼儿好奇心重,兴趣广泛,看到任何事物都会产生强烈的探索欲,因此,教师应当为孩子搭建情境鹰架,采用机智的方法帮助孩子在众多的兴趣点中选择适合进行 STEAM 项目的探索活动,最终帮助幼儿在进行每次的 STEAM 项目时形成如下思维模式(见表 1):

表 1　STEAM 思维模式

思维模式	问题引导
(1) 大胆假设	以如下的方式提问: ① 这是一种好方法吗? 我们需要做什么实验? ② 还有一些工具,它们会不会有什么特别的本领? ③ 我们能用其他方法吗?
(2) 实验引导	可以提问的方式做实验引导: ① 怎样证明你的设想是正确的呢? ② 我们需要怎么做? 谁能帮助我们? ③ 这样做可能会产生什么问题? 那可能会好一点吗? ④ 我们做这个实验需要按照一定顺序吗?
(3) 寻求实证	在实证的过程中可以用问题推动探索过程的进展: ① 我们怎么分工? 先做什么? 需要注意哪些安全问题? ② 还有什么工具没试过? 我们怎样用这些物品和工具? ③ 我们小心做了吗? 你想下一步会发生什么? ④ 我们应该记录什么? 是不是还需要再观察其他现象?
(4) 记录发现	用提问的方式配合儿童对实验结果的导出: ① 我们发现了什么? ② 这说明……它意味着什么? ③ 这个发现和我们原来的猜想一样吗? ④ 哪里一样? 哪里不一样? 证明我们的猜想了吗? ⑤ 这样的结果令你感到惊讶吗?
(5) 交流表达	以有效的问题诱导儿童对探索过程和结果的表达: ① 我们得到结果了吗? 还有什么不同的方法或想法吗? ② 你觉得使用哪种工具可以更方便地完成这个任务? ③ 为什么他们用的也是这个工具却没能完成任务呢? ④ 这样的结论和你的想法一样吗? ⑤ 我们可以怎样展示我们的发现或成果?

五、提高教师 STEAM 素养，科学实施 STEAM 教育

想要培养好奇、好问、好探索的孩子，就要有一批具备问题意识、探索精神、热衷实践与创新的综合型现代化教师队伍。

（一）成立 STEAM 项目小组

为了更好地接受最新的 STEAM 教学理念，我园以年级为单位成立了 STEAM 项目小组，每一小组由一名组长带领，每个星期开展一次专题讲座或茶话式交流，比如“我发现了什么”或孩子最近的变化等等。在剖析儿童科学学习特点和 STEAM 核心经验的基础上，探索更为有效的组织策略，分享自己在组织项目过程中的问题与成功，在不断地交流中促进教师理念向实践转化，继而融合新的理念，再次指导实践。

（二）坚持线上线下培训相结合

教师利用每天下班和寒暑假时间，通过网络课程学习平台“科技学堂”，学习课程中优秀项目开展的过程、使用的材料以及问题的解决方法，教师通过与自身的实际情况做对比，发现优秀讲师的闪光点，并借以吸收。利用周末时间参加 STEAM 培训，增强自身素养。

（三）综合运用 STEAM 教学

教师在教学活动中，要多与幼儿讨论自己在生活中的发现，鼓励幼儿积极关注周围生活，并分享自己的问题与发现，运用工程与技术的思路与方法，实现幼儿科学、工程、技术与数学素养的共同发展。

总而言之，幼儿园的 STEAM 项目活动的开展，需要教师更多的耐心与引导，帮助幼儿维持对既定项目的热情，鼓励幼儿主动发现问题、尝试解决问题，为以后更好地进行 STEAM 项目活动打下坚实的基础。

参考文献：

[1] 成尚荣. 我们是长大的儿童：情境教育中走出的名师[M]. 北京：教育科学出版社，2012.

[2] 张大均. 教育心理学[M]. 北京：人民教育出版社，2015.

[3] 陈晓娟. 幼儿园 STEM 教育园本化路径的思考与实践[J]. 早期教育（教育教学），2019(2)：17－19.

[4] 吕翠林. 幼儿园中大班 STEAM 纸艺课程构建实践研究[D]. 上海：上海师范大学，2018.

[5] 刘凤莲，宋洁. 幼儿教育心理学[M]. 北京：北京理工大学出版社，2010.

“Scratch＋滑杆传感器”式 STEM 教育的初探

仪征市仪化第三小学　陈亚红

摘　要：Scratch 课程被引入小学信息技术教材中，为信息技术课注入了新鲜的血液，学生对这种图形化的编程动画非常感兴趣，如何将硬件与软件融合制作出更加有趣的作品是我们一直在探索的问题。本文将 Scratch 与滑杆传感器融合引入课堂教学，通过软硬件结合的方式开展 STEM 教育，这对学生开放性思维、创新能力的培养等都有很好的推动作用。

关键词：Scratch　滑杆传感　STEM 教育

随着 STEM 教育的不断推广与普及，如何把 STEM 教育和小学信息技术课程相融合，更好地实现综合课程的教学，是我们必须思考的问题。而 Scratch 可以利用编程实现学科领域的跨越，从而实现学生综合素养的提高。Scratch 是美国麻省理工学院面向 8 至 16 岁少年开发的一款图形化编程软件，将程序变得可视化，学生通过程序积木块的拖拽，可以轻松地制作出故事、动画、游戏和贺卡等多媒体作品。Scratch 因其趣味性、交互性以及简易性等特征，受到越来越多青少年的欢迎。在 2018 年江苏科学技术出版社出版的五年级的信息技术教材中，除了软件方面的学习外，还加入了开源硬件的学习，实现了软硬件的融合，让 Scratch 的学习变得更加生动有趣。本文主要以滑杆传感器与 Scratch 的融合来探索 STEM 教育。

滑杆传感器与 Scratch 的融合在五年级信息技术第 16 课的教学内容上有所呈现，主要介绍了如何在 Scratch 中使用滑动电位传感器来精确定位角色位置。首先，将滑动电位传感器正确地接在模拟端口上，课文中以滑动网兜接球为例，重点和难点是如何将滑杆获得的模拟值变为当前角色的坐标值。为了让课堂更生动有趣，更贴近生活，笔者加入了可以调节音乐音量的滑杆，该滑杆也可以控制灯光的照射方向。考虑到当时上课的时间与圣诞节比较接近，于是创设了这样一个情境：圣诞节快到了，圣诞老人准备办一个圣诞派对，想请同学们帮助他。当圣诞歌奏响的时候，控制圣诞歌的音量以及他们跳舞时改变灯光照射方向。那么，学生要完成这样的任务就需要借助于传感板上的滑动传感器。

一、认识滑杆传感器

滑杆又称滑动电位器，通常由电阻体和可移动的电刷组成，通过移动滑块得到不同的电阻值，也就是物理学中的滑动变阻器。在教学中，笔者采用了盛思初级实现箱中的滑杆传感器，为了让学生更好地认识滑杆传感器，笔者让学生将传感板与软件连接，然后打开监控面板，移动滑块，观察监控面板中滑杆传感器的数值变化。

学生通过实际的操作观察会发现滑杆传感器的数值变化范围在 0～100 之间。

二、滑杆传感器的奥秘

应用 1：小小音控师——调节声音大小

滑杆在日常生活中最常见的应用是调音台上的音量调节，于是笔者让学生来做一个小小音控师，帮助圣诞老人调节歌曲 *Jingle Bells* 的音量。这个环节首先需要学生将声音导入 Scratch 软件中，然后对其进行编程。在实践过程中，有的学生无论怎样移动滑块，音乐音量都没有任何变化，那是因为学生没有用“重复执行”的积木块，这时老师需强调“重复执行”的重要性，如果不加“重复执行”，程序只会执行一次，从而无法重复监测传感板中滑杆数值的变化，学生明白后很快都完成了任务。

将音乐歌曲融入软件中，一方面可以让学生自己体验到调节滑杆与音量变化的关系，另一方面在播放音乐的过程中，学生可以欣赏音乐，缓解疲劳，可谓一举两得。同时在教学设计时，将知识点融合到具体的任务情境中，学生的求知欲会更加强烈。除了听老师讲授外，他们还会去主动探索，求助身边的同学，进一步加强了同学之间的团结。

应用 2：小小灯光师——调节灯光

在舞台表演时，灯光对舞台表演来说非常重要，那该如何利用我们所学的滑杆传感器来调节灯光呢？学生通过刚开始的实践操作，明白滑杆的数值变化范围是 0～100，但是灯光调节的方向是－80～80，如何通过逻辑计算将 0～100 转变成－80～80？在 Scratch 中，提供了各种运算符号的积木块，学生需要先（滑杆传感器的值 - 100），然后再（（滑杆传感器的值 - 100）* 0.8），这里一定要跟学生讲清楚先后顺序，如果嵌入顺序弄乱的话，就实现不了灯光的旋转角度在－80～80。在实践中，有的学生接受能力较弱，因此，笔者设定了自主学习卡，学生可以按照自主学习卡上的步骤，逐步完成滑杆数值范围从 0～100 到－80～80 之间的转变。

“小小灯光师”看似简单，但其实比第一个任务更有难度，因为涉及了数学计算。它通过计算去改变滑杆传感器来控制角色的范围，学生需要理解计算过程，并能够灵活拖拽与计算相关的程序积木块，这对于数学逻辑思维能力的培养很有帮助。

应用 3：接礼物——调节位置

滑杆传感器除了可以调节声音的音量和灯光照射的方向，还可以调节角色的位置，因此，笔者设置了一个圣诞老人给同学们送礼物的环节，学生需要通过滑杆来接受圣诞老人的礼物。在做第二个任务时，学生已经学会了滑杆数值范围之间的转换，所以老师只需要提醒学生舞台水平方向移动的范围是－240～240，学生可以根据所学内容，自己探索如何通过逻辑运算实现范围的转变。

在课堂实施过程中，由于学生已经有了前面灯光转换的基础，这个任务很快就完成了，于是有同学就自行去设计礼物落下的速度、个数以及时间的限制，达到了很好的教学效果。

通过帮助圣诞老人调节音量的大小，灯光照射的方向以及接礼物，学生掌握了滑杆传感器的使用方法，并能够与软件相融合去制作更加有趣、便捷的编程作品。

三、滑杆传感器与 STEM 教育的融合

STEM 教育的核心是跨学科领域的综合运用，而不是简单地将科学、技术、工程、数学四门学科叠加在一起去进行教学。学生在本课中需要掌握滑杆积木块的调用；了解滑杆传感器的参数范围；掌握通过数值变换，将滑杆传感器适用于特定角色的精确控制的方法。如果老师仅仅按照教材传授知识、传播技能，那么学生在想象力、逻辑思维能力、创新能力、动手操作实践能力等方面的提高效果会大打折扣。如果将滑杆传感器与 STEM 教育融合，精心创设具体的有趣生动的情境，并设置与情境相关的具体任务，将多门科目融合在一起展开课堂教学，那对学生的实践操作能力、逻辑思维能力、美术、音乐

等各方面能力的培养，会有很大的推动作用。

首次引入 Scratch 传感器来教学，对学生来说是全新的体验，学生在探索滑杆传感器数值的直接引用和间接引用的过程中，掌握了软硬件之间的信号连接以及各功能程序积木块的组合使用方法。滑杆传感器对于学生来说，本身就涉及物理知识，但是对于小学生而言他们并不明白什么是滑动电位器，所以只有让学生动手操作去观察监控面板上的数值变化，他们才会对滑杆传感器有一个较为直观的认识和理解。

三个任务的设计，由易到难，层层递进，学生在完成一个个任务的过程中，学会了滑杆传感器的使用方法，并能够根据实际需求去创作生动有趣的作品。

四、回顾与展望

“Scratch＋滑杆传感器”的 STEM 教育以课本教材中的“滑杆接球”为例，在此基础上做了些拓展与延伸，采用了任务驱动式的教学方法，以学生为主，将 STEM 教育融合到具体的任务情境中，学生在完成一个个具体的任务过程中，体会编程带来的成就感与快乐。我相信通过这一节课，学生对滑杆传感器会有一个崭新的认识，并且在后续的学习中，愿意主动去探索其他传感器带来的震撼与惊喜。

小学信息技术 Scratch 课程教学与 STEM 教育理念有很多结合的地方，对学生的综合实践能力要求较高。教师在进行课堂教学设计时，必须深入思考如何结合，比如说 STEM 教育更多地倾向于项目式学习方式，那对于 Scratch 课程来讲，该如何根据学生已有的知识架构和对本学科的知识储备，设计符合学生最近发展区的项目，是一个需要大家共同去探索的问题。

基于历史核心素养的微课教学的实践与思考

丹阳市窦庄中学　袁　娟

摘　要：基于立德树人的根本任务，"核心素养"应运而生。对学生历史核心素养的培养也越来越得到历史老师的重视。本文主要针对历史新课程标准以及课堂实践的需要，对历史核心素养主要包括的"时空观念""史料实证""历史理解""历史解释"和"历史价值观"等方面进行简要分析，探讨了时下较为流行的一种教学模式——微课教学对学生历史核心素养培养的积极作用和局限，探索如何合理利用微课资源促进育人效果的提升，希望对各位同仁有一定的借鉴意义。

关键词：微课　历史核心素养　合理利用

2014 年，我国教育部印发了《教育部关于全面深化课程改革　落实立德树人根本任务的意见》，第一次明确提出"核心素养"的概念。对学生核心素养的培养，成为时下新课程改革进一步推进的方向。历史核心素养是指学生具备的较稳定的历史思维品质和关键能力（学生在历史学习过程中形成），主要包括时空观念、史料实证、历史理解、历史解释和历史价值观五大方面，是历史知识与能力、过程与方法以及情感态度与价值观的综合构成与反映。这是新时期对我国历史教学的新要求，它从对学生知识点落实的关注转换为素养的培养，从关注教师的"教"转换为关注学生的"学"。历史教学如何适应这个新要求呢？

微课是近几年流行的一种教学新模式，在国内，最早是由佛山市教育局的胡铁生在 2011 年提出的。笔者尝试从历史核心素养培养的角度，探讨微课对新一轮历史教学课程改革的意义。

一、微课教学之于"时空观念"素养

"时空观念"是指在特定时间和空间中对事物进行观察、分析的观念，就是要求学生掌握事情发生、发展乃至整个进程的具体时间和空间环境，建构起人、事、物之间的相互关联性及因果关系。对于初次学习历史的初中学生来说，他们容易对历史时空观念产生混乱。利用微课，借助图像、字幕、标注、声音等的结合，能帮助学生更好地理清历史时空的关系。如"新航路开辟"微课视频，主要以"新航路开辟路线图"为背景，结合字幕和箭头讲述新航路开辟的过程。随着地图的呈现，学生认识了欧洲与美洲、亚洲、非洲的空间关系，了解了各航海家航行的时间和路线，知道了新航路开辟的意义。但这远远没达到我们"时空观念"素养培养的目标，我们还需对这一事件时间和空间的共性进行分析，总结阶段特征。看完视频后，老师提出如下问题：航海家的探险基本在几世纪？这一时期的重要时代特征是什么？郑和下西洋比哥伦布远航早多长时间？这些问题本来也可以在微课视频中讲述的，但不经过思考的知识很难内化为学生自己的知识，教学的最终目标不是知道多少知识，而是培养了什么能力。能力的形成也很难一蹴而就，需要老师的引导和点拨。让学生自己总结历史事件的共性、学会总结历史阶段特征，分析中外共时性大事，纵横构建中外历史发展的体系框架，才能达到时空观念培养的目标。

二、微课教学之于“史料实证”素养

“史料实证”是指运用可信史料辨析已获取的史料，重现真实历史的态度与方法。即教会学生搜集、辨别、选择和使用各种历史资料的方法，探索史料中的有效信息，运用思辨与探究判断史料能否作为实证；教会学生如何运用相关史料获得新的问题视野，形成新的历史叙述，从而培养学生“史由证来，论从史出”的证据思维。微课虽短小，但信息量大，可呈现文献材料、图片、影像、声音等，为“史料实证”提供丰富的史料，是传统教学无法比拟的。

《美国南北战争原因》微课中，根据图片、示意图等材料讲解美国内战的原因：美国北方缺少原料、劳动力和市场，而南方占据很大一部分劳动力，大量的棉花等工业原料输出到英国而不是北方，工业用品从英国进口，南北双方矛盾激烈，奴隶制的废存就成为矛盾的焦点。这其实就是“史料实证”的示例。接着呈现材料：1858 年林肯说：“一栋开裂的房子是站不稳的，我相信政府不能永远保持半自由半奴隶的状态。我不期待联邦解散，我不期望房子崩塌，但我的确期望它停止分裂。”提出问题：从这段材料看出，林肯的愿望是维护国家统一，这也是林肯进行南北战争的根本目的。如此表述和呈现，清晰地解释了美国南北战争的原因，也演示了如何“论从史出”。但长期依赖微课讲解，学生只是被动地知道，却不一定会运用史料形成自己的问题视野、构筑自己的历史叙述。因此，微课中提出问题后可把问题引入课堂进行探究。

三、微课教学之于“历史理解”素养

“历史理解”，即从史事的叙述升华为对其意义的理解的一种理性认识与情感取向。它要求学生冲破时空限制，置身于当时的历史背景中去感知和理解各个历史事件与历史人物，从而做出实事求是的、公正而又切实的解释。在理解历史中构建自己的历史叙述，培养自己的历史思维品质，形成正确的历史观念。微课是针对某一历史教学目标或教学环节进行聚焦式讲解，一般是教师通过搜集和整理丰富的历史资源及素材，进行精心设计，不断琢磨推敲而成的，语言简练，非常有利于学生理解历史，高质量的微课甚至能达到“秒懂”的效果。因此，学生基本能通过微课达到理解历史的效果。微课还是可重复使用的资源，特别是讲解重、难点的微课，学生在课后可重复观看，直到理解掌握。

四、微课教学之于“历史解释”素养

“历史解释”是指依据史料进行历史理解，理性分辨、客观评价历史事物的态度与能力。即帮助学生在当前时代背景下，在一定的历史情境中，去思考历史事件、人物以及现象的重要性；掌握历史叙述和历史解释的相互关系；用辩证的思维分辨历史事件、人物以及现象之间的因果联系；以客观的态度评判人类社会的历史与现实问题，进一步揭示历史解释的意义和价值，从而培养学生叙述历史和形成历史认识的能力。在这一方面，微课主要为学生理性分析历史事物提供示例，更多的时候应该通过小组合作探究，让学生有更多机会阐释自己对问题的见解。

五、微课教学之于“历史价值观”素养

“历史价值观”是从历史研究的求真、求通、立德追求中凝练出来的价值取向。培养学生务实的精神，使学生收获有益身心健康的精神财富，培养积极的人生价值观；认识我国的基本国情，形成对祖国的认同感，拥有家国情怀；了解中华民族的文化价值及其现实意义，秉持继承、弘扬优秀传统文化的信念；同时使学生形成面向世界的开放心态和胸怀，尊重、理解、包容世界各国、各民族的文化传统。微课则能运用图片、影视等教学资料，创设教学情境，使学生身临其境，体会刚正不阿的民族气节、积极进取

的人生态度、“先天下之忧而忧，后天下之乐而乐”的家国情怀等，接受精神熏陶，汲取人生智慧。同时，学生还能在感知与思考历史的过程中，进一步深化对历史史实的认识与判断，形成富有特色的历史价值观。

综上所述，微课教学基本能实现历史核心素养的培养目标，它形式丰富，易于吸引学生注意力，提高学生的学习兴趣，从而有利于提高学习效果。但单纯的微课教学缺少了传统教学模式下教师与学生在课堂上的教学互动和交流，缺少了同学、小组之间合作学习与讨论探究的环境和氛围，不利于学生自己的问题生成与创新，而这些正是课堂教学过程中最精彩、最有价值、最符合历史核心素养培养目标的部分。由此可见，微课资源比较适合知识的讲解，不太适合历史学科的实践课程、研究性学习等；比较适合历史学科低阶层次历史思维的培养，难以满足高阶层次历史思维的培养。所以，微课只是对传统课堂教学的有益补充，可作为一种教学环节介入课堂，如创设情境导入新课、辅助重点概念和重点难点知识的讲解，为合作探究活动提供材料，课后学习巩固难点知识等；也迎合了当前流行的“先学后教”翻转课堂教学模式，可作为学生自主学习的资料。因此，合理利用微课资源，将大大促进历史核心素养的培养效果。

参考文献：

[1] 龚雪娟. 微课资源在历史学科教学中的运用思考[J]. 中学教学参考，2015(28)：96.

[2] 朱星宇. 历史学科核心素养的构成与培养[J]. 读写算，2018(10)：149 - 150.

[3] 汪文撤. 基于学科素养的初中历史课堂教学路径探究[J]. 新课程研究(上旬)；2018(12)：71 - 72.

[4] 丘琴凤. 历史教学中如何培养学生的历史学科核心素养[J]. 西部素质教育，2019，5(10)：101 - 102.

区域推进中小学创客教育的探索与实践

——以南京市鼓楼区为例

南京市鼓楼区教师发展中心　全春燕

摘　要：南京市鼓楼区中小学创客教育，以“区校联动、聚焦课程、特色多样”为行动指南，统筹区域教育创客发展，融合学科教学理念，通过项目化学习方式探索创客教育模式，多元化学习需求引导特色创客课程建设，因地制宜建成特色多样的创客空间，从而在创客教育课程实施、资源建设和创客空间的建成等方面初有成效。

关键词：区校联动　学科融合　项目学习

创客教育是培养学生创新能力、合作共享精神的有效途径，南京市鼓楼区一直重视中小学创客教育，在小学 Scratch 区域课程、3D 建模、木工坊、开源硬件编程、无人机课程等方面均有实践。但鼓楼区中小学数量众多，各校的创客教育存在整体经费投入不足、普及程度差异明显、优秀创客导师匮乏等问题。鼓楼区通过多方合力，统筹全区创客教育规划，协同推进整体布局，加大教育行政推动、倾注资金和搭建平台等进行区域推进，实践研究探索出“区校联动、聚焦课程、特色多样”的行动指南，大力推进了全区中小学创客教育，在创客教育理念、创客课程实施、资源建设、创客空间的建成等方面取得了较大的进展。

一、区校联动，统筹创客教育

以区教育局为行政管理部门，以区教师发展中心为主体、区电教中心为具体牵头人，与中小幼研训部门联手，全区整体布局协同推进，并通过先行先试、以点带面、以特推多等方式，探索实践创客教育的“鼓楼模式”。

（一）建立创客项目联盟

各中小学结合学校办学特色，建设校本创客课程，采取先行先试的方式开展创客教育活动。根据不同的创客项目，以创客实践成果突出的学校为龙头学校，建立创客项目联盟。联盟学校轮流举办创客教育教学研讨或展示活动。龙头学校与薄弱的学校建立“帮扶”关系，以“结对”或“师徒制”的方式，帮扶薄弱学校建立创客实验室，培训创客教师，实现了“以点带面”，形成了良好的区域创客教育合作关系。

（二）孵化创新教育基地

为孵化孕育本区创客教育特色学校，鼓楼区围绕市级创新教育的“众创空间”项目建立区级创新教育基地申报机制，力求“以特推多”，从市、区两级层面合力推进中小学创客教育。对于申报成功区级创新教育基地的学校，区里进行统筹推进、重点投入。

为了给全区中小学提供硬件支撑、大型的设备及前沿技术的信息化项目，我们采取集中供给方式。

利用专项资金，在区教师发展中心划出200平方米的空间建设区域创客教育实践中心，此中心在2019年被授予市级创新基地称号。在区创客教育实践中心，各校教师在开展创客教学的同时，带领学生使用大型3D打印机、大幅面激光雕刻机和各种现代木工工艺中的电动工具，完成自己的创客作品。

（三）搭建区校展示舞台

近几年，区校通过多种形式加强创客教育活动的普及和宣传。我们指导一些学校将原来的年度科技节变成“科创节”，还帮助部分学校举办了首届创客活动并邀请家长参加，深受孩子们和家长们的欢迎。在2018年全区教师暑期培训的过程中，首次组织科技主题亲子创客活动，让学科教师和孩子们共同参与创客体验与创作，从而宣传、普及创客教育。鼓楼区教育局在官方微信公众号上多次推送区域创客活动和各校创客教育特色的最新动态，使学校创客教育活动走出校园。2019年，我们以向伟大祖国70周年献礼为主题，举办了首届鼓楼区中小学创客活动。活动分为创客评审类作品和现场创客马拉松两个项目，共有510名同学组成了194支创客团队，提交了178件创客评审类作品。在区创客活动的支撑下，鼓楼区在南京市2019年度创客大赛中取得优异的成绩。

另外，我们还积极联动电教、装备和教研部门，助力创客教育发展。目前，创客类活动和培训主要是由省市电教部门组织，创客空间建设由装备部门负责，信息技术教研活动归属在市区教研部门。为了更好地培养创客导师（这里主要人员为信息技术教师），我们在信息技术课堂中开展创客活动，充分利用课题组成员多角色的优势，精心组织全区的信息技术教师创客培训，开展各种创客研究课等交流展示活动，顺利打通电教、装备和教研各部门功能，从创客培训到创客装备再到学科研训，有力地推动了学校以及全区的创客教育实践。

二、聚焦课程，探索创客教育

创客教育作为一种独特的创新学习模式，期待“创造性”创客教育课程。我们基于学科融合的理念深化创客教育课程，建立多元化创客课程机制，探索项目化创客教育教学模式，推进中小学创客教育。

（一）学科融合深化创客教育课程

学科融合是指创客教育在学科融合的教育理念引导下，针对小学、初中、高中不同阶段的学生，以技术领域的素质培养为目的，通过一系列精心设计的、由浅入深的创客项目激发学生的创作兴趣，通过亲自动手完成一个个生动有趣的作品，培养学生的创新能力、动手能力、沟通能力等综合素质。

我们指导某初中校信息中心已有的研究团队，依托原来的校本课程与活动社团来开展活动，研究开发了机器人设计与创作、算法与程序设计、影视创作与设计、图案设计创作、学生发明与实体设计创作、人工智能与数字传感设计、物联网与大数据共7个项目的融通创新课程。该校在江苏省“十三五”重点规划课题“融通教育理念下的中学创客教育实践研究”引导下，立足学科融合，成功探索出将STEAM教育和创客教育进行有机结合的教学范式。

（二）“X＋Y”机制推进创客教育课程

开展基于信息技术学科的创客教育，并在全区推行“X＋Y”的创客课程机制。“X”是全区统一的必选课程（X是指根据需求数量不断调整），实现中小学创客教育的初步普及，包括“3D建模”和“图形化编程”等课程。“Y”是根据各学校的特色及教师团队的能力优势开展的多个特色创客课程。小学开展基于“3D One”或“IME3D”软件的“3D建模”课程教学，中学则基于“Rhino”或“Solidworks”软件；小学和初中选择“Scratch”或“mBlock”软件开展图形化编程。各校根据学校特色、创客装备、师资优势等实际情况，自行开展X门创客课程，如开源硬件、无人机、App设计与制作、激光雕刻和机器人课程等。必选课程纳入信息技术课堂教学，特色创客课程通过学生社团、创客活动等形式开展。

我们指导某小学结合学校科技创新特色建立“2＋3”创客课程体系：“2”指的是普及性课程：3D建模和游戏编程。“3”指的是特色课程：电子搭建、足球机器人编程、Arduino智能家居。多元化创客教育课程帮助学校实现了创客教育的提高与创新，满足了不同年级孩子对创客学习的需求。

（三）项目学习践行创客教育课程

课程的有效实施取决于适切的教学方式。鼓楼区中小学创客教育课程主要以项目学习的方式开展。项目学习最显著的特点是“项目为主线、教师为引导、学生为主体”，基于项目的学习可以让学生在教师的指导下发现问题，并以解决问题为导向开展方案设计、新知学习和实践探索。在项目学习的过程中，教师把学科知识融入真实的项目中，学生按照项目学习的流程，自主借助数字化资源和工具等确定主题、设计方案、实施项目，最终形成创客作品，完成展示交流评价，整个过程自觉培养学生的创新能力。

在区科创中心组的指导下，某小学通过“3D 打印助力流浪地球”项目引导学生利用“3D One”软件实现了“流浪地球”同款道具耳机的制作，深受孩子们的喜爱。某初中和区科创中心组多次商讨后，设计出“和鸣，穿越千年的礼乐”项目。在这个项目中，学生分别扮演了“调查员”“调音师”“小木匠”“程序员”“美容师”五个角色，了解“古代编钟的历史及构造”“探究谐振频率的测量与调节”“体验木工工艺”“实现机器人巡线和敲击”“美化编钟和机器人乐手”。经历这五个子项目的学习，学生的作品最终呈现出演奏机器人巡线后寻找到自主制作的编钟并敲击演奏了美妙的乐曲。这个项目在 2018 年宁台港澳四地中小学科技创新教育交流活动中获得中学组冠亚军，2019 年的新作品继续夺得最佳人工智能奖以及多个单项金奖。

在实践创客教学中，很多老师苦于找不到好的项目或案例用于学习和参考。我们定期组织区级创客分享活动，展示优秀的创客项目案例，让全区中小学创客教师相互交流学习，汲取经验。我们还定期组织创客教师培训活动，让创客教师亲自实践优秀案例，如小学阶段的收纳盒、温控杯、紫外线消毒盒，初中阶段的创意家具、积木式智能门铃、智能风扇，高中阶段的未来家居、智能测温仪、智能物流等项目，这些项目让创客教师们既拓开了思路又提升了能力。

另外，每学期中小学研训部都开展基于项目式教学的创客研究课和展示课的系列活动，为全区中小学创客课堂教学提供了交流展示的平台，推进了项目式创客教育模式的深入实践。

三、特色多样，实践创客教育

实践中，我们倡导将创客教育和学校的特色相结合，积极探索建设独具特色的校本创客课程和校园创客空间，激发学生个性化的学习需求。

（一）因地制宜建成特色多样的创客空间

创客教育包括“人、事、物”三大元素，“物”是“人”和“事”的基础，因此创客空间的建设尤其重要。鼓楼区为南京市中心城区，很多学校占地面积较小，没有多余的专用教室。鼓楼区采取基地学校和普通学校逐年投入、分层次的方式建设中小学创客空间，如建设独立的创客教室或与其他创新实验室复用。区教育局对基地学校投入专项资金，并采取“以奖代拨”的方式鼓励普通学校积极开展创客教育，并将创客教育工作纳入年度教育信息化工作考核项目中。

各校的创客实验室别具一格，某小学将原来的泥塑室和机房整合建成“泥塑与 3D 打印”实验室，重点开展 DIY 方面的创意项目学习。某初中将物理实验室和机房整合建成“比特”实验室和“激光雕刻”工作坊，“比特”实验室重在进行“物联网＋STEAM”项目探索，开展数字化实验、积木化教学和游戏化过程相关课程。某高中在 2019 年创建智慧校园过程中建设云创空间，整合了普通网络机房和通用技术实验室，把原来的室外走廊改造成美丽的星空走廊，充分利用机房墙壁做创客文化的点缀，还建成“智能机器人”实验室，用于开展 FTC、FRC 等金属机器人项目教学。

（二）特色创客课程满足多样化学习需求

在实施创客教育过程中，只有深入了解学生的个性化学习需求，并结合学生们的自身特点和兴趣特长开发创客课程，才能让每个孩子喜欢创客活动，体验创客精彩，从而培养创客精神，锻炼创客能力。

创客教师积极关注学情，发现学生缺少创意、不会编程、技术能力弱、不主动交流合作等现实问题后，规划并设计出特色创客课程。区科创中心组指导某小学聚焦“如何孵化学生创意”开展创客教学实践与研究。经过两年的努力，形成了校本课程“创客行迹”，包括“纸电路”“创意 LED 灯”“传送带”“智能传动”和“红外计数器”五个大项目。该项目重点关注“如何孵化学生的创意”，让创意从无到有、从有到优，促进学生创造性思维的发展，最终帮助学生将创意实现出来。某初中的校本课程“当 Scratch 爱上融通”源于学生有了创意但因为不会编程丧失信心的实情，学校开展了 Scratch 图形化编程课程，精心设计了“故事篇”“游戏篇（上）”“游戏篇（下）”“艺术篇”“科学篇”中五大项目，其中的“艺术篇”中的“我也来当小主播”和“科学篇”中的“到达月球的电梯”等子项目备受学生们的喜爱。该校创客教师还在编程实现交互动画的基础上，增加传感器、舵机等开源硬件的编程实践，帮助学生们最终实现天马行空的创意。该课程获南京市精品课程评比一等奖。

为全区共享精品创客课程资源，我们正在积极筹建区域中小学创客教育活动平台，为全区师生提供在线学习课程和互动交流的机会，同时展示各校优秀创客创作成果，实现区域优质教师教学资源的共建共享。

我们努力构建协同开放的创客教育生态，激励教师投入创客教育活动，共建共享区域中小学创客教育平台，力求提升区域创客文化、打造区校创客文化品牌。愿区校的共同努力能释放每一个孩子的创造力，让创客精神陪伴孩子们的成长！

参考文献：

[1] 何克抗. 论创客教育与创新教育[J]教育研究，2016(4)：12－24.
[2] 张松晨，刘长庚. 创客教育的实践与探索[J]河南教育（基教版），2018(4)：14－15.
[3] 祝智庭，雒亮. 从创客运动到创客教育：培植众创文化[J]. 电化教育研究，2015，36(7)：5－13.
[4] 倪凯，王清，杨滨. 中小学创客教育发展现状及对策研究：以安徽省芜湖市为例[J]. 中小学电教，2019(10)：75－78.
[5] 李樱，侯洁. 例谈项目式学习在创客教育中的应用[J]中小学信息技术教育，2020(10)：56－58.
[6] 谢作如. 创客教育：温州中学的探索与思考[J]教育家，2019(26)：14－16.
[7] 李卢一，郑燕林. 中小学创客空间建设的路径分析：来自美国中小学实践的启示[J]中国电化教育，2016(6)：58－64.

小学STEAM课堂的“留白”与“乐学”

淮安生态文化旅游区实验小学　刘　涛

摘　要：随着教育改革的不断深入，STEAM教育理念迅速走入了教育界，如何将STEAM理念与小学课堂有效结合是本文探索的方向。结合“5C”教育理念，本文主要针对STEAM课堂“留白”与“乐学”的教学模式进行研究，打造“慧玩好学、尚美乐创”的教学情境，让学生能在“玩中学，做中学”，利用趣味的项目式活动来开展教学活动。

关键词：STEAM　留白　乐学　项目式活动　5C理念

STEAM教育理念源自美国，STEAM即科学（Science）、技术（Technology）、工程（Engineering）、艺术（Arts）、数学（Mathematics）的首字母，强调跨学科的融合学习，通过以工程为核心的设计和制造活动来解决生活中真实的、有意义的问题，培养孩子的综合素养。

小学阶段正是学生知觉发展的黄金时段，他们的注意力虽然有限，但记忆力正逐步提高且想象力丰富，主要以形象思维为主，因此，STEAM课堂的创设应该以来自生活的、真实的项目式活动为主，教师将课堂“留白”，形成学生主导的“乐学”教学情境。

一、适时“放手”，让课堂“留白”

“放手”，意味着让孩子自己去飞。不同于传统的家庭教育观念，现在大多数父母已经开始遵循“大人放手，孩子动手”的教育原则来培养孩子，希望能培养儿童的自理能力，期待他们能在主动探索世界的过程中，小脑袋里迸发出大宇宙。

传统的“满堂灌”授课模式已经不能满足目前的教育需求，课堂教学不仅是知识的传授过程，更应该是师生共同活动的一段生命历程。我们需要制造“留白课堂”，有意识地给学生留出自学、思考、讨论的时间，给学生留下探索、实践、想象的空间，让学生成为课堂的主角，鼓励他们主动去寻“白”，主动去拓展，主动去展示。

“留白课堂”并不是让教师直接把时间留给学生，或是抛一个问题给学生，让学生自己进行讨论、评价，而应该是一个基于某种项目开展的探究活动，课堂上的主导者是学生。小学阶段的学生喜欢动手，喜欢思考，喜欢质疑，在探究活动中他们能从自己独特的角度发现问题，然后进行交流、讨论，再通过合作来完成探究、验证，最终进行成果展示。这是一个他们愿意花费精力去参与的课堂，活动的过程就是学习与收获的过程，同时也是“5C”能力培养的过程，即文化能力、批判思维能力、创新能力、交流能力、合作能力的培养过程。

二、奇思妙想，营造“乐学”课堂

劳伦斯·科恩在《游戏力》一书中提出“笑声，激活孩子天性中的合作与勇气”。孩童时代，我们喜欢和小伙伴做游戏，也喜欢缠着父母一起做游戏，因为在游戏中我们能感到快乐，快乐让我们自信、勇敢。

正如江苏师范大学任建波教授主持的“童话数学”特色课程中的“童话”立意，数学的逻辑性较强，课堂相对简单枯燥，但是加上“童话”的思想，瞬间课堂就变得可爱亲切，充满了无穷的乐趣。任建波教授做的“课堂，把故事讲出来”讲座中提到好课堂需要“好故事”，笔者认为“好故事”可以理解为是一个好的课堂活动，我们可以设计一个与课堂知识相关的“好活动”来组织教学，呈现出不一样的“乐学”课堂，营造出符合学生心理特点的“乐学”情境。

STEAM 理念下的“乐学”课堂应该是能让学生快乐学习的课堂，是真正“玩中学”“做中学”的课堂。作为教师，我们需要重返童年，回到那个我们曾经熟悉的时代，我们可以与孩子一起，带上我们所有的法宝与智慧一起坐到地板上。就像数学学科的“平均数”知识，如果老师只写几个数字就让学生拿起笔算平均数，这样的课堂定然是枯燥无味的，也不符合“5C”能力培养的教学目标。老师应该加入孩子们的世界，他们喜欢玩具、喜欢游戏，我们就用他们喜欢的物品来设计课堂活动，以“平均数”为教学目标，可以在这里设置几个“乐学”情境。

（一）彩虹糖的平均数

师：“你们喜欢彩虹吗？”

生：“喜欢！彩虹非常漂亮。”（预测）

师：“老师猜想你们应该更喜欢彩虹糖（出示很多彩虹糖），现在请每组的小组长来领一些彩虹糖并将它们随机分给你的组员。请注意，这些彩虹糖不是发给你们当点心的哦，当然，如果你很饿很饿，那也是可以吃一两颗的。”

生：分发彩虹糖。小组讨论如何分发。有的小组每人随机拿取彩虹糖，小组成员彩虹糖数量不等；有的小组进行平均分配；有的小组彩虹糖的数量不够，只有几个人有糖果，还有人没有糖果；有的小组彩虹糖比较多，主动将糖果分了一些给糖果少的小组……（预测）

师：“好，很多小组已经把糖果分好了，你们愿意来分享一下是如何分发糖果的吗？”

生：汇报不同的方法。

师：引导学生对各组成员的彩虹糖数量进行数据记录、统计、分析、计算……

在彩虹糖的教学情境中，主体部分是学生，学生在分发糖果的活动中进行学习，学习变成了一件自然而然的事情，教师不需要刻意去强调“平均数”的概念，相信学生在对小组成员的糖果数量的数据处理过程中，他们是主动去交流、去研究的。另外，在糖果分发的过程中，他们也能学会沟通，学会合作，学会分享，同时培养他们解决问题的能力。

（二）“反应速度”游戏中的平均数

师：假装杯子或者其他东西没拿好，快掉地上时又被接住。（营造愉悦的课堂氛围）“哇，虚惊一场，还好老师的反应速度比较快，成功地把杯子（其他东西）接住了，你们想测试一下自己的反应速度吗？”

生：“想！”

师：“好，请大家拿出自己的小尺，我们一起来做一个小游戏。请每小组中两个人为一个小小组，其中一人垂直拿着尺子，刻度 0 在最下，另一人将手放于尺子下面，拿着尺子的人将手松开，另一个人用手夹住尺子，并记录手在尺子上的刻度。”

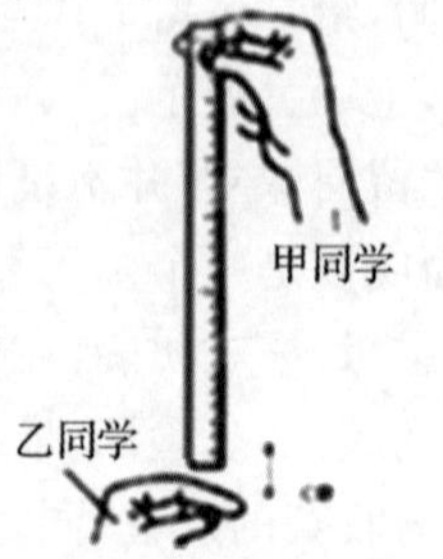

图 1　测试反应速度示例图

生：进行反应速度测试。

师：引导学生对此尝试实验，记录数据，从而计算出个人的平均反应距离或者小组的平均反应距离。

利用小尺来测反应速度的游戏是生活中比较常见的游戏类型。这节课同学们在游戏中进行数据记录与分析，不知不觉间，他们已经主动开始相互比较了，比较谁的反应距离最短，也会提出一次测试结果不公平，需要多次测试来相互比较。小学阶段的学习依赖动作、情境以及亲身感受，“乐学”课堂正是他们迫切需要的课堂。

寓乐于玩、寓趣于玩、寓竞于玩，“玩中学”是STEAM教育理念下大家追求的教学模式，也是适合小学阶段学生年龄特点以及生理、心理特点的教学模式，我们需要基于项目式探究活动的“乐学”课堂来培养学生的交流能力、合作能力、创新能力、批判性思维能力。

三、给自己“充电”，做“风趣”匠人

学生需要一杯水，作为教师，我们应该有一盆水；当学生需要一盆水时，那我们就需要有一缸水。无论是学生还是教师，都希望自己能在知识的海洋中遨游。为了营造STEAM理念下的“乐学”课堂，我们需要时刻蓄满自己的水，在专业知识上不断充实自己，在教学方法上不断提升自己。我们要站在学生的角度来多思考他们想要什么样的课堂，重新思考规则方式，重新规划教学模式，用心与心的交流来为他们创造“乐学”课堂。

参考文献：

[1] 杜广运.“留白课堂”的设计与构建：以语文《在桥边》课堂“曲问”为例[J]. 中小学信息技术教育，2019(4)：40－42.

[2] 王殿军. 创建多元化教育教学方式 实现高中育人模式根本转型[J]. 中小学信息技术教育，2019(4)：53－55.

设计思维在STEAM及创客教育中的应用与探究

苏州高新区教育发展中心　程　翔

摘　要：单一化的教育发展模式导致学生生活实践能力差，教师需要引入设计思想和创客理念，在沉浸式学习模式中培养学生的创新能力，同时还要整合教学资源，精心设计教学环节，结合家庭和社会环境建立全方位的创课结构，积极引入"互联网＋"的教学模式，将创客教育推向大众化。

关键词：设计思维　STEAM及创客教育　应用与探究

STEAM是五个英文单词的缩写，即科学(Science)、技术(Technology)、工程(Engineering)、艺术(Arts)、数学(Mathematics)，它是一种非常有趣的综合教育模式，能够让学生在教育实践过程中应用多种知识解决问题，提高自身的综合素养。STEAM及创客教育的主要核心理念是自由创新。但在创客比赛中，为了取得比赛的胜利，出现了教师、家长代做，学生反而无法参与实践过程的现象，同时，学生在设计过程中有时会异想天开，实践操作不规范，想法虽很多，实际作品却很少。在创客教育中，学校大多以社团的方式进行，参加学生少、普及率较低。另外，学生在自主设计过程中由于本身掌握的专业知识少，不能将物理、工程、科技等知识联系到一起，队友之间缺乏交流，缺少思想之间的碰撞。更有一些商业机构为了推广产品借机夸大宣传，使学生在实践过程中受到误导，进一步加大了创客实践的难度。

一、以兴趣为导向，开设课程

创客教育最重要的是学生和项目，因此，对于学校而言，要合理设计项目，在设计项目时要根据学生的兴趣进行设计分类：如果学生的兴趣偏向理科，可以设计一些动手实验；如果学生的兴趣偏向文科，可以做一些社会调研。同时，学校也要综合考虑学生的想法，调研学生所希望开设的课程类型，并结合学校的实际情况来开设课程。学校在建立STEAM管理体制时，要从整体出发，完善改革内容，以学分认证等多样化评价来进行STEAM及创客教育。同时，教师也要适应STEAM教学模式，结合多媒体教学把自己的课程录制成视频等形式，以自媒体等方式上传到网上，让学生能够自行选择喜欢的课程来学习。

二、结合互联网，增强学生的参与感

在STEAM及创客教育中，学校和教师是不可或缺的中间媒介，要仔细考虑建立立体的管理结构。教师要制定合理的课堂环节，在激发学生学习自信心的同时也要结合"互联网＋"模式。同时，学校要选专人来建立和运行自己的创客网站，可以把学生的作品发表在网站上，并提供相关的比赛机会和资金支持；还可以请STEAM及创客教育方面的专家来校进行指导，提升学生的思想理念。

例如，学校在管理创客空间网站时，先对管理员进行面试笔试，通过考试的学生管理员不仅可以自主管理创客空间的日常运行，还能在上面发表文章或者出售自己的创客产品。校方应引导学生真正地参加到创客空间的建设中来，成为创客教学模式的受益者。

三、延伸创客范围，形成立体环境

延伸课堂环境，积极利用课下时间和家庭环境建立全方位的创客结构。创客的设计环境要以学生的现实生活为基点，让知识和生活结合，让学生真正能感受到知识在生活中的作用，为学生创立真实的生活情境，把创客融入家庭生活和社会实践中，改变当下的教育现状。

例如，教师可以根据学生的心理导向来设置与实践结合的问题，如设立家庭实验室或让学生自主研究杠杆结构、重力学实验等，还可以进行酸碱混合实验"去除水垢"。同时，老师应及时将实验内容与方法告知家长，让家长协助孩子完成实验，这样不仅可以提高学生的创新创造能力，还可以给他们营造一个温馨的家庭氛围，帮助学生做出好作品。

四、设计新型教学方法，尊重学生的主体地位

创客的主要核心思想是创客＝创业＋实践，基层教学工作者要创新教学模式、创新教育理念、开发新的教材、设计新的教学方法、撰写新的教学反思，真正做到有想法、有反思、有环节，形成完整的教学环链。各个教学环节既相互独立又相互影响、互相印证。同时，教师不仅要鼓励学生去自主设计教学环节，真正参与到创客课堂的教学过程中来，还要激发学生的设计理念，使学生能够设计出新型的教学环境，开展以学生为主体的课堂教育。

例如，设计创客教学时，教师可以根据学生的创业模拟试卷进行分类组队，将不同性格的学生分组，指导学生进行创业团队组建与真实运行实践，如市场融资分析和项目开发实践。教师可以开展正确的职业就业课程，引导学生能够正确面对未来的职业生涯，灵活设计就业模式，通过全方面立体化的分析管理，明晰自己的性格、爱好、能力以及未来的就业方向，分析并找准自己的就业定位，进行合理的职业生涯规划。

五、设计融合教育，培养全方位人才

创客教育也要结合思想政治教育和人文科学教育，将理论与实践有机结合，将创客教育融入其他课程学习中，培养学生的创客精神、设计理念。教师可以在科学课上结合技术工程数学等，在数学课上可以建立立体模型，综合引用科学、工程手段，进行全方位的人才培养计划。

例如，教师在讲解物联网的知识时，可以结合数学与工程知识，让学生认识整个主控板的结构及各个接口的标识和功能。同时，根据物联网知识进行分析建构，让学生自主设计智慧家居，如智慧冰箱、智慧窗帘等。教师可以留一些工程习题让学生自主设计操作，或者让学生根据电路知识设计并联串联电路，学生在完成后对其设计理念进行展示，在展示过程中教师可以进行评分。教师要鼓励其他同学积极发表意见，写意见活动书，其中书写的内容主要包含：在同学甲的展示中所运用到的科技工程知识有哪些？设计过程是否需要改进？这样可以让学生在书写过程中复习知识。

六、合理设计研究方向，激发学生的探究欲

创客要基于项目进行学习实践体验，学生在复杂真实的情境中进行开放性研究。教师要基于知识背后的含义设计出具有驱动性和情境性的开放教学模式，帮助学生融入课堂环境。学生根据教师所设置的提问，进行深入的研究创造并通过小组合作的方式共同发现问题、分析问题、解决问题，真正做到温故而知新。

例如，在项目设置过程中，教师提出的项目要能激发学生的好奇心，要考虑学生的实际情况，如果难度太大会打击学生的积极性；同时也不能过于简单，否则会导致学生缺乏设计研究的热情。项目的设置要结合当下的热点问题，层层递进，激发学生探索欲望。

STEAM 和创客教育作为一种新型的教育形态，在发展过程中还存在着诸多问题，相关教育人员要及时融入设计理念、整合教学环节，以培养学生的创新精神和创造能力为目标，推进素质化教育深入改革，同时要整合教学资源，结合家庭和社会环境建立全方位的创课结构，积极引入“互联网＋”的教学模式，将创客教育推向大众化。

参考文献：

[1] 蓝敏. 基于 STEAM 学习的高职院校创客教育“双螺旋”模式研究：以计算机专业为例[J]. 电脑知识与技术，2017(33)：174－175.

[2] 赵慧勤，王兆雪，张天云. 面向智能时代“4C 能力”培养的创客课程设计与开发：基于 STEAM 理念的实施路径[J]. 远程教育杂志，2019(1)：106－114.

[3] 王同聚. 3D 打印技术在创客教育中的应用与实践：以中小学创客教育为例[J]. 教育信息技术，2016(6)：11－14.

用 VR/AR 点亮全新互动的学校科技教育

江苏省射阳县小学　戴兵亚

摘　要：VR/AR 与科技课堂的结合使得抽象的教学内容具体化、形象化，打破了传统科技教育模式的局限，给科技教育提供了新的机遇和途径。本文就科技课堂的"三突破"和"三提升"来阐述 VR/AR 技术在科技教育中的应用价值及前景，旨在不断提高学校科技教育质量，让 VR/AR 技术点亮全新互动的学校科技教育。

关键词：信息技术　VR/AR 技术　科技教育　实践探究

随着科技的进步，VR(虚拟现实)和 AR(增强现实)技术逐渐成为一项在教育行业日渐成熟且潜力巨大的新技术。融合 VR/AR 技术是现代化教学发展的必然趋势，是深入践行"以人为本"的教育理念下的新技术、新思路、新方法。随着科学技术的发展以及《教育信息化 2.0 行动计划》的深入实施，VR/AR 设备已经逐步进入盐城市普通中小学。在 VR/AR 技术辅助下，科技教育的教学过程充满了吸引力。下面，笔者就科技课堂的"三突破"和"三提升"来阐述 VR/AR 技术在学校科技教育中的应用价值及前景。

一、VR/AR 技术、科技教育概念

(一) VR/AR 技术

Virtual Reality，简称 VR，中文译为虚拟现实，是在虚拟世界的基础上进行场景的创建，增强虚拟世界与现实世界之间的融合。Augmented Reality，简称 AR，中文译为增强现实，是在现实环境的基础上增补现实场景，将真实世界信息和虚拟世界信息"无缝"集成。VR/AR 技术是将虚拟和现实结合在一起的融合技术，AR 可以看作 VR 和现实的叠加。最近十年，随着计算机图形学、计算机系统工程等的高速发展，VR/AR 技术得到了各国政府和技术研发部门的高度重视，该项技术获得突飞猛进的发展。

(二) 科技教育

科技教育，又称 STEM(Science，Technology，Engineering，Mathematics)教育[1]，通过以学生主动探索为中心的课程活动设计、引入业界广泛应用的软硬件平台，以及参与工程挑战竞赛活动，激发孩子们对科技的兴趣，帮助他们广泛地接触科技知识，掌握常用工程工具的使用方法，训练工程思维，培养其勇于接受工程挑战、主动学习，以及综合运用知识解决问题的能力。

二、学校科技教育现状及 VR/AR 技术优势

(一) 学校科技教育现状

学校的科技教育使学生具有了一定的科学素养，养成了良好的学习习惯，获得终身学习科学的兴趣和能力。许多学校把加强科技教育、提高学生科学素养作为学校教育的重要内容，但在科技教育过程中，往往缺少合适的媒体工具，学习的便捷性不足，学生的参与度不够、互动性不强。

（二）VR/AR 技术优势

VR/AR 设备作为新一代计算平台，打通了线上和线下，将虚拟世界和现实世界连接在一起，产生新的可视化环境，实现实时互动。2018 年新媒体新技术教学应用研讨会暨第十一届全国中小学创新课堂教学实践观摩活动中，三节 VR/AR 优秀课程成了活动的重头戏，VR/AR 技术点亮了全新的互动教学模式，学生通过观察、体验、探究进行学习，获得了高质量的学习体验。

三、VR/AR 技术在科技教育中的应用

建构主义学习理论认为，人的知识建构主要来源于自身的实际体验，教学活动就是创设丰富的学习资源和学习工具，让学习者充分利用环境为自己建立一个认识和理解的过程。VR/AR 技术下的学校科技教育，可以实现“三突破”和“三提升”，给学生创设生动的科技教学情境，激发学生探究科学的兴趣。

（一）VR/AR 技术下的科技课堂“三突破”

1. 突破教学内容的时间限制

突破时间限制，让学生加深情境感受，VR/AR 技术的运用更胜一筹。例如，在讲授“侏罗纪时代”内容时，教师再怎么声情并茂地讲，也不如通过 VR/AR 来虚拟一个“侏罗纪时代”更容易让学生理解。创建虚拟现实，让学生穿越到侏罗纪时代，感受当时的蛮荒与惊险。在科技课堂中，教师利用 VR/AR 技术，可以让学生感受一年四季各种各样植物的开花、结果的过程，体验与大自然的亲密接触；可以将蚕的生长变化过程经过时间上的压缩，呈现在学生面前，让他们体会生命的神奇；等等。这种沉浸式的科技课堂，让学生能够更快速有效地理解科学知识，大大降低了学习的难度。

2. 突破教学内容的空间限制

有意义但在现实空间条件下难以完成的科技实践，VR/AR 可以让其看得到、听得见、摸得着。例如，在飞机模型教学中，一般是教师拿着一个飞机模型来上课，拆开模型让学生看一下构造，然后就交给学生互相传阅。但通过 VR/AR 技术，教师可以带领学生进入虚拟飞机环境中，观看飞机内部结构，感受飞机起飞降落，让学生获得身临其境的感受。

VR/AR 技术还可以让不同地区的老师、学生聚集在一个虚拟课堂中上课，并且达到真实、实时的互动[2]。例如，2016 年 1 月 15 日，国内首次基于增强现实技术实现了远程互动试验，教学在北京和海南三亚之间进行，打破地域限制，将不同地域的老师、学生聚集于同一个课堂。

3. 突破教学内容的生理机能限制

VR/AR 技术可以突破学生生理机能限制，感受现实生活中难以体验到的场景。例如，在学习心脏结构、运作原理内容时，在 VR/AR 技术下不需要专业的解剖技能，即可对心脏结构实现逐层观察，让心房、心室等结构清晰可见，还能让“扑通扑通”的心跳呈现在眼前（见图 1）。通过 VR/AR 技术，可以解剖地球，观察地球结构；可以观看火山的喷发，感受海啸的形成；可以将电磁波中纵波、横波以可视化的方式“立体呈现”出来；等等。VR/AR 技术让这些难以用语言文字表达的知识变得更加清晰易懂，感悟变得层次更深，大大提高了学生科学素养。

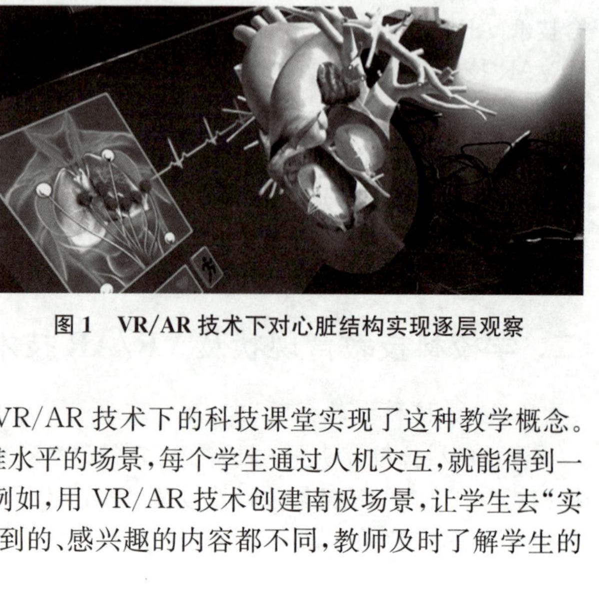

图 1　VR/AR 技术下对心脏结构实现逐层观察

（二）VR/AR 技术下的科技课堂“三提升”

1. 模拟教学情境，让教学更加因材施教

“因材施教”的理念早在孔子的年代就被提出，VR/AR 技术下的科技课堂实现了这种教学概念。在科技课堂里，VR/AR 创建了符合学生认知和思维水平的场景，每个学生通过人机交互，就能得到一个非常适合自己的学习任务，实现了差异化体验。例如，用 VR/AR 技术创建南极场景，让学生去“实地”考察，发现极地的特有生物，每个学生看到的、听到的、感兴趣的内容都不同，教师及时了解学生的

2020年江苏教育系统网络安全宣传周校园日活动启动

9 月 15 日下午，2020 年江苏教育系统网络安全宣传周校园日活动在南京邮电大学开幕，省教育厅一级巡视员洪流、南京邮电大学校长叶美兰、省委网信办网络安全协调处处长吴天寿出席活动开幕式并致辞。

洪流指出，疫情防控背景下，网络安全比以往任何时候都显得更为重要。举办全省网络安全宣传周校园日活动，有助于广大青少年切实强化网络安全意识，筑牢网络安全防线。他希望广大师生要自觉遵守网络安全法律法规，自觉参与网络安全宣传教育活动，争做网络安全的参与者、守护者和贡献者。各级教育行政部门、各级各类学校要认真落实网络安全进校园的总体部署，加快构建网络安全教育体系，切实将网络安全教育覆盖各学段，融入教育教学活动各层面，为后疫情时代在线教育发展营造清朗健康的网络环境；高校要加强网络安全学科和专业建设，努力培养更多德才兼备的高素质网络安全人才，为建设网络强国作出江苏教育新的更大贡献。

本次活动是 2020 年江苏省网络安全宣传周活动的重要组成部分，旨在贯彻习近平总书记在全国网络安全和信息化工作会议上的重要讲话精神，进一步推进网络安全知识进校园，通过形式多样、寓教于乐的方式，全面普及网络安全法律法规和安全常识，系统展示江苏省网络安全人才培养新进展、新成效。

今年校园日活动采取线上线下相结合的形式。线上策划网络安全宣传周主题宣传、网络安全知识有奖问答，近 22 万人次参与线上问答，31 万余人观看活动直播。线下组织开展青少年网络安全知识竞赛，举办校园日活动启动仪式及专家讲座等活动。

1. 会议场景
2. 省教育厅一级巡视员洪流

河海大学

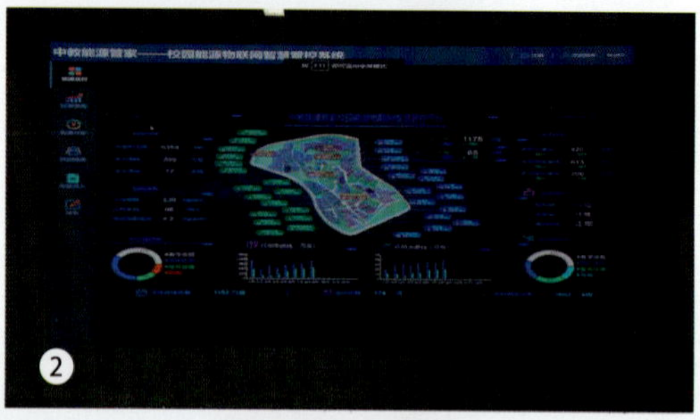

1. 智慧教室
2. 能源物联网智慧管控系统
3. 江宁校区数据中心机房
4. 图书馆视听空间
5. 教师主页

河海大学高度重视网络安全与信息化建设工作，根据教育部信息化 2.0 行动计划方案要求，全面启动并大力推进智慧校园建设。建好“一张网”、增强“一朵云”、用好“一片海”，打造形成“江河纵横”（信息服务基础设施）、“港口繁华”（直接面对用户的业务系统与服务）、“湖泊浩瀚”（各种信息资源），有安全管理保障，全面支撑学科发展的智慧校园生态环境，全力改善广大师生用户服务体验，全方位提升智慧校园管理水平和服务水平。

学校目前已实现两地三校区双链路互联：西康路校区和江宁校区主干互联能力达到单条 10G，西康路校区到常州校区单条 1000M 互联。实现异地、同网；有线、无线，楼宇完全覆盖；普网、专网，校区相互融合，支撑学校两地三校区一体化教学和管理。疫情防控期间，打造河海、武大、川大、三峡大学四校线上“水”趣大课堂。利用智慧教室、微课制作室进行在线教学的教师达 4 万多人次，参加在线学习的学生达 295 万多人次。

学校目前已建设了基本覆盖学校教学、学工、财务、人事、科研、OA、资产、医疗、研究生、留学生、后勤等学校核心职能部门的管理信息系统以及科研协同平台（河海云盘）、教师主页平台、云桌面、统一自助服务等，多个系统同步建设移动端。通过数据集成共享等信息化手段为学校开展教学、科研、管理等工作基本工具和支撑保障。

学校目前云资源裸容量近 1000T，计算资源节点 71 个，可提供 704 核虚拟化及 700 核高性能计算服务的校园云计算能力。以服务于创新人才培养模式为目标，依托移动图书馆、网络教学资源系统两个平台有效整合学校各类电子图书资源 300 多万册；建设“课堂在线”平台，支持“慕课”“翻转课堂”等“泛在”学习模式。在线教育已在全校本科、研究生、继续教育学生中全面开展，在服务水利、交通等行业的高层次人才培养、重大科研创新、行业人才高端培训、远程在线教育等方面，构建了河海模式。

学校目前建成统一身份认证、统一办事大厅平台、统一通信平台、统一支付应用支撑平台。平台建设不仅大大方便了师生获取信息化服务，也极大提升了信息服务的支撑能力，提高了系统的安全性、稳定性。网络防护全方位，安全多保障。学校在网络与信息安全工作方面做出了多方面的探索与成效，在体制机制方面进行了探索，书记、校长亲自挂帅；建立健全网安一系列制度，并将网络安全纳入年度考核；加强网络安全队伍建设，各单位设有网络安全员，定期开展宣传和培训工作，不定期开展应急演练。在技术方面，学校是省内早期部署高校网络安全大数据平台的高校，目前已建设了多层次、多方位的防火墙以及多种审计日志系统，形成全局监测和安全态势感知的网络安全大数据平台。

徐州市第三十一中学

徐州市第三十一中学大力推进智慧校园建设，先后被评为省前瞻性项目“互联网＋时代课堂教学范式”研究学校、全国青少年科普创新教育基地、市中小学创客教育实验校，省首批智慧校园示范校等。

学校拥有自动录播教室、智慧教室、数字校园广播系统等硬件设备，所有教室都安装了多媒体教学设备和电子班牌，为学生发放了校园智能卡。

学校建成了由智慧环境、智慧管理、智慧教学和智慧服务共同构成的智慧平台，形成了以智慧平台为支撑的适应性学习系统。通过课前、课中、课后、单元巩固一系列数据图谱，精准学情诊断，聚焦目标，分层推进，查漏补缺。命题教师对照试题难度、区分度等数据，反思命题得失，提高命题能力；任课教师结合数据，调整教学关注点；学生自选资源，自选课程、自主学习、自我检测，跨班级、跨年级开展群组交流，空中课堂、移动学习，让学生更好地站到了学习的中央。

近两年学校有 51 位老师参与省前瞻性项目和中央电教馆课题研究，有 3 个课题在中央、省、市电教馆立项，3 位老师的案例均获得了市教育信息创新案例一等奖。一共获得 27 项市级以上相关奖励，其中省级以上 6 项，学校管理层先后 7 次在市级以上会议经验介绍，信息技术领导力逐渐提升。

“3D 建模”，创客编程，智能无人车、物联网、无人机等课程全面展开，学生们在全国 NOC 大赛中获得 9 个全国一等奖，4 个全国二等奖，2 个恩欧希大奖，近 2 年，63 人次学生在各种相关比赛中获奖，成果丰硕。

因成绩显著，学校案例被《2016-17 中国基础教育大数据》一书收录，2018 年《中国教育报》发表文章介绍学校案例。

①

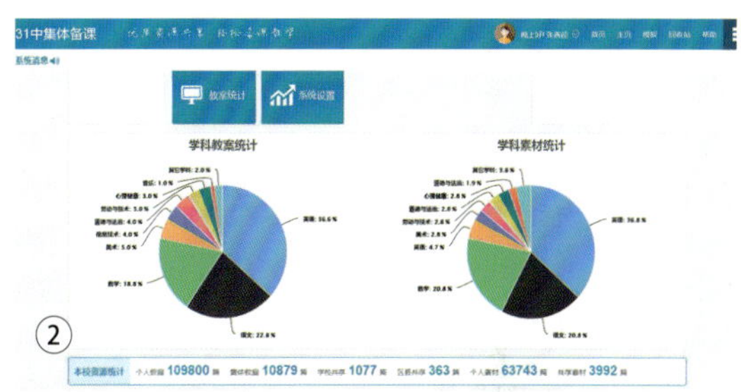

②

③

④

⑤

1. 智慧教室和录播教室
2. 课堂教学云端一体化平台
3. 创客编程比赛
4. 智能无人车社团
5. 赵枫老师“互动课堂”
6. 全员开设创课课程七年级3D打印，八年级开源软件

信息技术“创课”学讲课堂

⑥ 七年级：“3D建模”课程

八年级：创客开源软件编程课程

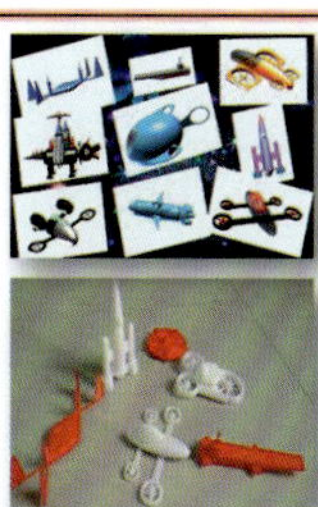
首届校“融创杯”“未来飞行器”3D模型设计大赛

江阴市周庄实验小学

周庄实验小学是一所百年老校，学校被教育部教育管理信息中心评为“信息技术教学应用示范校”，现为江苏省现代教育技术示范学校，无锡市智慧校园建设先进单位。

学校定制开发了符合学校实际的应用软件，如任务下达、成果奖申报、物品申购等系统。随着移动办公时代的来临，学校全面启用钉钉软件，在电脑和手机上同步开展工作。通过钉钉在校园管理、校园服务以及家校互通等全面功能，不断推进学校在智慧办公、智慧教学、智慧家校、智慧德育以及智慧物联方面的应用。

自 2014 年开始，周庄实验小学先后引进了天仕博、焦点、科大讯飞三大智慧课堂系统，开展网络个性化学习研究。学校重新审视课堂，重建了智慧课堂教学模式，实现了学习过程的智慧优化。

几年来，学校把信息技术与课堂学习活动深度融合，取得了良好效果。多次在全国性的课堂教学评比中获一等奖；近几年不断开展片级、江阴市级、无锡市级的智慧课堂展示活动；2019 年，实践成果还被推广到“江苏省基础教育科研学术活动”、江阴市政协视察信息化工作等活动中，无锡日报、无锡教育电视台对周庄实验小学智慧教学做了专题报道。

周庄实验小学为学生开发了书香网平台、班队主页平台、乐群少年宫三个网上实践活动空间，用于展示读书心得、班队活动、校本及班本课程等情况，积累了学生个体和各个班级的发展历程数据。

1. 多功能录播教室
2. 智慧读写课型展示中拍照上传习作片段
3. 智慧课堂美术课展示
4. 焦点系统各班级常态化应用
5. 吴香老师用手机在无锡市智慧课堂展示活动中上平板电脑课

不同体验，从而进行有意识的、有针对性的启发和引导，课堂活了起来，疑问多、好奇心强的学生得到更多及时有效的指导，学习满足感获得提升，真正做到了因材施教。

2. 革新教学资源，让学习事半功倍

VR/AR 技术下的教育资源，对学习者的时间、精力、空间都做了极大的优化，让学习事半功倍。例如，互联网上的中国数字科技馆-虚拟科技馆（http://hd.cdstm.cn/newwww/2015active/www/xncg/tyzt.html），学生们可以随时随地"进馆"参观学习。重现虚拟的历史事件现场，到达虚拟的地理位置，触手可及的虚拟展馆大幅度地加强了学生们的学习意愿。再如，在学习传动轴的结构原理时，学生可以将 VR/AR 技术下的传动轴拉出屏幕，还可以转动、拆分传动轴（见图 2）。教育资源的可视化和互动性，大大增强了科技知识的学习效果。

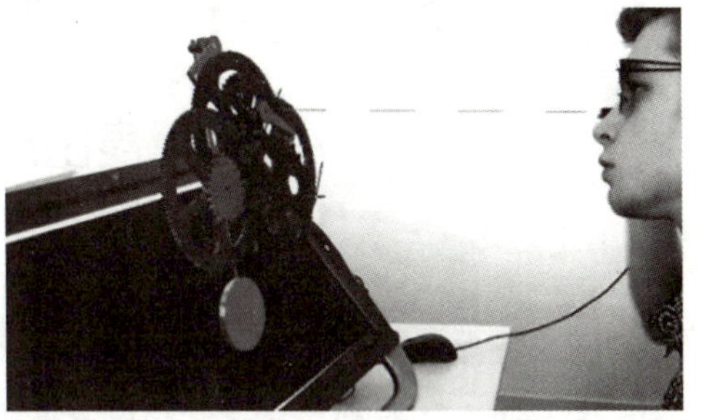

图 2　VR/AR 技术下的传动轴结构原理学习

3. 变革教学模式，让授课更受欢迎

VR/AR 技术为教师创造一种宽松、开放、激励学习的环境，把学习的主动权还给了教师，让他们亲历活动，受到了学生的欢迎。例如，用 VR/AR 技术模拟有人触电并着火的情境，要求学生学习如何救人。整个学习内容包含：断电、灭火和心肺复苏，学生在真实和虚拟融合在一起的场景中紧张操作，在身临其境的感受中学习触电救人的要领，真正成了教育活动的主体。

在教学过程中，VR/AR 技术可直接把学生带进增强现实或虚拟现实的实验环境中，让教学更轻松，受到了老师的欢迎。例如，在生物细胞结构等微观世界教学时，可以通过仪器来观察，但成本高且不一定都能达到理想的实验效果。但通过 VR/AR 技术，微观世界被放大剖析，能够直观显现在学生眼前，降低了观察和研究的难度，既节省成本又安全。

四、VR/AR 技术应用中存在的问题

（一）新技术新领域，初期普及推广难

VR/AR 技术在硬件基础上，配套好软件才能发挥其效用。当前设备较贵，配套资源少，老师备课难等因素使得"VR/AR+教育"仍然不能大步前行更好地推广使用。但我们知道，前沿科技进入每一个领域，开局一般不会获得大部分人认可，就像当年触屏机刚上市，很多人都觉得不如按键机好操作，屏幕太大，不便于携带，可是今天再看，几乎人人手中都是一台 5 寸以上的大屏触屏机。凭借 VR/AR 技术的巨大优势，我们相信，未来 VR/AR 将渗透到教育的各个角落，为教育行业带来一场影响深远的革命。

（二）忽视以"教"为本，重设备轻师资

随着 VR/AR 技术日益成熟，越来越多的科技公司陆续推出 VR/AR 教育产品，但其中不少产品以炫酷、豪华、有趣的元素来吸引客户。教育在本质上不是娱乐产品，教和学才是最终的目的。学校采购 VR/AR 教育产品时，应更多地关注教学配套、师资培训、教学效果等，而不是本校的产品比别校的更高大上、更先进。只有避免本末倒置，以"教"为本，让教学更加纯粹，才能让 VR/AR 技术在教育应用这场竞赛中获得最终的胜利。

如今，越来越多的新科技渗透进教育教学。从胶片机到白板，从互联网到物联网，从 PPT 到 VR/AR……跑道越来越多，参赛者也越来越多。学校科技教育中，有了 VR/AR 设备，课堂可以还给学生，让学生在增强现实和虚拟现实中高效学习。要真正发挥 VR/AR 技术的最大作用，还需科技教育工作者们一起深入探讨、实践融合、完善推广，让 VR/AR 技术点亮全新互动的学校科技教育。

参考文献：

[1] 程辉，蒙石荣. 教育创客：从边缘柔软地改变教育[J]. 今日教育，2016(6)：16-19.

[2] 叶玮芳，施晓晨. 智慧教育背景下小学红色德育策略创新研究：以浙西南革命老区为例[J]. 软件导刊（教育技术），2019(4)：23-25.

创客背景下3D打印笔在幼儿园的巧用

昆山市红峰幼儿园　俞佳顺

摘　要：随着科技的飞速发展和创客时代的到来，“VR”“AR”“3D打印”“智慧云平台”等新兴技术也应运而生。在信息化时代教育变革推行的过程中，大家都致力于将这些新兴的现代化科技带到教育中去，对于受年龄特点和发展水平所限制的幼儿园幼儿来说，便于操作且独具创新的3D打印笔成了帮助幼儿成为“创客”的有效助力。本文就创客背景下“3D打印笔”在幼儿园活动中的有效运用展开了探讨和研究。

关键词：创客　3D打印笔　幼儿园活动　有效运用

“3D打印笔”就是将3D打印技术与笔结合起来，将笔尖整合了3D打印机的打印端技术，利用热熔塑料能够快速熔化并快速固化的特性，在内有加热装置的笔中，装有固体的塑料条，经过熔化后从笔头挤出，可以随意拖拽成想要的形状，具有操作简单、便携安全的优点[1]。

3～6岁的幼儿受年龄特点和发展水平的限制，相对一些较难的新兴技术来说，操作简单、便携安全而又充满科技感的3D打印笔是幼儿成为“创客”的最好的自生产工具。将3D打印笔技术与幼儿园活动进行有机整合，在幼儿园活动中有效地运用3D打印笔不仅能够创新教育教学环境，而且能提高幼儿的创造能力、动手操作能力，发展幼儿的空间思维能力。

一、助力创客活动——从局限性到灵活性的转变

爱因斯坦说过，“想象力比知识更重要”，陶行知先生在《创造的儿童教育》中也提出要认识到儿童的创造力，解放儿童的创造力和培养儿童的创造力。在幼儿园活动中我们也常常本着“自由自主创造愉悦”的游戏精神鼓励幼儿在游戏中大胆创造，但目前幼儿的创造还存在着很大的局限性——纵然幼儿的想象天马行空，但他们的表现方式十分有限，这也限制了幼儿在活动中创造能力的发展。合理有效地将3D打印笔运用到幼儿园创客活动中能打破现有的局限性，让幼儿的创作活动更为灵活多变。

（一）丰富幼儿的表现手法

《3—6岁儿童学习与发展指南》中对幼儿在表现与创造方面提出了“能用多种工具、材料或不同的表现手法表达自己的感受和想象”的要求，这也要求我们要提供丰富的便于幼儿取放的材料、工具或物品，来支持幼儿的创作活动。3D打印笔存在着诸多的优点，我们能利用其灵活性丰富幼儿的表现手法，将幼儿绘画的想象力从纸上解放出来，把平面上画出的作品变成立体的三维物体，因此我们要将3D打印笔有机地融入幼儿的创作活动中，发挥其最大效用，丰富和优化幼儿的表现手法。

以大班美术活动“鞋子设计师”为例，在开展此类设计活动时，教师往往会提供许多材料供幼儿选择。孩子们可以利用折纸、粘贴、编织等表现手法来设计自己的鞋子，3D打印笔的融入丰富了幼儿的表现手法。由于制作立体作品的主体材料大多为纸质材料，所以通常幼儿完成的作品大都存在不牢固、易损坏、形式单一等问题。而3D打印笔使用的材料是热熔塑料，可塑性强且具有一定的牢固性，在进行立体作品创作时能作为支撑作品的“骨架”，再用其他材料来进行装饰点缀，满足幼儿能力发展

的同时又兼顾作品的牢固和美观。

（二）替换匮乏的游戏材料

《国家中长期教育改革和发展纲要（2010—2020年）》指出，我们要帮助幼儿感受科学技术给生活带来的便利，引导幼儿利用身边的物品和材料开展活动。在幼儿园一日活动开展的过程中我们需要用到非常多的材料。由于班级幼儿人数多，教师在收集材料时既要考虑材料的实用性，又要考虑材料的数量能否满足每一个幼儿的需求，这就会导致在收集材料时常常会花费大量的金钱和时间。3D打印技术作为21世纪具有代表性的科技产物，是千万创客发挥创意的重要助力。我们可以利用其灵活性的特点，将其产物替换多种材料来助力幼儿园活动的顺利开展。

在小班科学活动"吹泡泡"中，教师提供了许多由铜线制作好的不同形状的泡泡棒，来引导幼儿探索观察不同形状泡泡棒吹出来泡泡的形状。小班幼儿由于精细动作发展的限制，难以操作铜丝来自主制作泡泡棒，所以在这里教师只能提供既定形状的泡泡棒，幼儿只能使用已有的材料进行探索，看似自主的探索方式，其实都在教师的规划中进行，没有充分发挥幼儿的自主性，但由于科学活动严谨性的特点，很难找到更好的材料替换原有的材料。而3D打印笔操作简单，安全便携，幼儿可以利用3D打印笔自己尝试动手制作各种各样形状的泡泡棒来吹泡泡，在自主、创造的探索中得出实验的结果。在其他的活动中，我们也可以充分发挥幼儿的自主性，鼓励幼儿利用3D打印笔来创作可替换的工具，感受科学技术给生活带来的便利。

二、创新3D教玩具——从玩玩具到做玩具的转变

皮亚杰认为儿童的发展是在主客体相互作用的过程中实现的，幼儿在玩玩具的过程中认识世界，发展创造力、动手能力、自主探究的能力。3D打印技术能迅速将设计创意转变为实物，利用3D打印笔制作玩教具，满足了儿童的个性化需求，也使设计创意变为现实[2]，合理有效地将3D打印笔运用到教玩具的制作中给了每个孩子成为"神笔马良"的可能。

（一）成为幼儿创新的生产工具

玩具是幼儿成长发展的重要媒介，幼儿通过自制玩具、摆弄玩具，不仅可以了解生活、认识社会，而且可以激发自身的求知欲、动手操作及创造想象的能力[3]。创客运动最重要的标志是掌握了自生产工具，3D打印笔可以成为幼儿将想象变为现实的自生产工具，助力幼儿的创造行为。比如，在利用陀螺的转动来发现视觉暂留现象的活动中，教师会鼓励幼儿自制陀螺来感受不同花纹的转动所带来的不同变化。提供成品的陀螺玩具，在上面绘制花纹会限制幼儿的动手能力，而利用纸、笔等材料制作的陀螺虽然绿色环保，但操作性不强，不利于幼儿观察实验的现象。3D打印笔可以建构陀螺的模型，并用不同色彩的材料来绘制花纹，有效地弥补了幼儿自制玩具操作性、耐用性不强的缺点。

（二）帮助幼儿深入的探索发现

现阶段幼儿园的自制教玩具还有很大一部分停留在2D的层面上，缺失了一定的还原性，也缺乏对幼儿空间思维的培养。我们可以充分利用3D打印笔作品的3D特性制作更为逼真的玩具，打开幼儿的空间思维，培养幼儿的三维立体空间感，帮助幼儿更深入地探索生活中各个事物的奥秘和原理。比如，在美工区游戏中，孩子们的游戏大都停留在纸上，我们可以从提供物品的结构图开始，引导幼儿通过制造零件、组合零件的方式制作3D玩具。在科学区游戏中，我们可以投放教师制作的成品玩具，孩子们可以在拆拆拼拼的分解还原活动中更清晰直观地探索发现物体的构造、现象的原理等知识。

三、辅助自主游戏——从"纸上谈兵"到实践操作的转变

在创客背景下，"玩"是一种实践，我们应当支持幼儿从想法的讨论到实践的转变。随着课程游戏化的推进，我们鼓励幼儿自主地开展各项活动，同时引导孩子们在游戏前进行合理的合作规划，以此来

保证孩子们的自主游戏有序开展，提高幼儿的合作能力、规划能力和游戏水平。在以往的规划设计中，幼儿总是通过在纸上绘画的方式来设计游戏的场地，但这样的设计通常存在一些问题。以户外运动区游戏为例：在活动开展前孩子们绘制了设计图，设计图上画了很多轮胎，并排成了一竖排，设计组的意思是将轮胎竖着摆放，而在合作摆放的过程中有的孩子则将设计图错误地理解为将轮胎堆叠起来，可见纸质设计图不能清楚地根据游戏玩具和场地的比例来表达物体的空间方位关系。

3～6岁幼儿的思维是具体形象的，直到5～6岁时幼儿的抽象逻辑思维才开始萌芽，幼儿难以将物体的比例关系和空间方位关系通过绘画的方式清楚地表达出来，因此我们应该提供具体形象的物体来辅助幼儿的游戏设计。这时，我们可以利用3D打印笔将游戏场地和游戏材料按照一定的比例缩小后呈现出来，据此，幼儿在摆放实物的过程中可以有效地进行场地的规划，从纸上的讨论转变为实践的操作。

当然，随着创客教育风潮的兴起，3D打印技术作为能够改变我们生活方式的科技，3D打印笔在学前教育阶段的应用不仅限于此，我们还需不断探讨和研究其在幼儿园的应用途径，在实践中不断探索利用3D打印笔培养幼儿创新能力、助力幼儿创客运动的有效方式，将新型科技的价值最大化。

参考文献：

[1] 许丽，许黎亚，沈德超，等. 浅谈儿童3D打印笔的应用现状与发展趋势[J]. 文艺生活·文艺理论，2016(12)：271-272.

[2] 连静. 3D打印技术在幼儿玩教具设计开发中的应用[J]. 文化创新比较研究，2017(1)：9-12.

[3] 孙小娟. 运用自制教玩具开发幼儿的能力[J]. 俪人：教师，2014(2)：3.

“信息技术+”式创课转型策略研究

——以淮安市实验小学创课实践为例

淮安市枫香路小学　胡卫俊

摘　要：由于空间、师资、课时等方面的制约，创客教育和 STEAM 教育在教育教学中很难推进。笔者与自己的教师团队将信息技术课程的教学目标、内容和评价进行了优化和提升，提出“创课”式的新型教学理念，以“创课”的课程形式普及机器人、互动编程、3D 打印等现代信息技术，实现其与各类学科的有效融合，形成“信息技术+”式的创新型课程群，促进学生计算思维的发展。

关键词：“创课”式课程理念　“信息技术+”　计算思维

创客教育和 STEAM 教育近年来成为大家热议的教育话题，但在具体实施的过程中，由于空间、师资、课时等方面的制约，创客教育和 STEAM 教育很难推进。结合多年的教学经验和已有的实践基础，笔者得出要以学科为本的教学理念。创客教育和 STEAM 教育要和日常的语文、数学、英语等学科课程相融合，才能获得持续的推进和稳定的发展。因此，笔者与自己的教师团队在课程标准的基础上，结合自身的经验，将信息技术课程的教学目标、内容和评价进行了优化和提升，以期更加适合学生未来发展，培养出符合新时代要求的创新型人才。

一、传统信息技术课程存在不足

微信、导航、手机支付、网上购物、电子阅读等新时代的智能化产物推动着信息技术教学内容的革新，机器人、物联网正一步步地推动着学生思维方式的转变，创新与表达成为新的评价标准。传统的信息技术课程已经不能满足新时代信息技术环境下的人才培养需求，主要存在着以下四个方面的问题。

（一）课程定位的缺失

信息素养所提出的学科标准侧重于信息的获取、存储、加工与传递，实践起来需要专业技术的支撑。但信息技术课程的内容设置，无法适应人工智能时代的技术需求。例如，小学信息技术教材三、四年级的必修内容主要是打字、画画、WPS 软件处理等，而像 Scratch、机器人、物联网这些新兴的教学内容却被划归到选修内容，有些学校也不具备开设以上课程的条件，学生很难接触到这些新知识，也无法掌握相关技能。

（二）内容设置的窄化

从技术哲学的角度来说，技术是解决问题的途径。但信息技术课堂中所授内容大多只是技能训练，往往不能帮助学生解决问题，连“为用而学”的目的都不能满足。信息技术老师的职业发展也往往受到限制，被简单定性为技术性的、服务性的群体。

（三）实施过程的局限

任务驱动是技能学习的主要过程，但任务的延伸在信息技术课堂中也很重要。但现实教学中，教师大多只教授书本上的内容，不做延伸，不利于学生创新能力和综合素养的培养。

（四）评价方式的单一

教学任务完成后，教师需要对学生的作品进行评价反馈。在传统的信息技术课堂中，教师往往只满足于教学任务的达成，对学生的作品和专业技能的评价和反馈几乎是没有的，不利于学生学习能力的提高。

二、“信息技术+”式创课转型策略

针对反思中的不足，经过大量的文献研究和经验总结，我们团队老师提出了“创课”式的新型教学理念，其包含三个核心概念：一是种种子，种创新的种子，将创新的种子撒向每一门学科；二是跨学科，融合 STEAM，提升知识的综合应用能力；三是提素养，紧扣学科核心素养，丰富学科评价内容。针对以上三个核心概念，我们对日常的信息技术课堂进行了以下四个方面的变革。

（一）“创课”式课程理念，改变传统形态

目标：以创课形式，通过基于电子技术（传感、编程、通信）的“信息技术+”课程群建设，丰富信息素养内涵，并用创新的课程内容和教学方式实现计算思维的渗透培养。

策略：采用两节课连上的方式，在学校五年级普及机器人、互动编程、3D 打印等创新型课程，将课程目标转向培养学生的创客精神和跨学科的 STEAM 综合素养。通过单元化的教学周期压缩基础模块学习的时间跨度，引入 Scratch、机器人、Arduino 开源物联等内容，通过编程和软、硬件结合的方式，引导学生用计算思维去分析问题、判断问题并最终解决问题，从而实现在培养学生信息素养的同时，推动计算思维的渗透培养。

（二）“信息技术+”课程群，拓宽课程内容

目标：将互动编程、机器人、3D 打印从社团引入信息技术教学中，让学生在小学阶段至少有一个学期可以学习前瞻性课程。教师可以将传感、编程、通信等技术引入日常教学中，促进跨学科知识的融合与应用。学生在玩中学、做中学，综合素养得到了全面提高。

策略：将传感、编程、通信等技术与语文、数学、美术、音乐等学科进行融合，将数学问题用程序来实现，将美术与 3D 打印相结合，将电子技术应用于乐谱创编……“信息技术+”课程群让教育教学摆脱了时间、空间、师资和学科的限制，实现了 STEAM 教育的校本化。信息技术不仅是书本中需要学习的内容，更可以用来帮助学生学习和成长。我们的老师也依靠着机器人、物联网等新技术手段创立了自己的品牌特色，从技术型、服务型的角色成长为引领教学改革发展的教师典范。

（三）“框架”式教学范式，助推创课实施

目标：通过“框架”建构知识，在“墙体”搭建的过程中创生课堂。“框架”的教学范式帮助学生由外而内、由整体到局部进行问题的分析和判断。在渗透计算思维的过程中，学生不仅自构了个性化的知识体系，更在思维空间和思维方式方面得到培养和发展。

策略：在创课教学过程中，学生根据项目或问题，用发散的眼光和思维去思考和判断，用探究与合作的方式，综合运用传感、编程和通信等技术，采用不同的渠道和方式向着可能的目标努力。在这个过程当中，步骤化的学习方式已经无法满足对知识的灵活运用和整合。教学过程着重强调的是学生探究式的思维和综合应用能力的提升。

（四）多元智能评价法，丰富评价方式

目标：基于多元智能理论，丰富学生的评价方式，引导和发展学生潜能，促进其个性化发展。

策略：增加了设计、逻辑、尝试、表达、合作、创新等多元化的评价标准并形成体系，以实现发现式的、全方位的个性化评价，促进学生多元智能的发展。

三、"信息技术+"式创课转型成果

（一）"创课"式 STEAM 校本化实施受到关注

淮安市实验小学创课实践成果吸引了省内外几十批次的领导和教育同行前来参观，他们对"低投入、高效率"的创课课程赞不绝口。《江苏科技报》《江苏教育技术》等省级报纸杂志先后对我们的创课课程进行了报道和宣传。《淮海晚报》《新周刊》等对我们的研究成果进行了 10 余次报道。我们还以创课课程为素材，拍摄了一部关于学校 STEAM 教育的专题片，并在淮安市电视台展播。

（二）"框架"式教学理念在创课中全面实施

从"步步为营"式"砖混"课堂转变为"结构节点"式的"框架"课堂的教学理念在淮安市的信息技术中心教组活动中得到广泛的认同。研究成果《从"砖混"到"框架"：Scratch 程序教学的实践与反思》一文获得江苏省"教海探航"征文竞赛一等奖，并发表于《江苏教育(小学教学版)》杂志。许多专家学者多次在省级以上平台公开表扬该文的论点和撰写方式。2015 年，我们继续遵循着"框架"路线，对教材进行了重新的优化和重组，并在课堂教学中开始实施，同时还撰写了《基于框架 重组并构》一文，对"框架"式课堂继续深入研究。

（三）计算思维在课堂中的应用策略得到推广

我们对计算思维进行了深入的研究和解读，总结出计算思维实际上是一个思维的过程，它能够引导学生将一个问题清晰、抽象地描述出来，并将问题的解决方案转化为一个信息处理流程。这些总结与解读使得老师对计算思维有了更加清晰的认知和理解，并结合我们的案例开始尝试在自己的教学中进行应用。

（四）组内教师的专业发展之路成为同行典范

在全省青年教师经验交流会上，我们的信息技术教师介绍了自己的四个成长阶段：从以服务和维护为主的技术型教师发展为以机器人为突破口的特色型教师，继而通过反思、总结和提升，成为一名专业型教师。现在，信息技术老师们正通过 STEAM 教育和创课课程建设引领着全校教师去转变教学观念，提升教学品质。他们的成长道路堪称经典，可以被更多的信息技术老师或其他学科参照复制。

"信息技术+"式的创课教学理念和教学形式紧扣 STEAM 教育和计算思维理念，涉及了教学理念、目标、内容、形式、评价以及教师发展等一系列内容，着重体现基于技术的跨学科知识的融合应用。信息技术的课堂从之前以软件学习为主要内容转向了以促进学生思维方式转变、优化学生能力结构、利于计算思维和创新精神发展的新型创课课堂。

参考文献：

[1] 威金斯. 追求理解的教学设计[M]. 2 版. 上海：华东师范大学出版社，2019.

[2] 胡卫俊. 从"砖混"到"框架"：Scratch 程序教学的实践与反思[J]. 江苏教育(小学教学版)，2015(9)：48－49.

[3] 胡卫俊. 创课让创客教育走进课堂：基于学科的小学创客实践与探索[J]. 基础教育参考，2018(6)：49－52.

基于学科核心素养开发信息技术教学资源

宜兴市和桥镇第二中学　吕　超　邵超群

摘　要:教学资源是课堂的基本元素,是开展教学的重要工具,是培养核心素养的重要载体。信息技术学科核心素养包括信息意识、计算思维、数字化学习与创新、信息社会责任四个要素。基于信息技术学科核心素养开发"学以致用型""错误生成型""丰富多样型""地域文化型"和"活动主题型"教学资源,可以让学生更好地养成个人及社会发展所需的必备品格,练就信息技术学科的关键能力。

关键词:信息技术　核心素养　教学资源

一、开发"学以致用型"教学资源,培养"信息意识"核心素养

2017 年修订的《江苏省义务教育信息技术课程纲要》指出:教材资源的选择要体现学以致用的思想,要注重信息技术与现实生活的结合,面向学生已有的生活经验。注重信息技术与现实生活的联系,将学生的个人经历与社会发展需求结合起来,让学生运用信息技术解决现有或将来的问题,培养学生"信息意识"核心素养。书本的知识应用于实践才具有生命力,知识要与时俱进,与社会实际接轨,学生才愿学乐学会学。开发"学以致用型"教学资源有利于将狭隘的书本知识延伸到辽阔的现实生活中去,打通学生书本知识世界和现实生活世界两个世界的通道,从生活中来到生活中去,源于生活用于生活,让学生感受信息技术课堂与现实生活的紧密联系,信息技术课堂也可以被赋予浓郁的生活气息。

例如,在开发"构建身边的网络"这课教学资源时,由于本节课理论性知识较多,如果照本宣科单独讲授理论知识、技术细节,通过实物展示等让学生获得"走马观花"式的学习体验,学生很难理解也无法解决生活中遇到的实际问题。随着网络的普及,学生也不仅仅满足于书本中理论知识的学习。从学生的实际生活出发,从组建学生最常见的家庭局域网入手,搭建接入因特网模拟练习平台(如图 1),让学生通过模拟练习平台构建家庭网,了解常见的组网设备并进行模拟组网练习。这不仅和学生的实际应用无缝接轨,而且让学生亲手实践、亲身体验解决生活中的现实问题,这样,学生才会觉得学有所成、学有所用,课后才会有兴趣持续学习、继续研究,教学才不会仅仅局限在课堂。

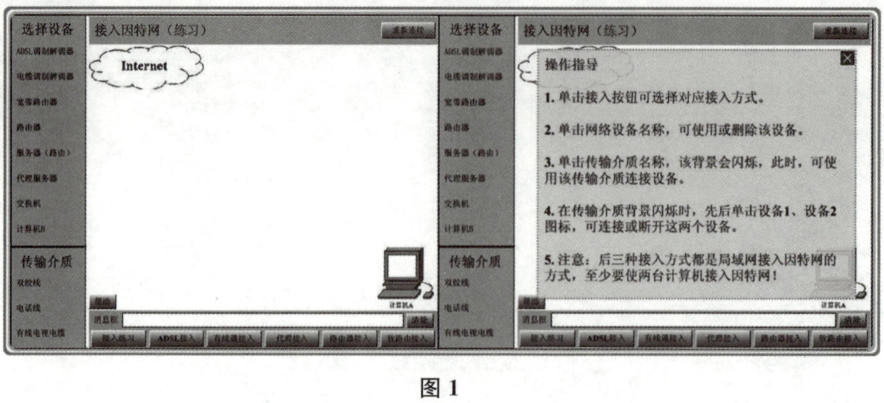

图 1

二、开发“错误生成型”教学资源，完善“计算思维”核心素养

心理学家盖耶认为：“谁不考虑尝试错误，不允许学生犯错误，就将错过最富有成效的学习时刻。”人是在不断尝试错误的过程中学习的。错误是有价值的，是叩开成功之门的敲门砖，是迈入知识殿堂的引领者，是启迪智慧之窗的钥匙。错误也是一种资源，借错点亮课堂，借错顺水推舟，把错误当作一次次新的尝试，把错误当作一次次新的探索，把错误当作一次次新的挑战，反而更容易激发学生的求知欲。通过新的问题解决思路的提出、新的问题解决方案的设计，不断完善学生的“计算思维”核心素养。

例如，在开发“地址及引用”这课教学资源时，设计了“使用公式＋填充柄工具”快速计算各个兴趣小组的总人数及其占年级总人数的比例（见图 2），但在计算的过程中出现了除以“0”错误（见表 1）。为什么会出现除以“0”错误呢？在我们使用填充柄工具复制公式的时候，被填充的序列会根据方向自动调整，分母就变成了 E16、E17 等这些单元格（见表 2），而这些单元格没有数据。这样的引用被称为相对引用，如果要求分母始终保持不变，始终是 E15 单元格，我们应该怎么实现呢？我们可以对 E15 这个单元格行号列号加上绝对名符号“＄”，这时我们再进行复制，分母就会始终是 E15（见表 3），这样的引用被称为绝对引用。开发“错误生成型”资源，把错误灵活转化为生成资源，活用错误资源让错误彰显课堂智慧，善用错误资源让错误演绎课堂精彩，敢用错误资源让错误增值课堂价值。

表1 少年宫兴趣小组报名统计表

	A	B	C	D	E	F
2	小组名称	七年级人数	八年级人数	九年级人数	总人数	占年级总人数比例
3	绘画	32	29	34	95	0.074160812
4	合唱	52	32	48	132	#DIV/0!
5	舞蹈	12	10	20	42	#DIV/0!
6	电脑	34	50	23	107	#DIV/0!
7	书法	23	20	22	65	#DIV/0!
8	航模	22	24	20	66	#DIV/0!
9	田径	20	18	8	46	#DIV/0!
10	乒乓	8	10	12	30	#DIV/0!
11	篮球	12	12	10	34	#DIV/0!
12	科技探究	112	110	135	357	#DIV/0!
13	棋乐无穷	56	37	49	142	#DIV/0!
14	经典朗诵	48	74	43	165	#DIV/0!
15	合计	431	426	424	1281	#DIV/0!

表2 少年宫兴趣小组报名统计表

小组名称	七年级人数	八年级人数	九年级人数	总人数	占年级总人数比例
绘画	32	29	34	95	=E3/E15
合唱	52	32	48	132	=E4/E16
舞蹈	12	10	20	42	=E5/E17
电脑	34	50	23	107	=E6/E18
书法	23	20	22	65	=E7/E19
航模	22	24	20	66	=E8/E20

表3 少年宫兴趣小组报名统计表

	A	B	C	D	E	F
2	小组名称	七年级人数	八年级人数	九年级人数	总人数	占年级总人数比例
3	绘画	32	29	34	95	=E3/E15
4	合唱	52	32	48	132	
5	舞蹈	12	10	20	42	
6	电脑	34	50	23	107	

图 2

三、开发“丰富多样型”教学资源，落实“数字化学习与创新”核心素养

丰富多样的教学资源有利于在课堂中落实数字化学习与创新核心素养，有利于学生进行数字化学习与创新过程。一把钥匙开一扇门，一个学生一个世界。每个学生在行为习惯、个性特长、兴趣爱好和表现方式等方面都存在差异，呈现了一个丰富多彩、千姿百态的世界。开发“丰富多样型”教学资源，尊重学生的差异，让学生自主选择，满足学生的需求，培养学生的自主性，更好地发挥学生的想象力和活跃课堂氛围，极大地激发学生的学习兴趣，从而创造出更富有想象力、个性鲜明独特的作品，丰富信息技术课堂。

例如，在开发“制作 Flash 动画”这课教学资源时，开发了丰富多样的 Flash 动画的教学资源包（见图 3）供学生选择。单一的教学资源很难长久地吸引学生的眼球，也无法调动全部学生的积极性和主动性，更无法创作出多姿多彩、极具个性的作品。多样的教学资源滋补课堂教学，使学生的视野更宽、眼睛更亮、思维更活跃，打造多元精彩的课堂新时空。学生在丰富多彩的教学资源中汲取精华，自主选择感兴趣的教学资源进行创作，既最大限度地调动积极性和主动性，又丰富了认知角度，而且多样的教学资源可以弥补教材内容和形式上的不足，加深信息技术课程的内涵和拓宽信息技术课程的外延。

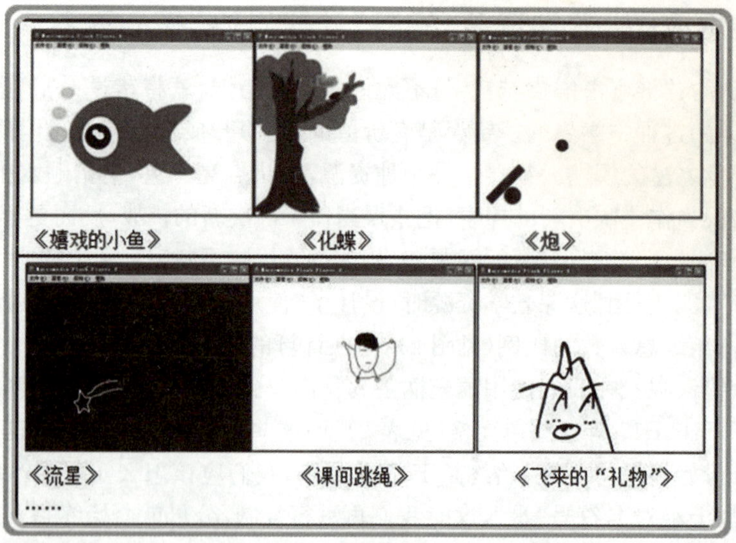

图 3

四、开发“地域文化型”教学资源，增强“信息社会责任”核心素养

《基础教育课程改革实施纲要(试行)》指出：“要积极开发并合理利用校内外各种教学资源，广泛利用校外社会资源以及丰富的自然资源。”宜兴素有“陶都孕钟灵”“茶洲卷绿意”“竹海泛波浪”“洞界吞天地”“教授之乡”“院士之乡”等美称，历来人文荟萃钟灵毓秀，物华天宝资源富饶，蕴含着多姿多彩的地域文化资源。开发“地域文化型”教学资源有利于传承历史文化，彰显艺术品质，塑造城市精神，增强学生的信息社会责任。

例如，在开发“图片制作”这课教学资源时，融入地域文化，以宜兴紫砂壶宣传海报为例(见图 4)，巧妙地将地域文化资源与课堂知识有机结合起来，将图片制作成一幅幅具有地域文化个性的宣传海报。世界上只有一把紫砂壶，它的名字叫“宜兴”。紫砂壶是宜兴一张闪亮的名片，也是生活中不可缺少的部分。深入挖掘、打造、保护紫砂文化资源，也是每位宜兴人应尽的义务。“取之不尽、用之不竭”的地域文化资源犹如一道亮丽的风景线，贴近学生实际，鲜活课堂，伴随学生成长，勾起他们无限的遐想；又犹如一道美味的大餐，让学生喜欢，引起学生共鸣，让他们产生不吐不快的冲动；又犹如一股流淌的清泉，滋润学生的身心，为信息技术课堂注入了源源活水，让信息技术课堂爆发出生命活力，发出勃勃生机。

图 4

五、开发“活动主题型”教学资源，提升“综合”核心素养

《基础教育课程改革实施纲要(试行)》强调：“学生围绕某一主题开展学习活动，教师主要为学生提供探索与发现的机会与帮助。”开发“活动主题型”教学资源就是充分重视学生的主体性和创造性，以学生为中心，让学生做主，以活动主题为枢纽，让学生围绕某一活动主题，在教师指导下开展一系列自主合作探究的学习活动，有利于提升学生的信息技术综合素养。在教学资源支持下，由活动主题“牵一发”，“动”教材体系的“全身”，通过活动主题把散乱的知识点串联起来，由点及线，由线及面，由局部及全景，融会贯通活动主题中的知识与技能，个性与共性融合相通，从而形成完整的知识体系。

例如，在开发“演示文稿设计与制作”这章教学资源时，将章节知识点重新梳理、组织整合，确立了“宜兴元素”的活动主题(见图 5)。宜兴是学生们的故乡，开发这一活动主题资源，能一下子吸引学生注意，聚焦学生眼球，可以激发学生的求知欲和创作欲望，让学生的主体地位得到真正凸显，让学生的主体作用得到充分展现。通过发现问题、分析问题、解决问题和成果展示四个环节贯穿整个活动设计，将知识点和课堂任务穿插在各个演示文稿模块中，让学生圆满完成活动主题中的各项任务；通过活动主题线衍生出知识体系线，再将知识体系线提升为信息素养线，进一步让学生感悟信息技术的价值。

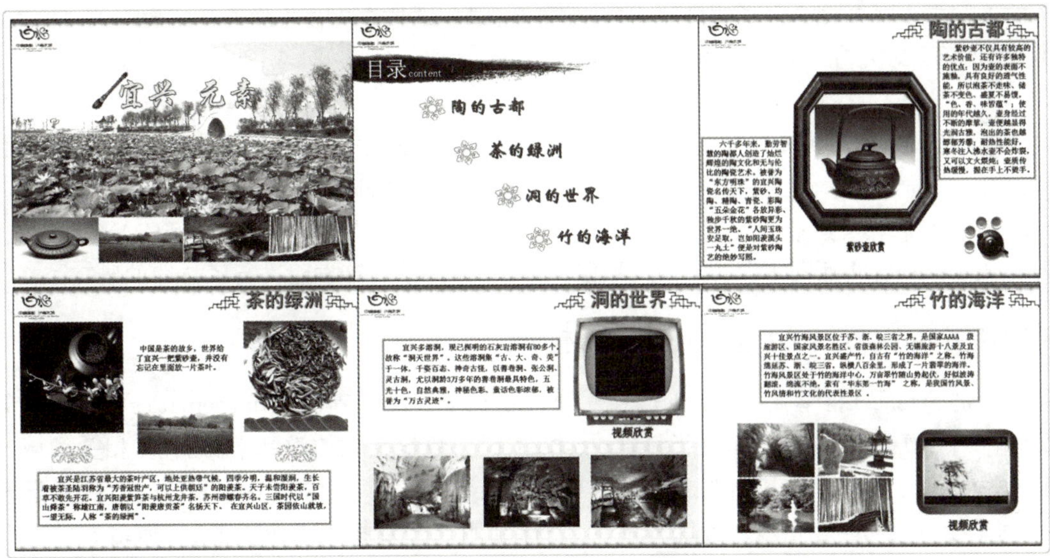

图 5

参考文献：

[1] 江苏省教育厅. 江苏省义务教育信息技术课程纲要：2017 年修订[A]. 南京：江苏省教育厅，2017.

[2] 赵春玲. 巧用错误，提高学习成效[J]. 江苏教育(小学教学)，2014(5)：63.

[3] 中华人民共和国教育部. 基础教育课程改革纲要：试行[A]. 北京：中华人民共和国教育部，2001.

STEM 教育促进初中生核心素养形成的案例研究

扬州市邗江区实验学校 夏 宇

摘 要：在"互联网+"时代，STEM 教育已成为世界各国科技创新人才培养和教育教学改革的重要战略和途径。笔者对所在学校初中生校园 STEM 空间构建、基于初中学生核心素养 STEM 课程建设、STEM 教育促进初中生核心素养发展案例进行研究，以期提炼出 STEM 教育促进初中生核心素养形成的经验，推动学校和区域 STEM 教育的改革与发展。

关键词：STEM 教育 核心素养 案例研究

"互联网+"时代，STEM 教育已成为世界各国科技创新人才培养和教育教学改革的重要战略和途径。《2017 中国 STEM 教育白皮书》的发布、"中国 STEM 教育 2029 创新行动计划"的启动助推了我国 STEM 教育和相关产业的发展。扬州市邗江区实验学校作为江苏省首批 STEM 教育试点学校，2017 年以来，在 STEM 师资培训、课程建设、资源建设、评价模式等方面进行了持续的研究。

一、初中生校园 STEM 核心素养的构成

STEM 是 Science（科学）、Technology（技术）、Engineering（工程）和 Mathematics（数学）的英文首字母缩写。STEM 教育源自美国，是指科学、技术、工程和数学领域的教和学。当前，相关领域的专家学者普遍关注 STEM 教育的基础理论研究与实践路径研究，尤其是关注在 STEM 教育、科学教育过程中，如何基于有效的问题情境设计课程活动、怎样利用与开发相关教育资源、如何培养学生 STEM 核心素养等问题的研究。

通过调查研究总结，我们认为初中生 STEM 核心素养主要包括以下 5 个方面（见图 1）：

1. 知识融通与应用。初中生能够将科学、技术、工程、数学等具体学科的知识融会贯通，形成对生产、生活及自然内在联系的综合性认识和理解，进而初步具有解决现实世界问题的能力。

2. 系统设计与创新。初中生能初步综合应用科学、技术、工程、数学等领域的学科知识和系统思维、批判性思维及优化迭代思维进行科学探究，初步完成 STEM 项目设计或产品设计。

3. 物化实践与表达。初中生借助于相关材料和工具，对需要解决的问题进行研究，或对方案进行物化，并在项目实施过程中进行较高水平的表达、交流、讨论与合作。

4. 文化体验与认同。初中生能感受科技文化的独特魅力，了解中国文化的特质、全球文化的差异和全球科研与制造业的布局，获得科技创新文化和 STEM 职业初步体验与认同。

5. 科学态度与责任。初中生能够尊重事实和证据，参与个人与社会事务的讨论，并做出理性解释和判断，能够坚持对真善美的追求，树立积极的生活态度，勇于承担社会责任。

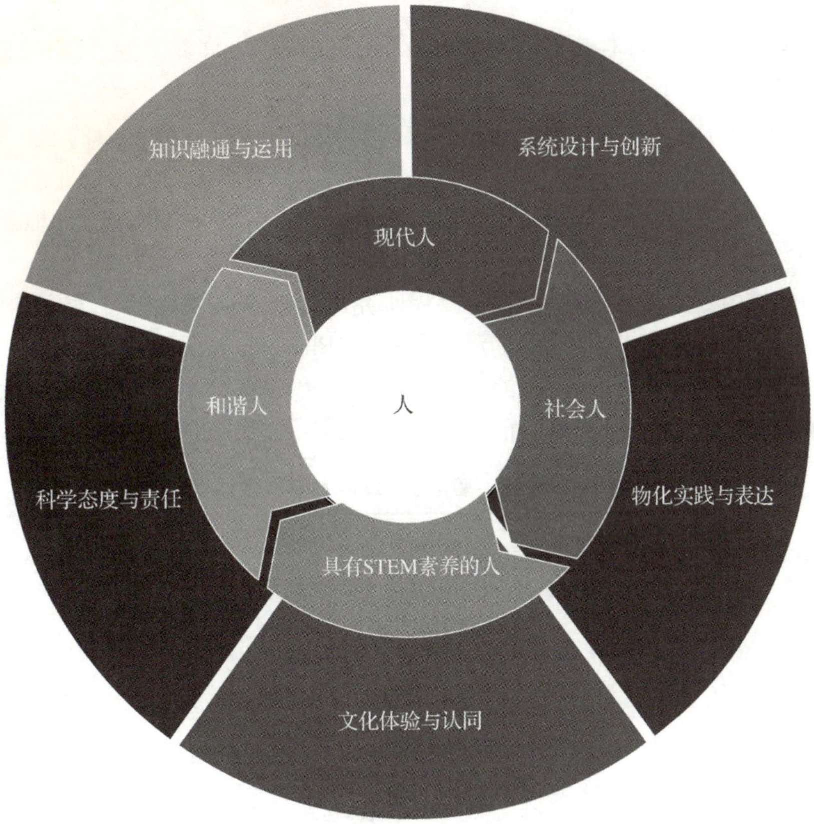

图 1　初中生 STEM 核心素养平面图

二、扬州市邗江区实验学校初中生校园 STEM 空间构建

STEM 强调将原本分散的四门学科内容自然组合形成整体。初中生校园 STEM 空间与传统的科学和数学教育环境不同的是混合学习环境。STEM 空间能够向学生展示如何将科技应用到日常生活中，同时教授学生计算思维，并专注于解决实际应用问题，以提高每个学生的核心素养为总目标。通过课程学习，学生能够对 STEM 领域产生学习兴趣，亲历 STEM 实践活动过程，从而提升 STEM 核心素养。

扬州市邗江区实验学校初中生校园 STEM 空间采用江苏电信的私密云数据服务，采用魔灯平台(Moodle)作为 STEM 课程管理平台，采用天闻 AiSchool 云课堂作为互动交流平台，采用 AVA 奥威亚录播系统作为空间视频资源整合平台，采用 V2 Conference 视频会议系统作为 STEM 空间远程协同平台。

在项目研究的 100 多个案例的基础上，我们总结得出在当前“互联网＋”时代背景下初中生校园 STEM 空间的混合式学习模型：(1) 问题与聚焦。结合 STEM 项目化研究目标，在师生共同体验真实的问题情境的前提下，提供丰富的资源和各类学习支架，让学生自主探究，并在空间课程管理平台发布项目，做好项目过程资料的收集与记录。(2) 调查与研究。师生共同提炼 STEM 核心问题，组织线上线下多种形式的交流讨论，在合作探究中解决问题。(3) 设计与制作。从学生的兴趣和需求出发，采用自主、合作、探究等学习方式，在拓展应用中解决项目研究目标，巩固深化所学。(4) 展示与表达。充分利用 STEM 空间所记录的学习行为和结果分析数据，进行数据支持下的综合评价，及时发布项目化的研究成果，展望项目的进一步发展前景。

三、基于初中学生核心素养的 STEM 课程建设

基于初中学生核心素养的 STEM 课程具有如下性质：跨学科的整合性；强调探究、设计和创造的

实践性;内容丰富的开放性。

《江苏省基础教育 STEM 课程指导纲要(试行)》附录中提供了许多案例,我们根据 STEM 研究的目标,制定了多个维度的 STEM 校本课程。

1. 结合我校“远程协同课堂流程再造和教学模式研究”“基于项目化学习的初中物理学习方式改进的实践研究”课题,开展 STEM 课程与中学数学、物理学科整合教学方面的研究。

2. 结合初中生综合社会实践、信息技术、数学、物理、化学、生物、地理,研究性地学习校本课程,进行 STEM 课程研究。

3. 结合初中生校内社团活动开展 STEM 课程研究,如:创客工场社团、比特实验室科技社团、信息学奥赛编程 C++社团、造型艺术社团、动漫制作社团、Photoshop 图像梦工场社团、创意手工社团、泥塑社团等等。按照 STEM 教育的要求,编写了项目化、可操作的校本课程方案,例如:邗江区实验学校 STEM 教育校本课程之“盒子里的魔块世界”(见表 1)。

表 1 邗江区实验学校 STEM 教育校本课程

课程		主要内容
第一单元	盒子里的魔块世界	科学:认识各类智能硬件,并了解其原理 工程:完成电路中输入、控制、输出部分的线路连接 数学:理解温度传感器的值与风扇转动之间的关系 技术:学会设置如果-逻辑模块的最大值及最小值
	编玩编学	科学:认识 Labplus、Mixly 编程软件 工程:学会简单电路的连接,掌握软件与硬件的连接方式 技术:利用 Labplus、Mixly 软件进行编程,达到利用温度传感器控制风扇打开关闭的目的
第二单元	灯随我动	科学:了解旋转电位器的工作原理 工程:掌握简单电路的连接 艺术:搭建合理美观的旋转彩灯 数学:利用 Labplus、Mixly 软件进行编程,达到利用旋转电位器控制 LED 灯带亮度的目的 技术:理解旋转电位器的值与 LED 灯带亮度值之间的关系
	追光者-光线刻度仪	科学:了解光线传感器和舵机的工作原理 工程:掌握电路的连接方法 艺术:搭建合理美观的光线刻度仪 技术:利用 Labplus、Mixly 软件进行编程,达到利用光线传感器控制舵机旋转角度的目的
第三单元	手动雷达	科学:了解直滑电位器和直流电机及其工作原理 工程:掌握电路的连接方法 艺术:搭建合理美观的手动雷达 技术:利用 Labplus、Mixly 软件进行编程,达到利用直滑电位器控制直流电机转速和方向的目的
	留言盒	科学:了解按键、分支模块和录放器及其工作原理 工程:掌握电路的连接方法 艺术:用装饰材料装饰留言盒 技术:利用 Labplus、Mixly 软件进行编程,达到利用按键控制录放器的目的
第四单元	水温杯垫	科学:了解温度传感器的工作原理 工程:掌握电路的连接 数学:学习区间的运用 技术:利用温度传感器控制 RGB 灯颜色的改变
	爆炸有“惊喜”	科学:了解触摸按键和振动马达的工作原理 艺术:合理美观的爆炸有“惊喜”的设计 技术:利用 Labplus、Mixly 软件进行编程,达到利用触摸按键控制振动马达的目的

续表

课程		主要内容
第五单元	快件防摔仪	科学：认识倾斜开关及其原理 艺术：搭建合理美观的造型 技术：利用 Labplus、Mixly 软件进行编程，达到利用倾斜开关控制蜂鸣器的目的
	惩罚大转盘	科学：认识直流电机的工作原理 艺术：设计合理美观的惩罚大转盘 数学：理解随机数的使用 技术：利用软件编程控制直流电机的转动
第六单元	大跌眼镜	科学：了解舵机的工作原理 艺术：设计合理美观的造型 技术：利用软件编程控制舵机旋转角度
	久坐提醒器	科学：了解超声波传感器的工作原理 艺术：设计合理美观的造型 数学：掌握编程中变量的使用 技术：利用软件进行编程，实现蜂鸣器在一定时长后发出响声

四、STEM 教育促进初中生核心素养发展案例

STEM 案例：婴儿护听小护卫

（一）问题与聚焦

活动 1：英语老师的小宝宝出生了，我们去看望一下小宝宝！刚出生不久的小宝宝和我们有什么不一样？

活动 2：在当下，有很多发声玩具的声音已经超过 80 分贝，而婴儿出生之后，听觉系统还未发育成熟，很多家长都忽略了这一点，导致小孩长大之后听觉受到影响。为了帮助他们在小时候避免此情况发生，大家一起来思考：如何为幼儿阶段的宝宝创造一个智能轻语的环境？

（二）调查与研究

活动 3：调查市场上可以买到的现有产品和可以实施的保护宝宝听力的方案。

活动 4：制作设计图纸，设计自己小队的“婴儿护听小护卫”。

（三）设计与制作

活动 5：婴儿用品材料需要注意什么？外观设计又需要注意什么？反复研究后制作外观模型。

活动 6：设计电路，选择传感器，反复测试设备功能到最佳状态。

利用盛思乐动模块制作一个护听提醒器。当声音过大时，LED 灯会发出红光提醒，并且录放器会播放“请降低音量”的提醒语，以提醒人们注意音量，减少噪声污染。卡通人物的外观设计，使项目作品具有美观和装饰作用。

（四）展示与表达

活动 7：给同学与家长介绍项目研究的成果，并请他们提出改进意见。

活动 8：经过再次改进后，在校园 STEM 科创节上展示自己的研究成果，在学校 STEM 空间课程平台上发布项目成果，并欢迎留言改进。

当前，我校 STEM 教育已经进入案例集中研究阶段。下一步，我们将积极探索如何拓展这一研究，推动学校和区域 STEM 教育的改革与发展。

参考文献：

[1] 余胜泉，胡翔. STEM 教育理念与跨学科整合模式[J]. 开放教育研究，2015(4)：13－22.

[2] 钟柏昌，张丽芳. 美国 STEM 教育变革中“变革方程”的作用及其启示[J]. 中国电化教育，2014(4)：18－24，86.

基于核心素养的小学创客教育实践研究

——以物联网创新设计作品“无人监管自习教室”为例

无锡市锡山实验小学 邱絮濛

摘　要：创客教育的浪潮席卷了整个教育界，各类创客教育项目层出不穷。但如何在“培养全面发展的人”的核心素养总框架下将创客教育与小学教学实践融合到一起，还有待探索。笔者以一个“物联网创新设计”实践案例为例，从信息意识、计算思维、数字化学习与创新、信息社会责任四个方面入手，解读基于核心素养的小学创客实践活动的实施过程。

关键词：创客教育　核心素养　信息技术

一、创客教育实践背景概述

培养创造力，全世界都在行动。美国1959年开始倡导激发学生的主动性以启发他们的兴趣；日本1977年明确提出要培养学生的创新能力，实施创新性的教学[1]。创客教育于2013年在中国兴起。随着教育信息化的推进，创客教育也日益受到关注与青睐。笔者所在的市、区学校，近年来也十分注重创客教育。学校为学生打造了创客空间，购置了3D打印机、无人机、VR、智能物联系统等设备，提供了很好的教学平台，同时注重本校教师的各类培训，结合专家指导，将各类活动开展得有声有色。

在实践起步阶段，既要培养学生的核心素养，又要展现实践的成果，实施过程中难免遇到困难，下面就基于一个实践案例，阐述实施的过程。

二、实践案例

（一）案例开展背景

“开源硬件编程”兴趣小组的成员飞飞同学，在物联网课程氛围的熏陶下，产生了这样的想法：

“有一次周末妈妈带我去图书馆学习，我看到那里的哥哥姐姐叔叔阿姨自习时都非常安静，联想到平时在学校里的自习，也应当不需要老师看着，这样可以从小培养我们自律的好习惯。希望做出一个不用让老师一直在场‘看着学生’的自习教室。”

于是，在老师的指导和同学的帮助下，他进行了一系列活动。

（二）实施过程

1. 构思功能

结合手头现有的模块，和想要实现的功能，他做了如下的计划：

① 有些同学自律能力不强，爱说话，我想用一个声音模块，监测教室里的声音，如果太响，让语音模块提醒我们安静。

② 还有的同学可能以去洗手间为借口多次出教室，我就想给每位同学配一张卡，刷卡进出。

③ 还能设置一些十分实用的功能：根据教室亮度自动开关灯、根据温度自动开关电扇。

④ 另外，老师还给我介绍了“物创云”平台。有了它，班主任老师就可以在手机或者电脑上看到教室里实时的音量、出入情况，便于管理班级！

2. 配置模块

① 连接模块；② 设计程序；③ 测试程序。

3. 外形设计

飞飞同学在搭建课桌椅时联想到可以用 3D 打印来完成，于是联合了 3D 打印小组的小嘉同学一起设计。教室的地板、围墙使用瓦楞纸(V1.0)。后来发现瓦楞纸在运输、携带时，都不方便，于是改用了 PVC 板材重新搭建(V2.0)。

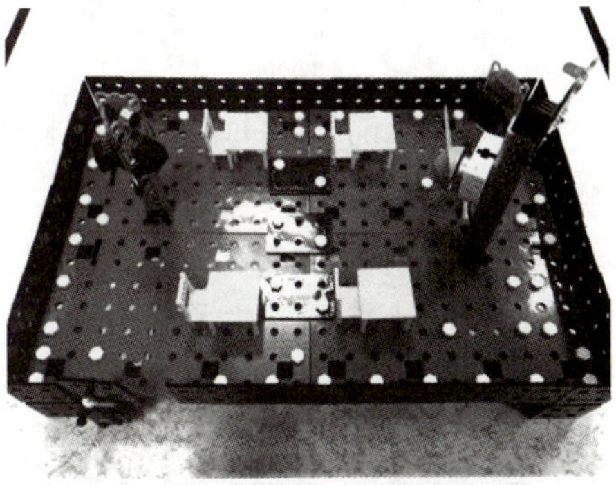

图 1 “无人监管自习教室”V2.0

4. 数据收集

两位同学在飞飞所在的四(8)班与小嘉所在的五(1)班开展了长达一个多月(大多是周二)的声音数据采集。为了弥补 Wi-Fi 和 2 G 通信模块不稳定的缺点，还加入了人工检测。中午有时有老师来讲一些事情，语音播报“保持安静”有些影响课堂，所以使用了红灯提醒。带进教室的是一个简化版本：

他们和老师一起设计了这样的表格，用来整理数据：

午自习音量监控

班级：四(8)

时间		分贝	报警次数	进出次数
5月9日	11:50	76 58 90 88	94 下课×	9
	12:05	52 50 50 56	86 3	
	12:20	58 120 78 94	120 2 下老	
	12:35	90 96 100 116	92 师讲话	

图 2 午自习音量监控记录表

教室午自习音量监测

时间\分贝\地点		四(8)	五(1)	四(8)	五(1)	进出次数	
3月6日	11:50	93	78				
	12:05	49	77	7	3	0	4
	12:20	48	55	4	6	5	0
	12:35	53	44	3	3	1	5
3月13日	11:50	87	74				
	12:05	48	54	5	5	2	3
	12:20	30	34	2	4	3	4
	12:35	45	32	2	1	5	0
3月20日	11:50	76	95				
	12:05	35	57	4	3	2	0
	12:20	28	68	3	5	1	3
	12:35	34	49	2	1	2	3
3月27日	11:50	34	87				
	12:05	38	68	4	3	4	5
	12:20	53	28	3	2	0	3
	12:35	32	49	1	2	0	2
4月3日	11:50	71	56				
	12:05	64	40	4	3	5	2

图 3 午自习监控汇总表

制成折线统计图：

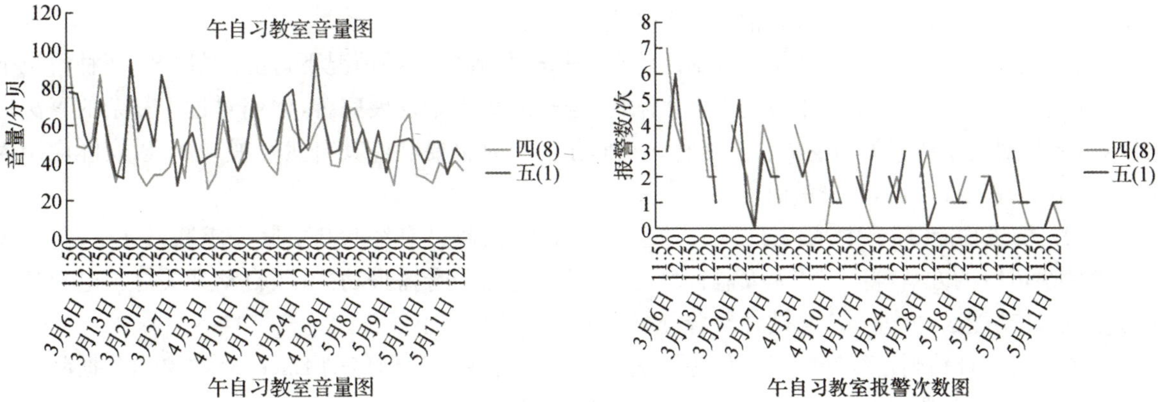

图 4 午自习监控统计图

结论见“(四) 成果及影响”。

5. 遇到的问题

① 通信模块经常信号不稳定，给收集数据带来了很大难度，后来索性人工看着 OLED 显示屏记录。

② 声音模块的灵敏性差别也很大，有的数据波动很大，有的相对稳定。我们一开始设置的超过 40 分贝报警，教室里其实挺安静的，但 15 分钟能报五六次警，后来把报警值分别提高到 50、60、70 分贝来解决这个问题。

③ 带着板子进教室总会引起围观，所以做了简化版，尽量低调。

（三）特色与创新

飞飞同学说，如果每个班级都配有这样一个设备，老师从网页或者手机上查看、对比数据，那我们就可以轻松地评选出“纪律之星”“进步之星”，并且逐渐培养出我们的自律能力。

（四）成果及影响

根据统计数据，产生了这样的结论：

①一开始使用语音播报“保持安静”，容易引起同学们议论和模仿，效果不理想，几次过后，同学们开始逐渐适应，能够在提醒后安静下来。

② 一般来说，五年级比四年级的自律能力更加强。但是四(8)刚好是四年级中纪律最好的班级，而五(1)是五年级当中相对不容易安静下来的班级，这从收集的数据中也能看出来。

③从折线图的走势发现，在使用了这个系统以后，同学们的自律性有一定的提高。

希望能将这个设备运用于每个班级中，实现自习教室的物联管理之梦。

三、基于核心素养的解读

（一）信息意识

信息意识是信息素养的重要组成部分。学生信息意识的培养不可能一蹴而就，需要教师不断地建构学生信息意识发展的环境，让学生了解和熟悉信息技术在实际生活中的广泛应用，从而在生活体验和感悟中逐渐培养信息意识。上述案例“4. 数据收集”环节中，教师引导学生在所在班级中进行数据收集与整理，在一小时的午自习时段中，取了自习开始前、刚开始、中间点、结束时四个时间点，进行采样。这四个时间点更具有代表性，可以说明教室里学生的自习状态随时间推移的变化，也便于后期得出结论。

（二）计算思维

计算思维不是要求人们模仿计算机进行思考，而是掌握当人们想要利用计算机解决问题时所采用的过程和方法。2013 年，南安普顿大学的辛西娅・塞尔比博士和约翰・伍拉德博士提出的计算思维包括算法思维、评估、分解、抽象、概括这五个方面的要素。

配置模块、编写程序时，无疑需要清晰的流程、思路，如确定何种情况下灯亮、风扇开，何种情况下语音模块播报等等。对于中高年级的小学生来说，逻辑思维尚未发展完善，他们对过于复杂的算法理解困难，但是对与生活相关的逻辑易于理解。我们在引导时也要顺应其自然发展规律，以实际应用为主，适宜地训练思维、培养算法意识。

在“1. 构思功能”环节中，学生已经通过逻辑思维加工，将已有经验与实际需求联系在一起，初步形成了一个可行的方案，将一个“无人监管自习教室”分解为语音播报功能区、自动开关灯与电扇功能区、进出统计功能区，再进一步与硬件配合分解为更细致可行的小任务。

抽象、概括、评估则在统计数据转化为图表中得到了体现。我们借助 Excel 将抽象的数据制作成更加直观的折线图，从而便于学生对收集到的数据进行概括与评估。

（三）数字化学习与创新

“互联网＋教育”的时代已经来到，教师要引导学生认识到数字化学习环境的优势和局限，指导学生运用数字化学习工具开展自主学习、协同工作与知识分享，引导学生积极参与数字化学习与创新活动，适应数字化学习环境，养成创新的习惯。

飞飞联合小嘉同学，运用3D打印技术将模型教室中的微型课桌椅通过3D打印机变为实物，虽说技术难度不高，却也是创新的体现，能够将脑海中的想法非常适宜地转变为计算机中的图形与数字表达，进一步实物化，大大提升了学生的动手能力与主动设想、主动参与的信心。

（四）信息社会责任

《江苏省义务教育信息技术课程纲要（2017年修订）》中指出："应注重学生对信息社会道德、信息文化的感悟与内化，引导他们形成积极的信息社会责任意识，养成利用计算机和网络进行学习的良好行为习惯。"

飞飞的作品思路来源便体现了"信息社会责任意识"，运用所掌握的知识、信息社会的手段，帮助同学、老师更好地监管自习教室的纪律；在用模型收集数据时，也考虑到了尽量降低对正常教学秩序的影响……这些都是潜移默化的信息社会责任意识的体现。

四、结语

总之，小学创客教育的探索和研究对于教育来说，既是机遇，也是挑战。小学创客课程的设计和开发会给教育带来新的生机与活力。创客课程的不断开发和发展对培养具备核心素养的学生、对教育改革和发展都有一定的积极意义。而如何进一步基于核心素养去设计开发更加成熟的课程，从而去推广普及创客教育也是我们每一个创客教育工作者为之努力的方向。

参考文献：

[1] 刁世昌. 走进物联世界：NOC物联网创新大赛参赛札记[J]. 中小学数字化教学，2018(2)：93－94.

图形化编程与C＋＋代码语言互动教学例谈

丹阳市华南实验学校　姜木根

摘　要:C＋＋代码对抽象思维的要求高,小学生C＋＋语言教学难度较大,而Scratch软件是可视的图形化编程软件,通俗易懂,学生有较高的兴趣。笔者利用Scratch编程和C＋＋语言进行对比教学,提高学生学习C＋＋语言的教学效果,把抽象思维转化为形象思维,让学生的程序学习实现从感性认识到理性思维的飞跃,用Scratch图形化编程与C＋＋代码编程语言实现互动教学,从而增强学习效果。

关键词:感性　理性　形象化

丹阳市华南实验学校是江苏省中小学生信息奥赛基地学校,参与信息奥赛培训和学习的学生很多。我们也利用这一优势,积极开展了小学生C＋＋编程社团等活动。

从内容来看,信息学编程是通过计算机去解决一些数学问题,主要训练学生的数学算法和程序设计能力。C＋＋语言作为一门编程语言,有很多优点,如有严谨的结构、很强的逻辑性,它是一种结构化程序设计语言,能有利于培养学生的编程思想和逻辑思维能力。但由于小学生身心发展的特点,他们对抽象思维的掌握有一定的难度。

笔者在辅导C＋＋程序设计社团教学中,发现学生对代码的使用不容易掌握,逻辑思维能力难于顺利形成,程序算法设计困难较大,如果学习形式单一,学生兴趣不浓,难以达到预期的效果。

Scratch编程最大的优点是把编程图形化,易于理解,可采用拖曳、组合的方式来设计程序,能及时把我们的创意思考呈现出来,让学习变得更有趣味、更轻松,学习效果也更理想。

通过思考和实践,我把C＋＋语言中难于理解的部分通过Scratch编程对比教学,帮助理解,取长补短,让抽象思维转变成形象思维,让程序直观化,促进学生对程序知识的理解和接受。

一、用Scratch迷宫游戏程序,引导C＋＋语言基本结构学习

C＋＋程序设计主要有三种基本结构:顺序结构、分支结构和循环结构。顺序结构比较直观,按照从上至下的顺序执行,比较好掌握;但分支结构较抽象,学生不容易理解。在教学中,笔者用Scratch设计游戏帮助学生进行学习,见图1。

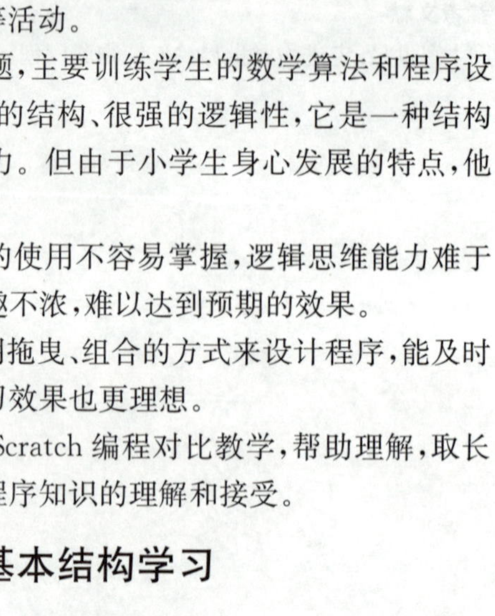

图1

我先把游戏程序发给学生,让学生自己玩一下,再谈谈体验。

学生通过试玩发现只能沿着①→③→⑤线路走才能成功。如果碰到游戏中的障碍物就会出现一种结果,如果没有碰到就会一直走,如果顺利通过就会庆祝成功,如果碰到黑色

的边线就会回到原点。

教师引导学生理解路线图：小猫从起点到终点的路线有时只有一条，但行进过程中有时路有好几条，在每一个分岔口，都要进行选择，只有选择正确，才能到达终点。小猫在走迷宫的过程中要不断进行判断，像这样的程序设计就可以采用“选择结构”，也被称为“分支结构”。

而在 C++语言中我们可以用“if(条件表达式)，then 语句 1，else 语句 2”语句来实现。

图 2 是 Scratch 程序与 C++程序语句，可以很好地帮助学生理解。

图 2　Scratch 程序与 C++程序语句

通过两种图形对比，让学生知道“if(条件表达式)，then 语句 1，else 语句 2”的意思是“如果条件成立，执行语句 1，否则就执行语句 2”，这样可以帮助学生正确理解，学习效果也好了。图 3 是学生设计的模拟机器人沿线走程序。

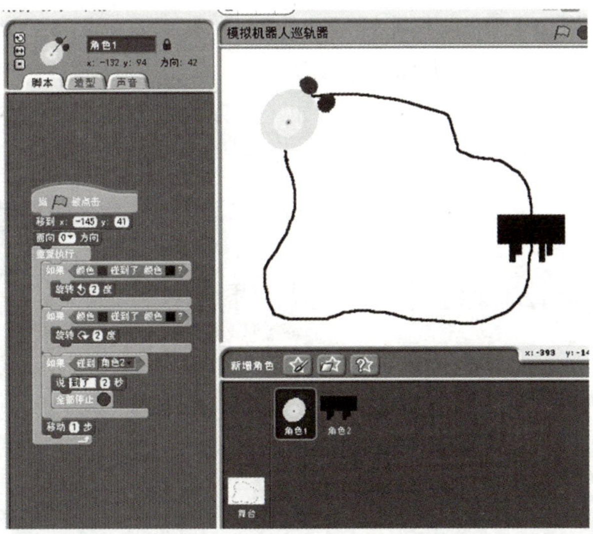

图 3　模拟机器人沿线走

二、用 Scratch 设计交换变量程序，助力理解 C++语言中的复合语句

C++语言中的复合语句是以“{”开始，以“}”结束，中间可以包含若干个语句的语句组。为了帮助学生理解和认识，笔者用 Scratch 设计比较两个数的大小，输入两个数，将大的数暂存在变量 a 中，小的数暂存在变量 b 中。学生在学习 C++语言时初次接触这种复合语句，容易搭错，于是笔者借助 Scratch 程序图和 C++代码图进行对比，帮助学生理解，见图 4。

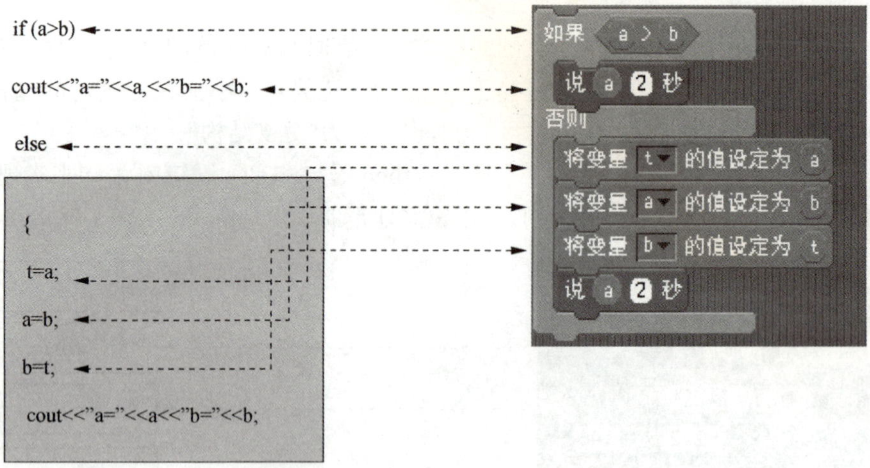

图 4　Scratch 程序图和 C＋＋代码图

从图 4 对比可以看出，C＋＋语言中的各个语句和 Scratch 中的各语句一一对应，比较方便理解。

三、灵活运用 Scratch 循环结构，增强 C＋＋程序循环结构效益

循环结构在编程学习中是非常重要的知识，它有三种方式，即 for、while、do while，是 C＋＋语言教学中的一个重点，也是一个难点。为了更好地学习循环结构，我从童话故事入手，先提高学生学习的兴趣，再在程序中用顺序结构和循环结构进行对比学习，启发学生对重复执行的问题学会利用循环的方式进行解决。如遇到像累加求和、求积等较复杂的问题时，就要利用循环结构，学生初次接触时很难理解，笔者借助 Scratch 软件从以下几方面着手解决问题。

1. 用 Scratch 程序建立直观的程序助理解。如一百以内的累加某数值求和，笔者用 do 循环语句的 C＋＋代码和 Scratch 程序对比进行教学，见图 5。

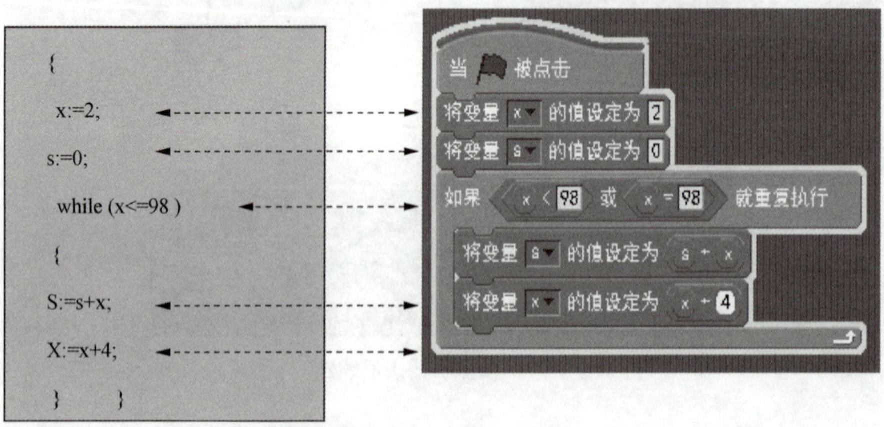

图 5　do 循环语句的 C＋＋代码和 Scratch 程序

参照图形化的 Scratch 程序，帮助学生理解 C＋＋程序中 do 循环是先循环后判断，“While(x＜＝98)”相当于 Scratch 语言中 

，这样就可以加深学生对条件语句的认识。接着笔者再继续带领学生利用对比的方法学习。如果条件满足（即为真），重复执行循环后面的语句；如果条件不满足（即为假），当型循环结束，执行 while 后面的语句。这样程序就会不断重复运行，在程序中 x 每次加 4，s 每次把计算结果进行累加。X 是步长计数器，S 是求和累加器。利用形象直观的积木脚本与抽象的文本脚本进行对比便于学生理解学习，这样学生对循环结构就有了初步的感

性认识,就可以顺利地学习更多更深的循环结构知识。

2. 利用表格和程序设计流程图帮助学生学习循环结构知识,见表 1、图 6。

表 1　表格记录算法的实现

x	2	6	10	14	18	…	98
s	2	8	18	32	50	…	1 250

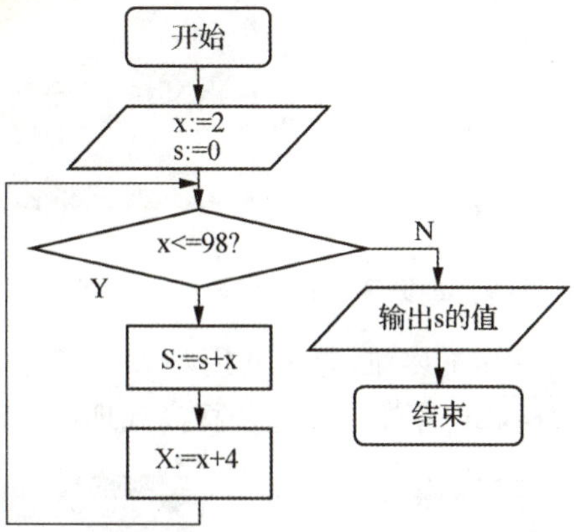

图 6　流程图引导算法实现过程

3. 上机验证两种软件所编写程序的正确性,见图 7、图 8。

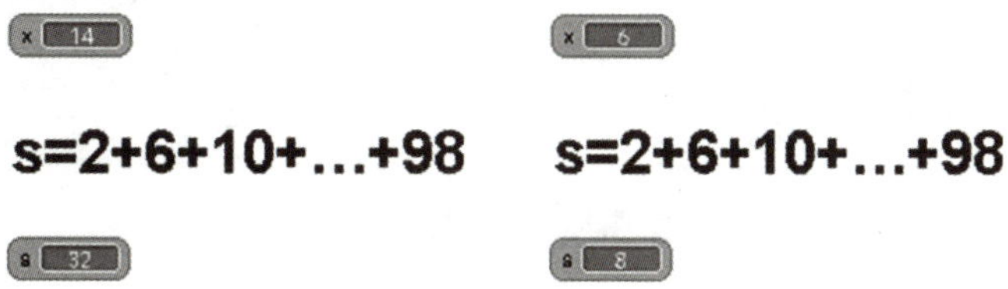

图 7　用 Scratch 程序进行验证

```
#include<iostream>
using namespace std;
int main()
{
    int x,s;
    x=2;
    s=0;
    while (x<=98)
     {s+=x;
      x+=4;
     }
     cout<<s;
     return 0;
}
```

```
C:\Users\Administrator\Desktop
1250
--------------------------------
Process exited after 0.3084 s
请按任意键继续. . .
```

图 8　用 C++程序进行验证

从直观形象的图形化程序,再到 C++代码程序的编写,通过上机验证,把抽象的思维加以形象化,使感性的认识上升到理性的思维,使学生的编程能力得到正常的发展。

这样,C++语言中 do 循环(do while)语句也可以用同样的方法来实现,见图 9。

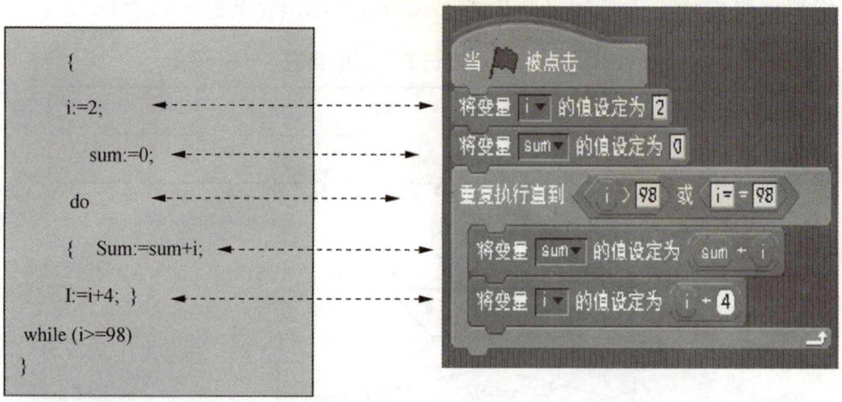

图 9 do 循环 C++与 Scratch 对照图

小学生学习计数 for 循环也有一定的困难,笔者使用 Scratch 软件编好的程序,帮助学生能从形象思维上升到感性的认识,再利用表格和程序流程图逐步提高到理性的理解,见图 10、图 11、表 2。

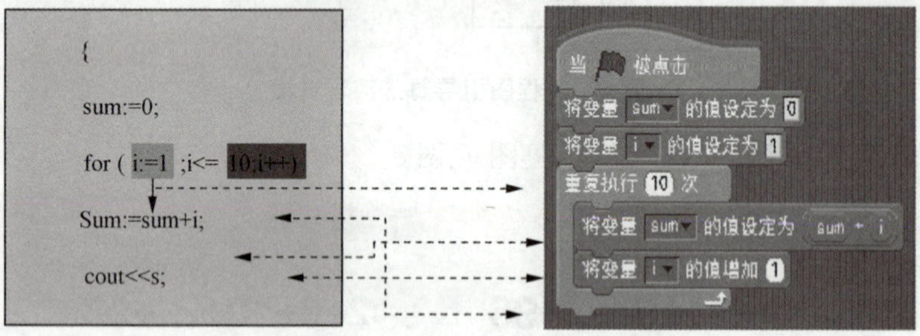

图 10 计数循环 C++与 Scratch 对照图

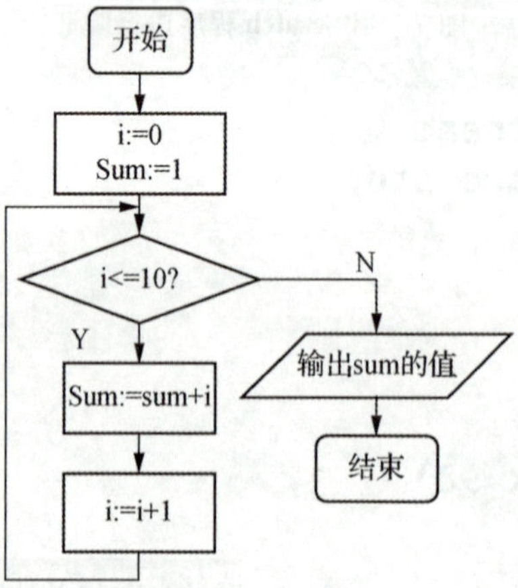

图 11 流程图引导算法实现过程

表 2 表格记录算法的实现

i	1	2	3	4	5	6	7	8	9	10
sum	1	3	6	10	15	21	28	36	45	55

通过对比的学习方法,两种编程方法相互促进,使学生的编程能力得到很大的提高和发展。

4. 巧用模块迁移知识，加深C++函数等知识程序模块的理解。程序中的较长的代码可以采用模块化的子程序，也就是把一个大程序分解为若干个模块，有一个模块作为主程序模块，其余为子程序模块。在程序运行时，主程序可以调用子程序，这样的程序容易编写，具有很强的可读性。为了讲清楚这个问题，笔者借助Scratch中制作新的积木这一功能编写了一个哥德巴赫猜想的程序来帮助学生学习C++语言中函数类的知识，见图12至图15。

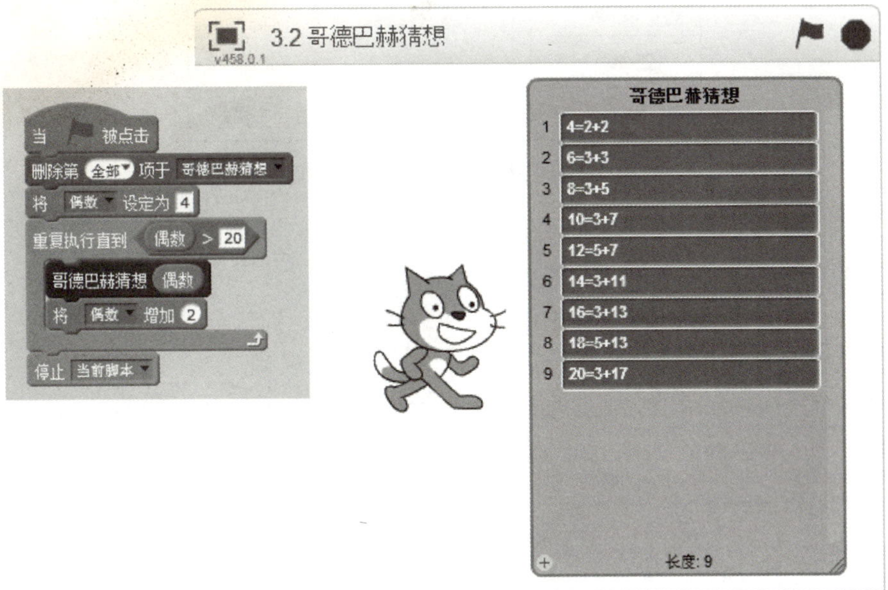

图12 主程序

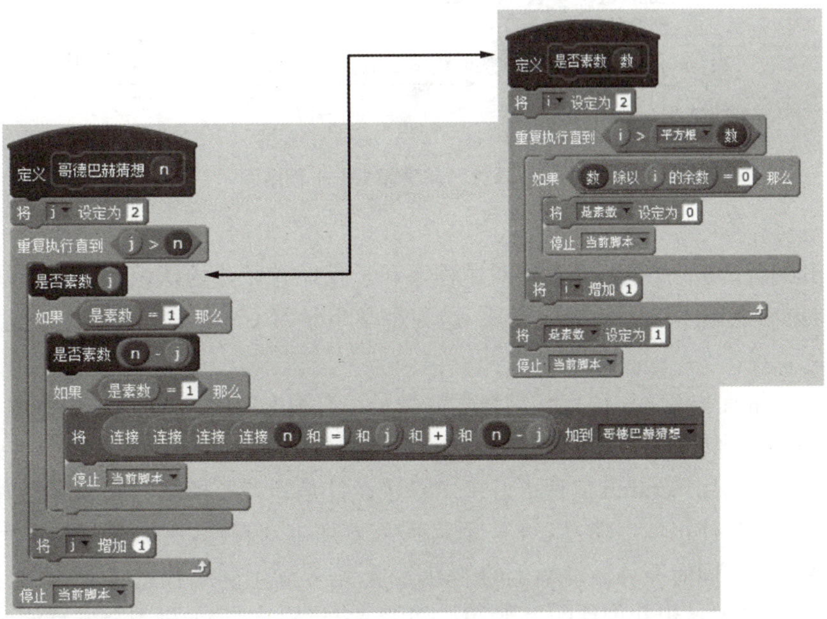

图13 子程序

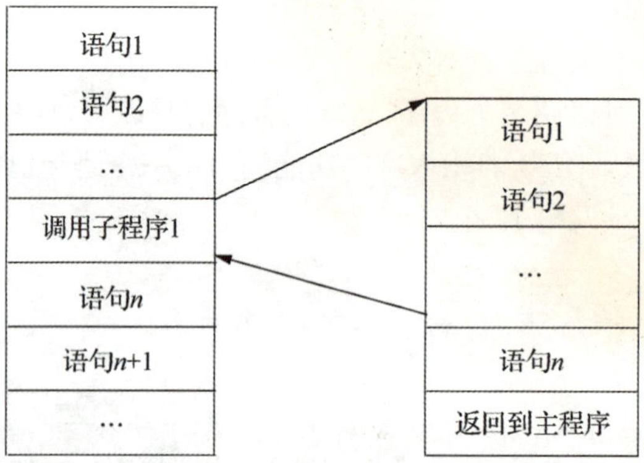

图 14　分析主程序模块调用子程序模块过程

```
#include<iostream>
using namespace std;
int sushu(int x)
{
   if(x<1) return 0;
   if(x==2) return 1;
   for(int i=2;i<=x-1;i++)
     if(x%i==0) return 0;
   return 1;
}
int main()
{
   int i,j;
   for(i=4;i<=10;i+=2)
   {
     for(j=2;j<i;j++)
       if(sushu(j))
         if(sushu(i-j))
         {
           cout<<i<<'='<<j<<'+'<<i-j<<endl;
           break;
         }
     if(i==j) cout<<i<<"验证失败！"<<endl;
   }
   return 0;
}
```

函数程序块

调用函数子程序

图 15　哥德巴赫猜想 C＋＋程序图

利用 Scratch 编程的分解模块，让学生对主程序和子程序有充分的认识，实现主程序调用子程序、子程序在运行结束后返回主程序的程序模式，这为小学生学习 C＋＋语言中函数与过程知识打下了基础。

用 Scratch 趣味编程与 C＋＋语言互动教学的例子还有很多，如 C＋＋语言中数组、递归等都可以与 Scratch 编程进行互动对比教学。虽然 Scratch 编程在游戏与动画设计方面有着很强优势，但在算法设计上还不够灵活，利用 Scratch 编程更好突出算法设计是笔者要探究的问题。笔者相信两者融合的深度还可以更进一步，使小学生学习 C＋＋语言编程更加生动有趣，更加充分体现小学编程学习的趣味性、实践性、探究性，同时充分激发学生的学习潜能，培养学生的编程思维能力，化抽象为形象，使学生对编程有一个感性的认识和理性的思维，为学生将来计算机编程的学习奠定良好的基础。

聚焦 Scratch 编程，向计算思维纵深处漫溯

张家港市合兴小学　汤丽娟

摘　要：周以真教授于 2006 年首次提出计算思维是运用计算机科学的基础概念进行问题求解、系统设计以及人类行为理解等涵盖计算机科学之广度的一系列思维活动。Scratch 编程，以计算思维为基础，也是培养计算思维的载体之一。本篇借助“植物大战僵尸”编程片段阐述了学生利用 Scratch 软件进行编程的过程，有效促进了学生计算思维的发展及深化。

关键词：

随着创客教育的兴起，计算思维的培养策略已经引起了越来越多教育者的关注，它作为一种高层次的思考方式，与 Scratch 可视化编程为代表的程序设计开始走进了小学信息技术课堂。本文将借助“植物大战僵尸”编程片段，追踪学生计算思维的发展。

一、游戏引领+任务分解，催生计算思维萌芽

分析小学生的年龄特点可以发现：在电脑操作中，学生喜欢的是游戏，而不是严肃的任务。面对这种情形，调动学生学习的积极性成为 Scratch 教学的首要任务。而打砖块、走迷宫、小猫捉老鼠、植物大战僵尸等耳熟能详的小游戏，都能在较短时间内紧紧抓住学生的兴趣点。以“植物大战僵尸”为例，从整体上看，学生对此游戏比较了解，但是让他们在短时间内编程，实现游戏的目的是不可能的，而且还可能会让他们出现畏难情绪。如何再次激发学生思维的火花，并且引导学生统筹编程的思想？先细节再整体的思想对小学生而言是一种有效的方法。在程序的编写中，背景、角色、脚本的思想一直在学生头脑中盘旋，我们就从这个角度出发，将“植物大战僵尸”的任务进行分解，抽丝剥茧，层层深入，如：背景如何变化，角色的个数、动作的变化及各角色与背景的关联……经过这一阶段的任务分解、规划，梳理各对象之间的逻辑关系，虽然学生对游戏的编写仍然有些混乱，但是学生从问题出发，抓住细节、分解任务的思维已在脑中生根发芽，实际上也就是给自己武装了解决问题的技能。

二、语言描述+思维导图，搭建计算思维框架

面对完全在信息化环境下成长起来的“原住民”，学生获取信息的渠道发生了巨大的变化，相应地，教师对学生的学习方式的关注点，也应发生改变：由学生需学会什么，逐步转向引导学生如何去学习。简单来说，在程序的编写中，不应仅仅让学生处于模仿操作的层面，而是应帮助学生形成良好的计算思维。设计作品之前，自然语言的描述为程序的编写提供了框架，思维导图则让思维更加清晰、有条理。两者的有效结合，不仅理清了程序编写的过程，更让思维过程有据可循。比如在分解任务的基础上，以“开始按钮”这个角色为例，我们需要详细地描述出角色所需承担的任务，整体上可以分为三个部分：初始化、动作的变化及当接收到游戏开始后的一系列行为，见图 1。在描述中，我们的脑海中会呈现这个

角色的具体职能，但是语言的描述可能有些累赘，精细化的工作可以让思维导图来完成。抽象的概括、清晰的思维、具体的规划，让学生对作品的设计有了进一步的理解，完善了学生对计算思维的表达，为计算思维框架的搭建奠定了良好的基础。

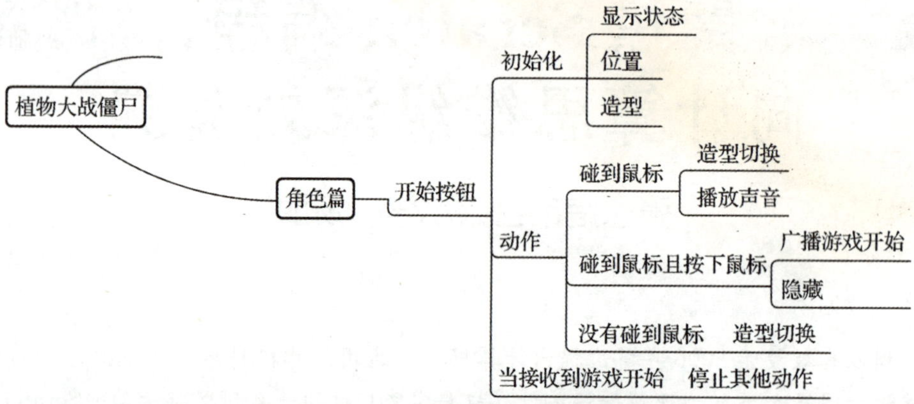

图 1 “开始按钮”任务分解思维导图

三、流程图十脚本搭建，呈现计算思维策略

流程图是指以特定的图形符号加上说明表示算法的一种图示技术，它是计算思维的一种具体表现形式。同时，它也是自然语言与编程语言的桥梁，便于学生对语言进行理解，并利用结构化思想规划解决问题，为脚本搭建奠定坚实的基础。仍以上述过程为例，在与学生共同理解程序，画出思维导图的基础上，开始着手规划程序的搭建。虽然思维导图让人思维清晰，但是覆盖的内容及细节还有待进一步提升。如在思维导图中，涉及三个判断语句，判断语句其实应与重复命令结合起来使用，但是在思维导图中并未直接体现，这样学生直接利用思维导图搭建程序就会出现问题。那么，怎样为学生的程序搭建再垫一个上升的台阶，让学生的学习更加合理高效？在与学生的探讨中：学生发现判断的三个分支，只要满足其中一个分支就执行相应的程序，而其他程序不执行，也就是说他们处于并列结构。此时的流程图（见图 2）犹如一块有效提升的垫脚石，用直观形象的流程引导学生发展结构化思维，让学生清晰地理解分支结构；而且流程图展示了程序执行的步骤，直观呈现了思维的策略，从而让 Scratch 脚本搭建水到渠成。

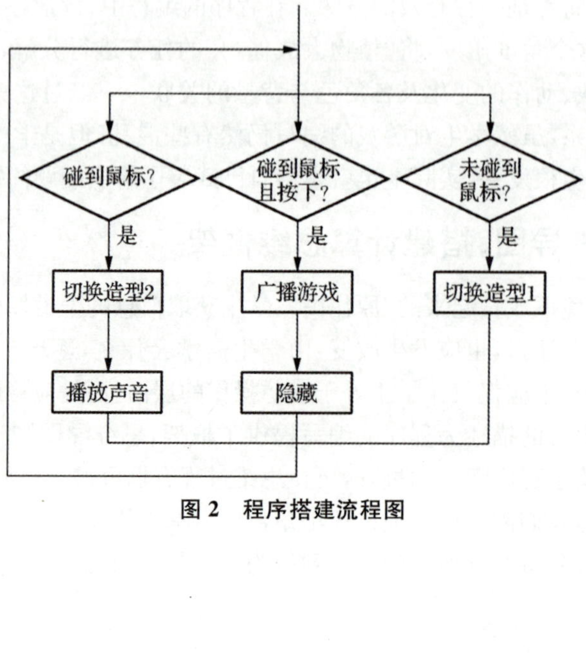

图 2 程序搭建流程图

四、作品展示十多维评价，提升计算思维理念

展示学生作品，开展评价交流，是计算机教学不可缺少的重要环节，它能让学生再次回顾学习过程，巩固对知识的理解并在此基础上提升。如何评价才能让这个环节达到实效，甚至高效？信息技术教学无标准答案的特殊性，决定了信息技术教学评价的多面性。个人评价、小组评价、教师评价是课堂上常用的评价方式，具体操作起来也呈现多样性。仍以“植物大战僵尸”为例，由于游戏的教学是在整体分析的基础上展开研讨，所以大部分学生的作品大同小异，但是小小的点缀、不同的命令组合、造型的变化……这些看似微不足道的“小异”也会发出其耀眼的光芒。为了激励学生展示及表达的积极性，激活学生学习的原动力，本次创作设置了个人荣誉奖（“创作奖”“创新奖”）、小组荣誉奖（“伯乐奖”）。具体操作流程如下：首先，由小组推选出展示作品，如果在后面总体评价中能够获得个人奖，那么所在小组也将被评为“伯乐小组”；其次，采用自我评价与他人评价相结合的方式，开展对话式评价，作品创作者围绕主要特色展开说明，其他学生可以提出反驳意见或补充意见，并对相应作品进行评分，有新观点产生并能达成作品实现的也可以获得个人荣誉奖；再次，教师作出评价，既要点出作品特色，又要有总结，并给学生投上相应的一票；最后根据三者评价，评选出各类奖项。在这一系列的评价中，思维的交流碰撞又激活了学生新的思维，提升了解决问题的理念，让他们产生了继续完善作品、创新作品的信心。

综上所述，可以发现编程与计算思维的发展相辅相成，二者互为助益，形成了“我中有你，你中有我”的关系。Scratch 编程以计算思维为基础，计算思维又引领学生破解问题，形成创新的编程方案，并随着 Scratch 课程的深化，不断向计算思维的纵深处漫溯。

参考文献：

[1] 陆熠. 基于计算思维的小学信息技术课教学策略：以“算法与程序设计”模块为例[J]. 教学月刊（小学版），2019(1)：75-79.

[2] 李建英，李春艳，马倩，等. 基于计算思维理念的中小学 Scratch 编程校本教材开发与应用[J]. 办公自动化，2019(2)：61-62.

STEAM 教育理念下对物理实验教学的思考

——以摩擦力实验教学为例

常州市高级中学分校 王 鹤

摘　要:本文以摩擦力实验教学为例,探讨了基于 STEAM 教育理念的物理实验教学目标,并按照这一流程——传统实验教学,发现不足、猜想原因,然后讨论交流、寻求帮助,接着选定新实验器材、制定新实验方案,最后进行实验、总结与交流,设计了 STEAM 教育理念下的物理实验课堂,最后总结了 STEAM 教育理念下物理实验教学设计的优缺点。

关键词:STEAM 教育　物理实验教学　摩擦力

STEAM① 教育起源于美国,提倡传授给学生跨学科知识,注重对新兴教育设备和技术的有效利用,鼓励学生以完成项目的形式学习,旨在培养学生创新、解决问题、沟通与协作等能力。其教育理念契合中国的素质教育,但美国基础教育的薄弱科目是数学和科学,它想通过 STEAM 教育增加中小学生学习数学和科学的时间,而中国基础教育最缺失的是技术和工程②。实验作为物理学科的基础,它重在考查学生动手和解决实际问题的能力,与 STEAM 中的技术(T)和工程(E)的教育目的遥相呼应。

另外,教材一般略过讲解使用现代技术的实验,若要利用现代技术进行实验,学生没有标准答案可参考,从实验器材的选取到实验方案的确定再到实验操作,每一步都是学生探索未知的过程,这样的学习更加接近科学家经历的科学探究,也契合物理核心素养的培养目标。所以,本文以实验为出发点,对 STEAM 教育理念下的物理实验教学设计进行探讨。

一、STEAM 教育理念下的物理实验教学目标

2013 年《理解整合性 STEM 教育:国家研究报告》的统计显示,美国中小学整合性 STEM 教育项目的教学目标主要由以下任意一项或多项内容组成:培养 21 世纪新技能,增加学生对 STEM 领域的兴趣,提高学生 STEM 课程的成绩,促进学生对技术、工程和科学过程的理解③。

结合物理核心素养和 STEM 最新版本 STEAM 的含义,对 STEAM 教育理念下物理实验教学设计中目标的设置有以下阐述:在物理观念上,促进学生学习跨学科知识;在科学探究上,学生能够设计出解决问题的工程,即能确定选择哪种技术、选择什么样的器材、设计什么样的实验装置;在科学思维上,培养学生对不同观点和结论敢于质疑和批判,并能进行检验和修正,最终提出创造性见解的能力和

① STEAM 中的每个字母分别对应科学、技术、工程、艺术和数学。

② 仲娇娇. STEAM 教学活动设计与应用研究[D]. 上海:华东师范大学,2018:23.

③ 杨亚平,陈晨. 美国中小学整合性 STEM 教学实践的研究[J]. 外国中小学教育,2016(5):58 - 64.

品格；在科学态度与责任上，要培养学生求真务实的科学态度和良好的合作精神等[①]。STEAM 教育理念下的物理实验教学目标具体阐释如表 1 所示。

表 1　STEAM 教育理念下的物理实验教学目标

项目	科学(S)	技术(T)	工程(E)	艺术(A)	数学(M)
物理实验教学	理解物理概念、原理和规律等	会用计算机等现代科技	能选择、组装和操作器材	掌握一定的合作和语言等艺术	能够处理实验数据
摩擦力实验课堂	明白摩擦力的定义及可能影响摩擦力大小的因素	会用电脑搜集信息、处理数据	能选择、组装和操作摩擦力实验器材	能顺利地讨论与交流	能发现支持力与摩擦力的关系

二、STEAM 教育理念下的物理实验教学过程

基于 STEAM 教育理念，下文将按照“传统实验教学—发现不足、猜想原因—讨论交流和寻求帮助—选定新实验器材、制定新实验方案—进行实验、总结与交流”的流程设计 STEAM 教育理念下的物理实验课堂，即教师首先进行传统的实验教学，使学生明白相关的科学概念、原理或规律，接着引导学生分析传统实验的利弊，继而寻求更佳的实验器材、教育设备或者技术，并确定更优的实验方案，最后再次进行实验与讨论交流。

（一）进行传统实验教学

在进行 STEAM 教育理念下的物理实验教学前，教师首先应引入一些物理概念，在做好相关铺垫后，逐步引导学生完成传统实验。这个环节的目的：一是使学生明白一定的科学知识，二是为后面更深层次的实验探究提供知识支撑。

以摩擦力实验教学为例，教师首先介绍摩擦力定义，接着提出探究影响摩擦力大小因素的问题，继而向学生展示小木块、钩码、弹簧测力器等实验器材（如图 1），并帮助学生确定实验原理和实验方案，最后分组实验。

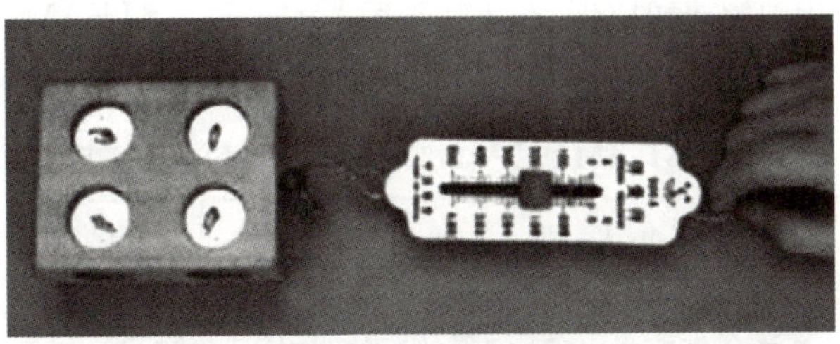

图 1　摩擦力传统实验装置

（二）发现不足、猜想原因和讨论交流

在通过传统实验得出结论后，教师需要引导学生分析实验误差，提示学生选择什么样的器材或者设备、进行什么样的操作才能尽量减少误差。这一环节的目的是发现问题，为后面更深层次的探究指明方向。

以摩擦力实验教学为例，通过传统实验得出结论后，教师需要引导学生思考怎样保持木块匀速运动、怎么读数等问题，使学生明白是手动拉木块、肉眼观察弹簧测力器、人工处理数据等因素共同导致实验误差，接着指导学生讨论如何减小上述误差。

---

① 中华人民共和国教育部．普通高中物理课程标准：2017 年版[S]．北京：人民教育出版社，2017：5．

（三）确定新实验器材和方案、进行实验和总结交流

经教师指导和讨论交流，学生能选定实验器材或者教育设备，能够组装实验器材和操作实验设备，最后组织学生讨论交流两种实验的优缺点。这个环节主要是使学生认识现代科技，不断增强学生利用现代技术和设备的意识与能力。

以摩擦力实验教学为例，经过讨论交流选定 DISLab 系统、电脑、力传感器、长轨道和钩码等器材和设施（如图 2），通过组装得出新的实验装置（如图 3），接着进行实验并讨论交流前后两种实验的优缺点。

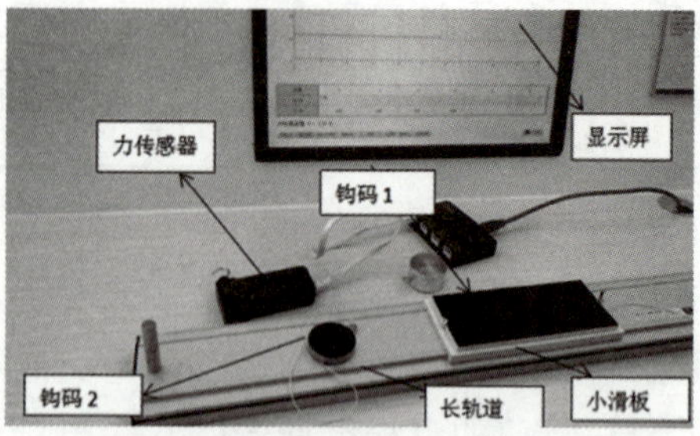

图 2　摩擦力实验教学的各种仪器

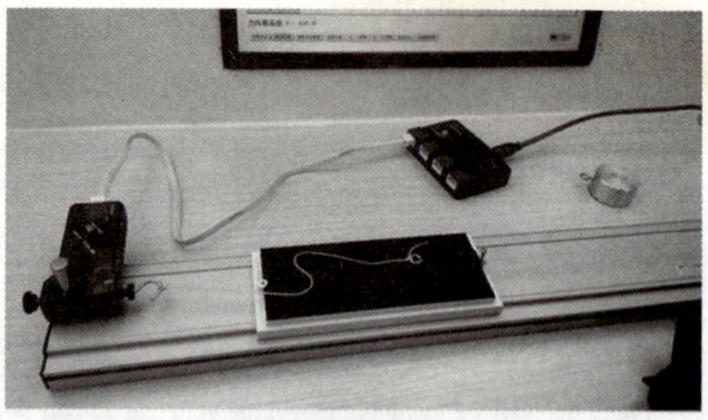
图 3　新组的摩擦力实验装置

科学（Science）、技术（Technology）、工程（Engineering）、艺术（Arts）和数学（Mathematics）与 STEAM 教育理念下物理实验教学的每个阶段都相互对应。传统实验教学可以看成 STEAM 物理实验教学的准备阶段，学生需要在此阶段明白一定的科学知识，比如要知道摩擦力的种类、定义以及可能的影响因素等；对于现代技术，实施工程时，即在操作实验时会利用一些现代技术，比如：在操作摩擦力实验设备时会用到 DISLab 系统；在实验教学的过程中，工程则体现在实验器材的选定、组装和操作上，如选取力传感器、DISLab 系统和电脑等器材并进行组装和实验操作；而艺术则串联起了各个学习阶段，即通过讨论与交流的语言艺术确定实验方案、分析实验结论等；数学则在处理实验数据时大显身手，比如在得出支持力和摩擦力的数据时，应能察觉到两者之间的正比例关系。

总而言之，STEAM 教育理念下的物理实验教学就是利用现代教育技术和器材，并结合艺术、数学等各类知识促进学生学习物理规律和原理、解决物理问题的过程。STEAM 和摩擦力实验教学流程的对应情况如表 2 所示。

表 2　STEAM 和摩擦力实验教学流程的对应情况

项目	科学（S）	技术（T）	工程（E）	艺术（A）	数学（M）
摩擦力实验教学的过程	传统实验教学	DISLab 实验系统的选取	摩擦力实验器材的选择、组装与操作	讨论交流的语言艺术	处理摩擦力实验数据

三、总结与反思

与传统实验教学相比，STEAM 教育理念下的物理实验教学是以现代技术和设备为载体，指导学生利用艺术和数学等知识完成实验探究的过程。随着教学的逐层推进，学生的问题解决能力、科学思维、STS（科学、技术、社会）意识和合作精神都能得到有效培养。

（一）提高学生解决实际问题的能力

按照上述设计教学，从发现传统实验的问题，到猜想原因、讨论交流和寻求帮助，再到寻求、组装、操作新的实验器材，最后确定新的实验方案，教材中没有标准参考答案，每一步都需要学生亲自动手和动脑，整个过程契合自主探究的宗旨，对培养学生动手和解决实际问题的能力大有裨益。

（二）促进学生科学思维的形成

按照上述设计教学，分析传统实验得出的结论，接着找出误差产生的原因，最后提出减少误差的措施，其实就是学生对结论提出质疑和批判，接着进行检验和修正，最终提出创造性见解的过程，完美契合物理核心素养中科学思维的培养目标，可有效地促进学生科学思维的形成。

（三）增强学生 STS 意识

按照上述设计教学，在设计和实施实验方案时，往往需要一些现代科技的辅助，比如摩擦力实验需要 DISLab 系统的支持，一方面可以提高学生对现代科技的了解，另一方面也可以使学生认识到学习和其他领域都存在一定的联系，科学、技术和社会三者之间存在着密切联系，有利于增强学生的 STS 意识和利用技术解决问题的能力。

（四）培养学生合作精神

按照上述设计教学，不论是发现不足、猜想原因还是选定新实验器材、制定新实验方案，都需要学生讨论交流与通力合作，每一次讨论交流都是思想火花的碰撞，需要学生精通分工、善于交流，在逐层推进实验教学的过程中可有效地培养学生合作精神。

但是 STEAM 实验教学对教育设备和教育技术要求较高，比如 DISLab 系统、3D 打印机等都是 STEAM 教学需要的技术或者器材；且 STEAM 实验教学的前期准备时间较长，对老师和学生的素质要求也都较高。以上各因素造成了 STEAM 实验教学的难度，为达到教学效果最优化，教师还需根据当地情况选择合适的实验教学设计进行教学。

参考文献：

[1] 仲娇娇. STEAM 教学活动设计与应用研究[D]. 上海：华东师范大学，2018.

[2] 王玥月，陆建隆. 凸显 STEM 教育的初中物理教学设计初探：以“浮力”教学为例[J]. 物理教师，2017(2)：41－43.

[3] 张志兵. 融入 STEAM 教育理念的实验设计与实施：以“液体蒸发”教学为例[J]. 中学教学参考，2019(17)：86－88.

[4] 段炼，张静. 基于 STEM 教育模式的高中物理教学设计：以“生活中的圆周运动”为例[J]. 物理教师，2018，39(5)：13－15.

[5] 谢丽，李春密. 整合性 STEM 教育理念下的课程改革初探[J]. 课程·教材·教法，2017，37(6)：63－68，62.

[6] 谢丽，李春密. 物理课程融入 STEM 教育理念的研究与实践[J]. 物理教师，2017，38(4)：2－4.

[7] 杨亚平，陈晨. 美国中小学整合性 STEM 教学实践的研究[J]. 外国中小学教育，2016(5)：58－64.

图书在版编目(CIP)数据

江苏教育信息化研究. 2020 / 江苏省电化教育馆，江苏省教育信息化中心编著. — 南京 ：东南大学出版社，2020.12

ISBN 978-7-5641-9320-1

Ⅰ.①江… Ⅱ.①江… ②江… Ⅲ.①教育工作-信息化-研究-江苏-2020 Ⅳ.①G527.53

中国版本图书馆 CIP 数据核字(2020)第 257911 号

江苏教育信息化研究. 2020

Jiangsu Jiaoyu Xinxihua Yanjiu. 2020

编　　著	江苏省电化教育馆，江苏省教育信息化中心
出版发行	东南大学出版社
社　　址	南京市四牌楼 2 号(邮编:210096)
出 版 人	江建中
责任编辑	褚　蔚
经　　销	全国各地新华书店
印　　刷	南京工大印务有限公司
开　　本	889 mm×1194 mm　1/16
总 印 张	12.75
总 字 数	445 千字
版　　次	2020 年 12 月第 1 版
印　　次	2020 年 12 月第 1 次印刷
书　　号	ISBN 978-7-5641-9320-1
总 定 价	45.00 元(共 3 册)

本社图书若有印装质量问题，请直接与营销部联系。电话:025-83791830